종
교 입문

지은이 / 김재천

여래

국립중앙도서관 출판사도서목록(CIP)

종교 입문 / 지은이 : 김재천. — 서울 : 여래, 2014

262p. ; 154×225cm

ISBN 979-11-951177-1-0 03200 : : ₩15000

종교(신앙) [宗敎]

201-KDC5

210-DDC21   CIP2014004400

이 책은 종교의 세계에 대한 최소한의 정보를 제공하고자 한다. 필자가 비록 종교학을 전공한 것은 아니지만 종교학이 인도철학자에 의해 탄생한 만큼 필자도 종교를 논할 수 있는 자격은 조금 있다고 생각한다. 필자는 종교학이나 인도철학 등의 특정분야에서 창의적이고 탁월한 이론을 생산하는 스페셜리스트는 아니지만 순수하게 종교에 대해 관심과 호기심을 갖는 일반인의 시각은 갖고 있다. 그래서 선배제현의 노고의 역작들에 기대어 나름의 시각으로 재편집하는 자세

종교 입문

지은이 / 김재천

여래

현대의 우리는 물질세계에 대한 엄청나게 많은 지식을 상식으로 안고 살아가고 있다. 가령 우주는 137억 년 전에 빅뱅으로 탄생하여 지금도 확장되고 있다. 그런데 우주는 시간과 공간으로 이루어져 있으니 그 이전에는 시공이 존재하지 않았다는 것이다. 필자로서는 그게 무슨 뜻인지 모르겠으니 생각할수록 가슴만 답답할 뿐이다.

어쨌든 초기에 수소와 헬륨으로 이루어져 있던 우주가 팽창하며 덩어리를 이루기도 하면서 다양한 원소들이 생성되었다. 우주로 퍼져나가던 수많은 원소들이 모여 별이 되고 그 별들이 무리를 이루어 은하계를 만들었다. 현재 우주 은하계에는 약 1,000억 개의 별이 있으며 그러한 은하계가 또한 1,000억인 것으로 보고 있다. 이들 은하계 사이의 거리는 점점 멀어지고 있는 것으로 관측되고 있으며, 이런 현상이 계속될지 어느 땐가는 멈출지 반대로 축소되어 다시 빅뱅 이전으로 돌아갈지 논쟁 중이다.

50억 년 전에 태양계가 생성되며 46억 년 전에 드디어 지구가 탄생하였다. 박테리아와 같은 최초의 생명체는 36억 년 전에 나타난 것으로 추정되며 최초의 다세포 생물은 5억 4천만 년 전에 출현하였다. 고생대 캄브리아기인 이때부터 지구상에는 어류, 육상식물, 곤충류, 양서류, 파충류 등 다양한 모습의 생명체가 폭발적으로 나타난다. 최초의 포유류는 공룡과 비슷한 약 2억 년 전, 최초의 유인원은 2천 3백만 년 전에 출현하였다. 영장류에 속하는 유인원은 아프리카유인원(고릴라, 침팬지, 인간)과 아시아유인원(긴팔원숭이, 오랑우탄)으로 나뉜다. 최초의 호모속인 오스트랄로피테쿠스는 신생대 제3기 말기인 5백만 년 전에 나타났다.

그리고 호모 사피엔스인 현생 인류는 20만 년 전에 탄생하여 160만 년 전에 시작한 빙하시대가 주기적 있던 신생대 제4기 홍적세를 지나 대빙하가 녹은 1만 년 전 후빙하 시대, 즉 간빙기인 충적세에 살고 있다. 또한 모든 생명체는 자연선택이라는 다윈의 진화론적 법칙 속에서 변화되어 왔으며 인간도 예외는 아니다. 이는 자연의 변화에 따른 인간 멸종의 가능성도 열려 있다는 것을 말한다. 우리가 몸담고 있는 지구는 자전속도 시속 1,600km, 공전속도는 시속 107,000km로 비어 있는 공간 속을 움직이고 있다. 그 생각을 하면 혹시 떨어질까 섬뜩해진다. 그리고 우주를 구성하는 최소단위 물질에 대해 원자의 양성자, 중성자, 전자를 구성하며 끊임없이 진동하는 끈string을 설정하고 있다. 끈의 진동세기에 의해 힘의 크기가 결정되고 끈의 진동 모양에 따라 우주를 움직이는 힘의 종류, 즉 중력, 전자기력, 약력, 강력이 결정된다. 결국 물질의 근본은 진동이라는 것이다. 이는 현대물리학의 숙제인 상대성이론과 양자역학의 통합을 가능하게 한다는 점에서 매우 설득력을 얻고 있다.

그런데 이런 미세하고 광대한 물질세계가 인간의 의식이 없이도 존재한다고 할 수 있겠는가? 그것들이 아무리 엄청나고 신비롭기까지 하더라고 누가 알아주지 않으면 존재한다고 할 수 있는가? 인간은 이것을 알아보고 놀라기도 하고 두려워하기도 하고 숭배하기도 하는 의식을 가진 존재로서 위대한 생명체이다. 냉엄한 진화선상에서 이런 인간이 탄생한 것은 우연인가, 필연인가? 대체로 종교인은 필연성을 주장하고 비종교인은 우연성을 단정할 것이다.

그런데 문제는 서로 간에 소통에 매우 어렵다는 것이다. 상대의 세계관과 인간관에 대한 이해는 소통의 기본 전제이다. 부처님도 예수님도 몰랐던 사실세계의 지식을 공유하면서도 진실의 세계에 대해서는 믿는 사람과 믿지 않는 사람이 확연하게 갈리고 있다. 믿는 입장에서는 다른 것을 믿는 사람과 아예 안 믿는 사람을 적대시하고, 진실의 세계를 안 믿는 입장에서는 믿는 사람들을 어리석다고 비웃기도 한다. 아는 만큼만 보이듯이 모르면 보이지 않는다.

인간은 사회를 이루고 살아야 하고 함께 살기 위해서는 상대를 알아야 하지 않겠는가. 이는 인간생존의 필수조건이다. 또한 자신의 정신세계의 성장에도 꼭 필요한 일이다. 막아놓으면 보이지 않는 영적인 무한 영역이 펼쳐질 수 있는 것이다. 그 길은 가 본 사람만이 알 수 있으니 초입에도 서 보지 않은 사람이 함부로 무엇을 말할 수 있겠는가.

이 책은 종교의 세계에 대한 최소한의 정보를 제공하고자 한다. 필자가 비록 종교학을 전공한 것은 아니지만 종교학이 인도철학자에 의해 탄생한 만큼 필자도 종교를 논할 수 있는 자격은 조금 있다고 생각한다. 필자는 종교학이나 인도철학 등의 특정분야에서 창의적이고 탁월한 이론을 생산하는 스페셜리스트는 아니지만 순수하게 종교에 대해 관심과 호기심을 갖는 일반인의 시각은 갖고 있다. 그래서 선배제현의 노고의 역작들에 기대어 나름의 시각으로 재편집하는 자세로 이 책을 쓰게 되었다. 지면을 빌려 감사의 말씀을 드린다. 그리고 낯설고 거친 행성 지구에서 살아갈 수 있도록 도와주고 있는 당신(들)에게 고마움을 전한다.

2014년 2월 29일
왕방산 기슭에서 김 재 천

목차

제1부

종교의 개념

1. 신앙과 그 대상

1) 믿음과 신념

우리의 삶은 믿음을 바탕으로 하여 이루어진다. 믿음 없이는 어떠한 판단이나 행동도 불가능하고, 믿음 때문에 우리는 대부분 기우杞憂에 빠지지 않고 일상 생활세계 속에서 잘 살아가고 있다. 믿음은 본능적(동물적), 비합리적, 주술적, 무의식적인 것과 이성적, 합리적, 과학적, 의식적인 것으로 나누어 볼 수 있다. 지금 집이 무너지지 않을 것이라고 태평스레 생활하고, 보행자 신호등에 푸른 불이 켜지면 앞뒤 안 보고 냅다 뛰어가고, 사람과 차들로 혼잡한 거리를 거리낌 없이 활보하고, 계단을 하나하나 확인하지 않고도 자유롭게 오르내리고, 좋은 것을 흡수하면 내 몸도 좋아질 것이라고 게걸스럽게 탐닉하고, 위험하다고 느끼면 일단 피하고, 끌리면 무조건 쫓아가고 하는 것들은 아무 생각 없이 이루어지는 행동들이다. 그런가 하면 경험과 이성에 의한 얕거나 깊은 생각을 필요로 하는 것들도 있다. 우리는 타인과 의심 없이 약속을 하고, 미래를 위해 저축이나 투자를 하고, 자식을 교육시키고, SF소설이나 영화의 음침하고 암울한 미래상의 공포에도 불구하고 무서운 공해 물질 배출이나 엄청난 과소비에 둔감하고, 결코 승산 없는 도박에 인생을 바치고, 온갖 사기에 걸려들고, 약이나 건강식품 또는 운동이나 민간요법에 자신을 맡기는 일들은 모두 나름대로의 합리적 사유의 결과이다. 정치 · 경제 · 사회 · 문화 · 과학 · 의학이라는 각 분과 학문의 성과물들이 미래를 책임져줄 것이며, 아무리 혼탁해도 사회는 신용과 신뢰로 구축되어 있으며, 피붙이 간에는 떼려야 뗄 수 없는 끈끈한 정이 흐른다는 믿음이 깔려 있는 것이다.

이념적 믿음인 신념doxa은 인간이 이상을 향한 문화생활을 영위하는 데 근간이 된다. 각종 주의-ism가 여기에 해당할 것이며, 민족이야말로 가장 효율적이고 이상적인 공동체라고 주장하는 민족주의, 공동체 구성원 각자에게 자유와 평등에 대한 동등한 권리를 보장해야 한다는 민주주의, 노동자 계급이 세상을 지배해야 한다는 공산주의, 자유보다는 평등권을 더 보장해야 한다는 사회주의, 시장의 논리를 자유롭게 최대한 보장해야 한다는 자본주의, 인간의 탐욕을 최대한 억제하여 지구환경을 정화해야 인간이 생존할 수 있다는 생태주의 등을 들 수 있다. 신념은 삶에 의미와 목적을 부여하고, 행동을 위한 판단기준을 제공한다. 극단적으로는 그것의 실현을 위해 부모형제와 가족과 목숨까지도 바친다. 그래서인지 신념을 서양 전통에서는 진실한 객관적 지식episteme과 구별한다. 어쨌든 신념은 모두 사물과 사건이 인과법칙에 의거한다는 믿음에 근거한다고 할 수 있다. 이는 선과 정의는 마침내 승리하고 악과 불의는 끝내 멸망하리라는 희망을 선사한다. 온갖 역경과 좌절에도 '이 또한 지나가리라'라는 도피처를 제공해준다. 그래서 판도라의 상자에 남아있다는 '헛된 희망'은 두렵고 막연한 미래에 대한 담보이고, 이는 종교적 믿음, 즉 신앙을 통해 미래로 연장된다고 할 수 있다.

2) 신앙 대상의 특성

신앙의 대상은 위에서 살펴본 세속적인 것과 차이가 있다. 본능적이거나 이성적인 것도 아니고, 물질적 도덕적 인과법칙에 의거한 체계에 기반을 둔 것도 아니다. 그것은 지각知覺을 통해 알 수 있는 자연계의 현상이 아니므로 본능이나 이성이나 인과법에 의해 경험할 수 없다. 타인에게 명쾌하게 있다고 확신시킬 수 없고 그렇다고 없다고 단정할 수도 없으며, 증명도 할 수 없지만 그렇다고 반증을 할 수 있는 것도 아니다. 그것은 흔히 야웨, 알라, 붓다, 미륵불, 아미타불, 쉬바, 비쉬누, 산신령, 제우스, 아폴론, 오시리스, 마르두크 등 인격적 호칭으로 불린다. 그러나 신앙의 대상이 인격적 신격에 한정되는 것은 아니다. 대표적 무신론 종교인 불교에서는 해탈이라는 독특한 종교 체험을 궁극의 목표로 삼고 있기 때문이다.

종교적 신앙의 대상을 포괄적으로 궁극적 실재라고 하는데, 이는 앞에 열거한 유신론적 인격적 존재로 바라보는 것과, 비인격적 실재로서 가령 아드바이타 베단타학파의 불이일원론적不二一元論的 합일의 경지나 불교의 깨달음을 강조하는 두 가지 해석을 가능하게 한다. 다시 말해 신앙의 대상인 궁극적 실재는 인격적 속성과 비인격적 속성을 동시에 가질 수도 있는 것이다. 다양한 신격이라든가 진리와의 합체라든가 하는 신앙대상의 차이는 무한한 궁극적 실재의 한 면 만을 강조하고 있는 것인지도 모른다.

3) 신앙의 근거 : 계시啟示, revelation

감각기관이나 이성의 대상일 수 없는 궁극적 실재는 어떻게 알려지는가? 그것은 궁극적 실재, 즉 진리 스스로가 자신을 드러내는 것이라고 할 수 있다. 유신론적 종교에서는 신이 자신의 의도나 명령을 인간에게 직접 내림으로써 진리를 알게 되고, 무신론적 종교에서는 인간이 진리와 합체함으로써 진리를 깨우치게 된다. 궁극적 실재가 스스로를 열어 보여야 인간은 궁극적 진리를 알게 되는 것이다. 그렇게 알게 된 진리는 경전으로 집대성되어 진리를 알지 못하는 인간들에게 전달된다. 그러나 그 진리는 객관적으로 증명할 수 있는 대상이 아니고, 어떤 종교를 믿는 것은 그것이 논리적으로 그럴 듯 하거나 확인이 되어서가 아니다. 먼저 믿기 때문에 무조건 경전의 기록을 받아들이는 것이고, 그 역은 성립되지 않는다. 흔히 성경에 예수님의 말씀으로 나와 있다거나 불경에 부처님이 말씀하셨으므로 진리라고 주장하는 것을 볼 수 있으나, 주객이 전도된 것이다. 옳기 때문에 믿는 것이 아니라 믿기 때문에 옳은 것이다. 결국 신앙은 개인의 결단과 선택의 문제이다.

2. 동양의 종교

1) '종교'라는 단어의 성립

오늘날 우리가 쓰고 있는 '종교'라는 개념은 영어의 'religion'에서 유래한 것이다. 실제로는 일본에서 메이지明治 2년인 1869년 독일 북부연방과 수호통상조약을 맺을 때 'religionsübung'을 번역하면서 처음 사용되었고, 이후 일본의 『철학자휘哲學字彙』(1911)에서 '릴리전'이란 개념을 설명하면서 '종교'라는 단어를 적용시키게 된 것이다. 그런데 '종교'는 원래 불교의 전문용어로서, 서구의 전통적 종교 개념을 뛰어넘는 의미를 담고 있다.

'宗 siddhānta, pratyātma은 확립된 결론, 실증된 진리, 확정된 설, 도리道理 또는 자각이나 스스로 깨달음[自證]을 뜻하며 종취宗趣나 종인宗因 또는 성구경成究境으로 한역되기도 한다. 이는 구극究極의 원리나 진리를 의미하며 언어로 표현될 수 없는 것이다. 그래서 그것을 나타내기 위한 교묘한 방편으로서의 언어가 요구된다. '教 deśanā, śāsana는 교지敎旨, 교의敎義, 언설言說을 가리키며 교리나 도그마가 이에 해당한다. 이는 『능가경』에 나오는 다음의 말에서 분명히 드러난다.

"궁극적 도리의 특질에는 두 가지가 있으니 그것은 일체의 성문·보살이 체득한 것이다. 즉 근본도리[宗]와 가르침의 도리[敎]가 그것이다. 근본도리라는 것은 스스로 체득하는 특성을 가지며 문자, 언어, 분별을 떠나 더러움이 없는 경지로 향하는 것이며, 스스로 내면적으로 이해하는 경지를 특질로 삼고 있어 일체의 외도나 악마를 제압하니 스스로 깨달은 지혜가 빛난다. 이것이 근본도리의 특질이다. 가르침의 도리란 9

분교分教의 가르침에 의한 여러 가지 교시敎示이며 이동異同·유무有無의 대립적 견해를 떠나 교묘한 방편으로 사람들을 올바른 견해로 들어가게 하는 것, 이것이 가르침의 도리이다."

한마디로 종교에는 스스로 깨닫는 것과 그것을 논의하는 것의 양면이 있다는 것이다. 종교의 이러한 의미는 중국으로 전해져 경經이나 논論에 대한 종과 교가 연구되면서 중국판 불교 해석학인 교상판석敎相判釋으로 이어진다.

2) 중국의 종교

일본의 『종교학사전』에서는 '종'의 의미를 어원을 중심으로 설명하고 있다. 종宗은 '宀'와 '示'로 되어 있는데, 전자는 건물을 뜻하고, 후자는 상궤机을 뜻하는 '丁' 위에 신에게 헌납한 희생물에서 피가 흘러 떨어지는 모양을 나타낸다고 한다. 중국에서 신이라고 하면 조상이나 영靈을 생각하므로 결국 '종'은 조상신을 모시는 곳을 말한다는 것이다. 교敎에는 교육, 문교, 종교라는 3가지 개념이 포함되어 있으며 처음에는 총칭적 또는 추상적 명사였으나 점차 구체적인 특정 학문전통이나 사상학파를 의미하게 되었다. 유교에서 '유儒'는 선비, 즉 학자를 뜻하는 말로서 전통유산을 보존하고 보급해온 계급을 가리키며, '교'는 가르침이나 교설을 뜻하므로 합하여 '중국의 고전적 전통'이라고 할 수 있다. 그리고 도교는 노자나 장자의 교설을 중심으로 하여 전개된 궁극적 진리, 즉 '도道'에 대한 가르침을 지칭하는 것이다. 또한 불교는 붓다의 가르침[釋敎], 명교明敎는 마니의 가르침을 가리키는 것이다. 그래서 중국에서는 문화의 근간으로서 유·불·도 3교라는 말이 전통적으로 사용되어왔다.

그런데 이들 3개의 전통은 중국에서 오랜 세월을 통해 계승되어 왔지만 각각의 폐쇄된 공동체, 즉 분명한 경계선과 배타적 선택의 의미를 지닌 추종자들을 지닌 집단은 발생하지 않았다. 교설이 존재하고 고도로 발달된 체계를 지니기는 하지만 어느 한 곳에 가입하는 절차나 조직 집단은 존재하지 않는다. 따라서 유교, 불교, 도교는 누구에게나 풍성하게 열려 있으며 유교 신자, 불교 신자, 도교 신자가 따로 있을 수는 없는 것이다. 단적으로는 3가지 전통을 다 믿을 수도 있고, 그것이 이상할 이유도 전혀 없다.

3) 인도의 종교

인도의 종교를 흔히 힌두교Hinduism라고 하는데 이는 마치 단일 종교인 것처럼 오해할 소지가 있다. 인더스 강을 뜻하는 '힌두hindu'라는 말은 원래 1,000년경 무슬림들이 인도에 침입한 이후에 피정복민을 지칭하기 위해 생겨났다. 그리고 인도인들은 자신들의 전통적 생활양식을 외부에서 침입해온 무슬림들과 구별하기 위해 자이나교나 불교 등 인도에서 탄생한 모든 토착적 전통집단을 표현하는 집합적인 말로 사용하게 되었다. 어쨌든 힌두교는 하나의 통일체가 아니며 무한한 종교 현상들을 포괄하고 있는 개념이다.

인도의 전통에서는 생활 속의 삶의 영역을 3가지로 분류한다. 감각적 쾌락과 즐거움을 추구하는 행위kāma, 적절한 수단과 방법을 사용하여 세속적 이익을 추구하는 행위artha, 의무적 행위dharma 등이 그것이다. 여기서 '다르마'는 예의범절, 공공의 법, 사원의례, 카스트의 의무 등 규범적 이상이나 사회적 질서를 가리키며, 오늘날의 종교라는 개념을 포함하고 있다. 그런데 인도에서는 최종적으로 세속의 범주를 초월한 해탈mokṣa, mukti을 지향한다. 그것은 지혜의 길jñāna yoga, 신앙의 길bhakti yoga, 집착 없는 행위의 길karma yoga을 통해 도달할 수 있다. 이 길은 가입할 수 있도록 제도적으로 체계화된 것이 아니라 개인적 결단의 영역이다.

불교에서의 '다르마法'는 좀 더 심오하고 우주적인 중요성을 지니게 된다. 그것은 행위의 궁극적인 우주적 양태, 초월적 도덕법칙, 붓다의 깨달음의 내용을 의미하게 된 것이다. 그래서 '법'은 붓다의 인격[佛] 및 그 제자들로 구성된 공동체[僧]와 더불어 3보寶라 하여 불교신앙의 구심점 역할을 한다.

3. 서양의 종교

1) '릴리전' 의 어원과 전개

릴리전은 다양하고 모호하게 사용되었던 라틴어 'religio' 에서 유래한다. 추측컨대 최초에 쓰였던 용법은 인간 밖에 존재하는 힘으로써 무서운 보복의 고통을 주는 위협 하에 인간으로 하여금 어떤 행위를 의무적으로 하게 하는 일종의 터부나 마나와 같은 힘, 또는 그러한 힘에 대한 인간의 감정을 가리켰던 것으로 본다. 그래서 '성스러운' 장소라든가 의무를 조심스럽고 양심적으로 수행하는 '경건한' 사람이라는 관념들이 생겼다. 이는 종교를 어떤 독립된 실체나 사물로써가 아니라, 인간 삶의 한 속성이나 세계관으로 생각한 것을 뜻한다. '해야 할' 어떤 것과 '하지 말아야 할' 어떤 것은 인간의 의무이다. 그래서 맹세·예의·의례 준수와 같은 것은 그 사람에게 '렐리지오' 이고, 맹세를 깨는 것도 '렐리지오', 즉 터부나 신성모독이라고 할 수 있다. 또한 렐리지오는 의례라는 의미로서 어떤 특정한 관습을 외형적으로 준수하는 것을 뜻하기도 한다. 이는 신성하거나 성스러운 것을 어떤 형상이나 신의 모습에서 찾는 것이 아니라 의례 행위 자체에서 찾고자 하는 것과 관련될 것이다. 그런데 점차 이 말은 의례보다 그 의례를 행할 때 지향하는 초월적 실재나 그에 대한 주관적 감정을 의미하게 되었다.

기원전 1세기 무렵에 렐리지오와 관련된 중요한 문헌이 두 권 나오게 된다. 하나는 에피쿠로스학파의 루크레티우스Lucretius가 쓴 『사물의 본성에 관하여』, 또 하나는 스토아학파의 키케로Cicero의 『신들의 본성에 대하여』로 신에 대한 철학적 사변을 담고 있다. 루크레티우스는 렐리지오를 인간을 내려다보고 있는 천상의 존재로 인격화시키고 있으며, 거기서 어떤 거대한 객관적 사물이라는 종교 개념을 보이고 있다. 또 신을 숭배하고 경외해온 방식을 공격하며, 참다운 경건함을 까다로운 의례절차보다는 신비로운 자연의 정적靜寂에서 찾고 있다. 그는 렐리지오에 대해 대단히 부정적인 태도를 보인다. 아가멤논 왕이 자기 딸을 제물로 바친 행위를 들어 렐리지오는 '불경스러운 광신'이며 비인간적인 행위라고 비난한다. 그는 종교의 그러한 해로운 속박으로부터 인간을 해방시켜야 한다고 공언하였다.

이에 반해 키케로는 종교에 대해 긍정적이어서 릴리지오의 어원을 'relegere(다시 읽음)', 즉 주의 깊게 예배드리는 것 또는 그런 태도에서 찾고 있다. 알지 못하는 어떤 두렵고 섬뜩한 힘의 현존 앞에서 인간이 느꼈던 경외심이라는 고대의 의미를 되살려낸 것이다. 그리고 '종교적인' 것과 '미신적인' 것의 구별을 사람들이 의례를 거행할 때의 경건한 태도와 마음자세에 두고 있다. 종교는 신을 공경하지 않는 무신론과 신을 겁내고 노예처럼 두려워 하는 미신 사이의 중간 태도를 취해야 한다는 것이다. 한마디로 루크레티우스는 렐리지오를 인간 밖에 있는 어떤 존재를 지칭하려고 사용했다면, 키케로는 신들을 향한 인간 내면의 경건한 태도나 행위를 강조했다고 할 수 있다.

2) '릴리전'과 기독교

기원후, 이전과는 크게 다른 새로운 종교인 기독교의 등장과 함께 종교 개념은 커다란 변화를 겪는다. 우선 기독교 공동체인 교회ecclesia는 그들이 체험한 새로운 삶을 체계적 · 조직적으로 전파한다. 그와 더불어 신앙faith, 경건piety, 경외reverence, 헌신devotion, 신성divinity, 의례ritual, 예배소chapel 등의 용어들이 도입되어 오늘날까지도 기독교의 중요한 개념으로 그 역할을 하고 있다. 또한 기원후 4세기까지 있었던 로마세계의 종교 다원상황과 종교 간의 경쟁이 릴리전이라는 용어의 사용빈도를 높이면서 다양한 의미를 갖게 된다. 릴리전은 의례의 규율을 준수하는 것이 위주였던 로마의 종교생활과는 달리 교회조직 자체, 또는 신과 인간의 유대를 의미하는 말로도 사용되었다. 물론 이 단어는 392년에 있었던 기독교의 로마국교 채택과 함께 근대에 이르기까지 자취를 감추게 된다.

기독교인들의 종교적 삶은 기존의 의례적 행위를 포함하여 도덕적·사회적·지적 모든 영역에 걸쳐 영향을 미쳤다.

그런데 당시의 치열하게 경쟁하던 종교 다원적 상황은 기독교로 하여금 독선과 배타성을 갖게도 하였다. 곧 신을 우리 방식으로 예배하는 것이 옳고, 그들이 하는 예배방식은 그르다는 생각이다.

이전의 다양한 예배방식과 예배대상의 무리 없는 공존의 상황이 바뀐 것이다. 다른 예배에는 참여하지 않았고 그것은 순교라고 부르는 죽음을 의미했다. 이는 '우리의 종교nostra religio'와 '당신의 종교vestra religio', 또는 '신의 종교religio Dei'와 '신들의 종교religio deorum'라는 대립적 표현으로 나타났다. '우리의 종교'는 '우리의 예배방식'을 '당신의 종교'는 '당신의 의례행위'를 가리키며, 종교 간의 경계가 형성된 것을 말한다.

기독교 호교론자인 락탄시우스Lantantius는 종교적 경건함piety은 인간이 어떻게 예배를 하느냐 하는 주관적 문제보다는, 누구에게 하느냐 하는 객관적 문제에 있음을 강조한다.

그래서 렐리지오는 'religare(다시 묶음)'에서 유래했다고 주장한다. 즉 '신과 인간을 다시 결합한다'는 의미로 해석하는 것이다. 그는 우리와 당신의 종교를 더 확실하게 하기 위하여 '참 종교vera religio'와 '거짓 종교falsa religio'라는 표현을 도입하여, '이 종교는 옳고 다른 종교들은 틀렸다'는 생각을 분명하게 나타내고 있다. 또 '참 종교'를 '참 지혜 vera sapientia'와 동일시함으로써, 종교라는 관념은 훨씬 더 복잡하고 심오한 양상을 띠게 된다.

종교의 기원과 정의

1. 종교의 기원에 대한 여러 이론

인류학적 주장들

18세기 이후 서구는 전 세계를 시장화하기 위한 식민지 침탈과 전쟁을 치열하게 감행하였다. 그 과정에서 서구에는 세계 각지의 문화에 대한 엄청난 양의 정보가 수집되었고, 이를 기반으로 하여 19세기 말엽부터 인류학은 커다란 발전을 이룩하였다. 인류학의 선구자들은 인류문명 중에서도 특히 종교가 핵심적인 역할을 한다는 것을 간파하였고 이에 대한 연구성과들이 쏟아져 나왔다. 초기의 인류학자들은 원시부족들을 대상으로 한 역구를 바탕으로 하여 종교의 기원에 대한 이론을 펼쳐나갔다.

1) 자연종교론

19세기 인류학자, 고전 연구가, 언어학자들로 구성된 자연신화학파는 세계의 중요한 종교상징은 해, 달, 별, 폭풍, 계절 등과 같은 자연현상을 인격화한 것이라고 주장하였다. 이들 중 가장 두드러진 이가 막스 뮐러Max Müler(1823~1900)이다. 그에 의하면 인간은 언제 어디서나 유한한 자연현상을 초월하는 신성神聖과 무한을 직관하는 능력을 지니고 있다. 이 무한에 대한 인식은 문명의 발달과 함께 점차 개념으로 전환되어 해나 달과 같은 자연현상을 인격화하여 종교적 숭배의 대상으로 삼기에 이르렀다. 즉 무한이 인격화된 신이라는 유한에 담겨 종교가 된 것이다. 그래서 그는 신이나 신성의 탈인격화를 통한 무한에 대한 단순하고 순수한 직관의 종교를 제시한다.

2) 정령숭배론

인류학의 선구자인 에드워드 타일러Edward Burnett Tylor(1832~1917)는 돌이나 동물 또는 인간의 몸과 같은 물질에 붙어 있으면서, 그와 별도로 독자적으로 존재하는 비물질적인 영靈: anima에 대한 신앙, 즉 애니미즘(영혼숭배, 정령숭배, 물활론)을 종교의 기원이라고 주장했다. 살아있는 육체와 죽은 육체의 차이는 무엇인가? 무엇이 같은 사람에게서 각성상태와 잠 그리고 황홀경, 질병, 죽음을 일으키는가? 꿈과 환영에 등장하는 죽은 사람은 도대체 누구인가? 등등의 의문이 원시 미개인들의 머리를 혼란스럽게 했을 것이다. 이에 대한 최적의 답변은 보이지 않는 어떤 존재의 상정이었을 것이라고 보는 것이다.

그에 의하면 원시인들이 가졌던 영적 존재에 대한 믿음은 자연숭배로 발전했고, 다시 다신숭배polytheism, 여러 신들 중에서 어떤 한 신을 최고의 지위에 올리는 단일신숭배(henotheism : 交替神敎, 대표신교), 최후에는 오직 하나의 인격적 신만을 모시는 유일신숭배monotheism로 진화되었다고 한다. 그러나 이들 사이에는 영적 믿음이라는 정신적 연결선이 존재한다. 문명의 단계는 상이할 지라도 인간의 본성은 변하지 않고 동일하므로 원시시대부터 현대에 이르기까지 종교가 역할을 하고 있다는 것이다. 그래서 그는 토착부족에 대한 선교사들의 오해를 지적하고 있다. 종교는 신에 대한 믿음과 삶과 죽음에 대한 복잡한 교의, 정교하게 고안된 의례, 개념화된 신화체계를 갖고 있어야 하며, 이런 것들이 없으면 종교가 아니라고 생각하던 당시 선교사들을 비롯한 서구인들의 편견을 꼬집은 것이다.

3) 조상숭배론

철학자인 허버트 스펜서Herbert Spencer(1820~1903)는 조상숭배를 종교의 기원으로 꼽았다. 죽은 조상을 꿈에서 보고 그 조상이 영혼으로 존재한다고 믿으면서 신으로 모시게 된 것이 다양한 종교로 발전했다는 것이다. 기원전 4세기의 유헤메로스Euhemerus는 신이란 원래 생전에 큰 권력과 권위를 지니고 있던 사람이 죽은 뒤에 생전의 그 강력한 인상 때문에 신성한 지위로까지 떠받들어지게 된 것이라고 주장했는데, 그의 이름을 따 조상숭배 이론을 유헤메리즘이라고 한다.

스펜서는 진화론의 주창자로서, 우주·지구·생물체뿐 아니라 인간의 정신과 사회는 진보적 발전과정을 통해 현재의 모습에 이르게 되었다고 한다. 즉 진화는 상대적으로 불명확하고 모순적이며 동질적인 단계에서, 명확하고 응집적이며 이질적인 단계로 변화하는 것이라고 하여, 동질성이 다양성으로 분화되는 과정을 추적하는 데 주력하였다. 가령 생물의 종은 단순한 것에서 복잡한 것으로 진화하며, 사회도 기능·수준·기관 등의 지속적인 증식을 통해 진화한다고 한다. 모든 단계에서 쪼개지고 차용되고 사라지고 변화되며 변종이 출현하는 과정이 지속된다는 것이다. 종교는 사회적 유기체 구성 속에 포함되며 이러한 진화를 피할 수 없는 것이다.

4) 주술론

제임스 프레이저James Frazer(1854~1941)는 『황금가지Golden Bough』라
는 책을 통해 종교는 원시문화의 특징적 요소인 주술呪術로부터 발전
한 것이라고 한다. 원시사회의 주술사는 우주의 운행방식과 법칙을 알
고 그것을 인간의 목적을 위해 이용하는 방법을 아는 사람이다. 그 점
에서 주술사는 현대의 과학자와 같은 위상을 갖는다. 다만 주술은 현상
들 사이의 피상적인 관계를 보고는 그것을 그대로 인과관계로 착각하
는 오류를 바탕으로 하고, 과학은 합리적인 방법으로 그 인과관계를 규
명한다는 점에서 차이가 있을 뿐이다. 주술은 의례나 주문을 통해 자연
적인 힘을 조절하고 통제하기 위한 의도로 지속되었고, 유사의 법칙과
접촉의 법칙을 갖는다. 전자는 유감類感주술로서 원하는 것을 모방하는
것만으로 그 효과를 산출할 수 있다는 것이다. 가령 적의 상징물을 손
상시키고 파괴함으로써 적을 물리칠 수 있다거나, 짚으로 만든 인형에
못을 박아 연적戀敵을 저주하는 행위 등이다. 후자는 감염感染주술로
어떤 사람이 물질적인 대상에 했던 행위는 그 대상과 접촉한 사람에게
동일한 효과를 발휘한다는 것이다. 예를 들어 아이의 젖니를 아무렇게
나 버리면 쥐가 갉아먹을 경우 아이에게 새로 난 이는 쥐의 이빨처럼
된다고 믿거나, 병이 난 곳과 빈두로 존자상의 같은 곳을 번갈아 만져
서 병을 고치려는 행위 등을 들 수 있다. 거기에는 자연은 질서정연하
며 그 법칙은 일정하다는 믿음이 깔려 있다.

그런데 주술적 의례가 작동하지 않는다는 것을 알게 되면서 초월적
존재에 대한 믿음, 즉 종교가 발생한다고 한다. 그래서 종교는 인간보
다 월등한 힘과 초월적 존재에 대한 믿음을 기반으로, 그 힘을 회유하

고 만족시키기 위한 노력을 하게 된다. 그러다가 자연이 일정한 질서를 따른다는 관점을 되살리지만 경험적 관찰과 엄밀한 분석의 기초 위에서 그것을 파악하려는 과학이 등장하여 세계를 이끌어 간다. 그러나 언젠가는 지금은 알 수 없는 전혀 다른 세계 인식방법이 나타나 과학을 대체하게 될 것이다. 모든 과정은 세계에 대한 타당한 지식을 향한 인류의 질문과 답변을 표현하는 생생한 표현들이다.

5) 서물庶物 : 呪物숭배론

드 브로스Charles de Brosses(1709~1777)는 무생물이나 생물을 숭배하는 주물呪物숭배(fetishism, 악귀를 물리치고 행운을 가져오는 신비한 힘을 가진 물체, 物神崇拜)가 가장 오래된 종교 형태라고 한다. 이는 웅장하고 강력한 영향을 주는 태양이나 천둥과 같은 대자연에 대한 숭배와 달리, 주변의 바위나 나무 또는 가공된 사물과 같은 일상의 평범한 물체를 떠받드는 것이다.

6) 마나이즘

마렛트R.R. Marett(1866~1943)는 멜라네시아인들의 특별한 사물이나 자연현상의 배후에 있는 힘인 마나mana에 대한 숭배를 종교의 출발점으로 보고, 애니미즘의 전단계로 설정하며, 다이나미즘dynamism이라고도 한다. 즉 힘에 대한 단순한 신앙이 정령신앙보다 먼저 발생했을 것이라는 것이다. 정령신앙보다 훨씬 폭넓고 복합적이고 불가해한 생명들의 조우 경험이 있었을 것이라고 추정하며, 종교는 감정과 의지와 사고의 상호 관계방식의 총체적 문화체계로 이해해야 할 것이라고 한다. 종교는 세계에 대한 지적 탐구라기보다는 인간이 경험하는 실제 자연에 대

해 취하는 심오한 정서적 반응이라는 것이다. 이러한 생각은 오토
Rudolf Otto(1869~1937)가 『성스러움의 개념』에서 종교의 본질을 '누미노
제numinose', 즉 '신비스러워 하고, 두려워 하고, 매혹을 느껴 이끌리는
감정'이라고 주장한 것과 맥을 같이 한다.

　　마나와 비슷한 개념으로는 수우족의 '와켄다', 이로코이족의 '오렌
다', 알곤퀸족의 '마니투' 등을 들 수 있다.

7) 원시일신론

　　가톨릭 사제인 빌헬름 쉬미트Wihelm Schmidt(1868~1954)와 앤드류 랭
Andrew Lang(1844~1912)은 유일신교의 특징인 최고신 또는 지고신至高神
에 대한 신앙이 역사적으로 나중에 전개된 현상이 아니라고 주장한다.
랭은 조물주나 창조주에 대한 믿음이 개별 영혼에 대한 것보다 먼저일
것으로 본다. 쉬미트는 최초의 인류는 유일한 의지처이자 만물 위에 존
재하는 지극히 높은 분인 최고신을 믿었는데 그것이 퇴락하여 다신교
의 모습이 나타났다고 한다. 이 최고신은 영원하고, 전지全知·전능全能
하며 자비롭고, 선행에 보상하고 악행을 처벌하는 창조자이며, 이는 일
신교, 즉 기독교의 보편성을 말하는 것이자 종교 발생의 근원을 뜻하는
것이다.

　　쉬미트의 견해는 당시에 별로 인정받지 못했지만, 애니미즘이나 주
술 또는 다신교의 단계를 종교의 기원으로 보려는 진화론적 도식이 아
무 근거가 없다는 것을 자각하게 만들었다. 실제로 그런 순수한 원초적
단계가 있었다는 증거는 발견되지 않는다. 즉 증명도 반증도 될 수 없
는 사변적 가설에 불과한 것이어서 종교 기원에 대한 문제는 이후 관심
에서 멀어지게 되었다. 또 진화론적 이론은 원시인을 지적으로 열등한
존재로 전제하고 있다. 그러나 원시인이 지적으로 열등하다는 가설은

많은 자료에 의해 오류로 판명되고 있다. 비록 현대인과는 다른 방식으로 살았으나 그것이 지적 열등성을 말하는 것은 아니다. 그렇지만 모든 문화에는 위의 여러 요소들이 혼재하고 있고 다양한 측면에서 종교를 바라볼 수 있게 해 주었다는 점에서 의미 있는 작업이었다. 그리고 종교 연구를 가능한 한 객관적인 과학적 방법으로 수행하려는 노력을 기울임으로써 종교에 대한 편견과 선입견을 벗어날 수 있는 계기를 마련하는 성과를 거두었다.

심리학적 · 사회학적 주장들

1) 오이디푸스 콤플렉스

지그문트 프로이트Sigmund Freud(1856~1939)의 심리학적 종교이론은 지금도 광범위한 영향력을 행사하고 있다. 프로이트는 인간의 성격이 구강기, 항문기, 성기기를 거치는 유아기에 거의 결정된다고 한다. 남자아이는 성기기에 접어들어 어머니를 성적 대상으로 선택하는데, 아버지가 어머니를 독점한다고 생각한 아이는 아버지에 대해 적대감을 갖게 된다. 남자아이는 어머니를 얻기 위해 아버지를 적으로 여기고 제거하려는 욕구를 갖지만 아버지가 너무 강하기 때문에 자신의 욕구를 억압하게 되는데, 이것이 오이디푸스 콤플렉스이다. 여자아이의 어머니에 대한 적개심을 엘렉트라 콤플렉스라고 한다. 이 시기를 지나면 아버지와 더 이상 경쟁하기를 포기하게 되는데, 사춘기를 지나면서 남자아이는 아버지를, 여자아이는 어머니를 이상적인 모델로 선택하고 모방하게 된다. 부모를 적대시하는 경향과 모방하고 복종하려는 경향 사이의 이러한 갈등이 종교의 씨앗이라는 것이다.

프로이트에 의하면 신은 고양되고 신성화된 아버지일 뿐이다. 아버지에 대한 적개심과 두려움, 그리고 사랑과 존경의 감정이라는 상충되는 감정의 갈등이 토템과 금기를 만들어 숭배하게 했다는 것이다. 결국 개인의 성 충동이 인간의 정신세계를 근본적으로 구성하는 것이고, 이로부터 종교나 철학, 예술을 비롯한 인간의 모든 문화가 형성되었다는 것이다.

2) 토테미즘

에밀 뒤르껨Emile Durkheim(1858~1917)은 『종교 생활의 원초적 형태』에서, 인류의 문화에는 종교적인 사고와 행위체계가 깊이 스며들어 있기 때문에 종교가 단순히 잘못된 지식이나 가공의 상상 만을 담고 있는 것은 아니라고 주장한다. 종교에는 극히 현실적인 경험이 담겨 있다는 것이다. 인간사회는 그 구성원에게 행위규칙을 부여하고 그 규칙은 개인의 사회생활 형태를 결정짓는다. 즉 사회는 개인의 행동을 규제하는 막강한 힘이고 개인은 자신을 공동체 전체의 생활에 스스로 통합시켜야 한다는 것인데, 여기서 종교가 중요한 역할을 맡게 된다. 종교 상징은 사회와 관련된 것이고, 사회가 개인에게 요구하는 것을 나타내며, 신의 명령이라는 것은 사실 개인에 대한 사회의 요구사항을 신성하게 표현한 것에 지나지 않는다는 것이다.

종교는 사회에서 비롯한 것이고, 종교의 사회성을 분명하게 보여주는 것을 토테미즘이라고 한다. 토테미즘은 특정한 자연물이나 동물을 그 사회집단의 상징 즉 토템totem으로 삼는 것으로, 여기서 인간을 지배하는 신이라든가 자연에 내재한 정령에 대한 신앙이 발전되어 나왔다고 한다.

생물학적 주장

진화생물학에 의하면 아메바에서 식물, 동물, 인간에 이르는 모든 생명체는 생명 유지와 자기 복제라는 두 가지 본성을 가지며, 그것은 유전자, 즉 DNA분자를 통해 전승된다고 한다. 그리고 모든 생물은 자기 복제를 하는 실체의 생존율의 차이에 의해 진화한다는 것이다. 36억 년 전에 지구의 원시수프로부터 최초의 박테리아가 출현한 이후 모든 생명체는 자연선택이라는 진화의 법칙에 의해 다양하게 가지를 쳐왔는데, 최근 들어 인간이라는 아주 특이한 종이 탄생하였다. 인간은 '문화' 라는 자기 복제 체제를 가지고 뇌에서 뇌로 자기 복제를 행하고 있다는 것이다. 리처드 도킨스Richard Dawkins(1941~)는 이러한 유전자를 '밈(meme : 모방, 기억)' 이라고 이름 붙였는데, 험프리N.K. Humphrey가 밈에 대한 개념을 다음과 같이 정리하고 있다. "밈은 비유로써가 아닌 엄밀한 의미에서 살아있는 구조로 간주해야 한다. 당신이 내 머리에 번식력이 있는 밈을 심어 놓는다는 것은 문자대로 당신이 내 뇌에 기생한다고 하는 것이다. 바이러스가 숙주 세포의 유전 기구에 기생하는 것과 유사한 방법으로 나의 뇌는 그 밈의 번식용의 운반체가 되어 버린다. 이것은 단순한 비유가 아니다. 예컨대 '사후에 생명이 있다는 믿음' 이라는 밈은 신경계의 하나의 구조로서 수백만 번 전 세계 사람들 속에 육체적으로 실현되어 있지 않은가."

신이라는 밈은 강력한 심리적 매력의 결과로써, 실존을 둘러싼 심원하고 마음을 괴롭히는 여러 의문에 그것은 표면적으로는 그럴듯한 해답을 주고 있다는 것이다. 가령 그것은 지금 우리가 느끼는 불의와 불공정은 내세에 바로잡아지고, 절망에 빠진 우리는 최후에는 구원된다는 믿음을 심어주는 것이다. 신의 관념이 세대를 거치며 전달되고 복사

되는 것은 바로 이러한 이유에서이다. 인간 뇌의 기형적 팽창은 다른 생명체와는 다른 유전적 환경을 형성했고, 그래서 생물학적 유전과 함께 문화적 유전이라는 새로운 복제 체제가 생존을 위해 구축되었다는 것이다.

2. 종교의 정의에 대한 여러 이론

종교가 무엇인지 알려면 종교라는 대상에 대한 개념 규정이 필요하다. 왜냐하면 다른 문화 전통 안에 사는 사람들 사이에는 종교에 대한 인식에 커다란 차이가 있을 수 있고, 같은 문화권이라고 하더라도 사용하는 사람에 따라 다른 것을 염두에 두고 이야기를 할 수 있기 때문이다. 그래서 일단 이해에 필요한 최소한 공통분모로서의 종교 개념이 필요한 것이다. 이는 작업가설적인 성격을 띠는 것이며 우리의 이해의 폭을 넓혀가면서 얼마든지 변할 수도 있다.

1) 초월적 존재(질서)

사회학자 롤란드 로버트슨Roland Roberttson은 종교 문화를 '경험적인 존재와 초경험적·초월적 존재를 구별하면서 경험적인 것이 초경험적인 것에 종속된다고 믿는 일단의 신앙과, 또한 그러한 신앙을 표현하는 일단의 상징, 그리고 그런 신앙을 바탕으로 해서 형성되는 가치' 라고 정의한다. 이는 종교를 물리적이고 자연적인 것을 넘어선 영역에 관한 인간 행위와 상징이라고 규정함으로써 다른 문화 행위나 상징과 분명하게 구별해주는 장점이 있다. 일반적으로 우리가 신이나 초자연적 힘에 대한 믿음이라고 생각하는 종교의 의미와 부합한다고 할 수 있다. 이는 타일러가 말한 영적 존재에 대한 신앙을 떠오르게 한다.

2) 성스러움

뒤르껭은 종교현상의 특성을 세상을 두 개의 서로 근본적으로 대립하는 영역으로 구분하는 데서 찾았다. 성스러운 것은 금기禁忌로서 보호되고 격리되는 것을 말하고, 속된 것은 그런 금기에 따라 성스러운 것으로부터 멀리 떨어져 있어야 하는 것을 말한다. 그래서 성스러운 것의 본질, 성스러운 것과 속된 것 사이의 관계를 표현하는 것이 종교신앙이라는 것이다. 그의 성·속은 종교를 구성하는 모든 것에 있는 상대적이고 양립 불가능한 것이며 상극 관계에 있다고 한다. 그가 중시한 종교제의cult도 결국 성과 속의 구별을 유지한다는 점에서 중요한 것이다. 금기에 의해 속됨으로부터의 오염을 막아주는 부정적 제의와 인간과 성스러움 간의 관계를 적극적으로 맺어 주는 긍정적 제의는 모두 성과 속의 영역을 지키기 위한 인간적 노력을 뜻한다. 그러면서도 성과 속은 서로 전환이 가능하다고 한다. 아무튼 역사학자 쿨랑쥐Fustel de Coulanges(1830~1889)에 의해 유형화된 성sacred·속profane 이분법에서의 성스러움의 개념은 뒤르껭에 의해 일반화되어, 엘리아데Mircea Eliade(1907~1986)가 주장하는 '성·속의 변증법'에 영향을 주었다.

뒤르껭의 성스러움은 오토가 근원적인 종교 체험을 묘사하는 것과 맥을 같이 한다. 그는 인간의 성스러움의 체험의 특징을 다음과 같이 들고 있다. 첫째, 두려워하는 감정을 의미하는 외포畏怖와 압도적이고 강력한 힘에 대한 장엄함의 감정이다. 둘째, 불가사의하고 유현幽玄함을 느끼는 신비스러움의 감정이다. 셋째, 매혹을 느끼는 감정이다. 이러한 감정들은 어떤 궁극적인 가치에 이끌려서 그것을 향해 가려는 열망에 참여하는 경험을 말하는 것이다.

종교 문헌에서 이러한 누미노제의 감정을 표현하는 구절은 쉽게 찾아 볼 수 있는데, 몇 가지 예를 들면 다음과 같다.

"이에 두려워하여 가로되 두렵도다. 이곳이여 다른 것이 아니라 이는 하나님의 전殿이요, 이는 하늘의 문이로다."(구약성서, 「창세기」 28:17)

　　"두렵고 경이로운 모습, 오, 커다란 마음의 소유자, 당신을 볼 때 삼계三界가 진동하도다."(「바가바드 기타」 11장)

　　"브라만은 다음과 같이 묘사된다. 번개가 치닫는다. 아아! 눈이 부셔 뜰 수 없다. 아아! 신이여!"(「케나 우파니샤드」 4:29)

　누미노제가 갖는 두려움과 매혹이라는 양면성은 마나나 터부의 개념과 서로 통한다. 마나는 위험스러운 힘이면서 동시에 취해야 하는 것이어서, 사람들은 그것을 피하면서도 또한 그것을 얻기 위해 적극적으로 노력한다. 적절한 방식으로 성스러운 물체와 접촉하면 그 힘은 자기에게 옮아올 수 있지만 자칫하면 인간을 압박하고 해악을 끼칠 수도 있는 것이다. 흔히 종교적 행위는 신성하다는 느낌을 수반하고, 외경감과 심원한 가치를 전달하므로 성과 속의 구별을 통한 종교 정의는 다양한 신앙과 관행을 포용할 수 있게 해준다.

3) 궁극적 가치

　폴 틸리히Paul Tillich는 종교를 '궁극적 관심에 사로잡힌 상태'라고 규정한다. 궁극적인 관심 그 자체가 삶의 의미에 대한 해답을 담고 있으며, 그 밖의 것들은 모두 그 궁극적인 관심을 위한 준비에 불과하다는 것이다. 그리고 궁극적 관심과 유한한 관심이 충돌할 경우에는 기꺼이 그 궁극적이지 않은 관심을 포기하게 된다. 또 궁극적 관심에는 그 사회의 중심가치의 궁극적 의미와, 그 가치의 배경이 되는 궁극적이고 성스러운 초자연적인 힘이 내포되어 있다는 것이다. 이러한 궁극적인 것은 앞의 초월적인 것이나 성스러운 것과 유사한 개념으로 받아들일 수 있다. 한 사회의 규범과 관행은 실용적인 차원의 정당화를 넘어서 그것이 갖는 궁극적인 정당화와 합법화를 필요로 하는데, 이를 초월적인 것, 성스러운 것, 궁극적인 것, 즉 종교적인 것에서 찾게 되는 것이다.

그런데 이상의 세 가지 기준에는 맞지 않지만 그렇다고 종교가 아니라고 할 수 없는 것도 있으니, 그 예로 대표적인 무신론적 종교인 불교를 들 수 있다. 불교에서는 초자연적인 세계나 존재자에 대한 관심보다는 지금 우리가 속해 있는 사바세계의 실상을 있는 그대로 깨닫는 경험을 추구한다. 또 인류학자들의 보고에 의하면 원시사회의 의례 가운데에는 성스러운 외경의 감정을 전혀 체험하지 않는 것이나, 신이나 힘에 대한 신앙이 그 사회의 행위규범을 정당화시키는 것과는 전혀 관계가 없는 경우도 있다. 그리고 각각의 개념에는 모호한 점이 도사리고 있다.

우선 '초월적인 것'이라든가 '초자연적', 또는 '초경험적'이라는 용어는 현대의 서구문화를 기준으로 하여 설정된 개념이다. '초자연적'이라는 말은 물리적인 존재 및 인간관계로 이루어지는 자연계와, 신이나 초세속적인 존재로 이루어지는 초자연계를 엄격하게 분리하는 인식을 바탕으로 한다. 다시 말하면 물리적인 에너지와 엄격한 인과율에 의해 움직이는 자연계와 인과율에 얽매이지 않고 성스러운 힘에 의해 다스려지는 영적인 세계를 구분하는 것이다. 이러한 구별은 현대인들에게는 어떤 면에서 상식적이고 의미 있는 작업일 수 있지만, 실제로 세계를 그렇게 양분하여 인식하지 않았던 고대인들에게는 적용시킬 수 없는 것이다. 지금 우리는 자연계를 탐구하는 과학과 초자연계를 추구하는 종교를 대립시켜 양자의 영역이 다른 것으로 이해하려고 하지만 이러한 사고방식 자체가 이분법적인 계몽주의적 사고에 불과한 것이다.

'성스러움'은 경이驚異의 감정이나 존경의 감정과 구분하기 어렵다는 점에서 문제가 더 크다고 할 수 있다. 성스러운 체험과 세속적인 체험은 서로 격리되어 있는 것이라기보다는 뒤섞여 혼합되어 있다. 종교

심리학자인 윌리엄 제임스William James(1842~1910)는 종교적인 감정이 따로 존재하는 것은 아니라고 주장한다.

'궁극성' 도 모호하기는 마찬가지 이다. 자연주의에 입각하여 인공적인 것을 배제하고 극단적인 자연적 삶을 궁극적 이념으로 삼아 살아갈 수도 있을 것이고, 민주주의나 사회주의의 실현을 위하여 목숨을 바칠 수도 있을 것이다. 또 지구환경을 위해 사람을 죽이는 테러를 감행하기도 하고, 성적이 떨어졌다고 목숨을 버리기도 한다. 그리고 실연, 좌절, 비관이 빨리 저 세상으로 향하게 하기도 한다. 이러한 행위들은 그들 각자의 삶의 최종 목적 즉 궁극적 가치로 여겨지는데 그렇다고 이 것을 종교라고 하기에는 어려움이 이다.

위에서 든 종교에 대한 세 가지 정의, 초월성ㆍ성스러움ㆍ궁극성이라는 기준은 그 모호성에도 불구하고 오늘날 종교를 이야기할 때 매우 유용하게 사용되고 있다. 그리고 이들 개념은 서로 배타적인 것이 아니라 상호 보완적인 기능을 하면서 종교라는 인간의 활동영역, 관심과 가치의 영역을 보여주고 있다. 우리는 이들을 기반으로 하여 유연한 태도를 가지고 시야를 넓히면서 나름대로의 종교관을 끊임없이 새롭게 형성해 나갈 수 있을 것이다.

종교와 상징

1. 상징의 의미

엘리아데에 의하면 인간은 종교적 존재homo religiosus이며, 인간의 인식과 행동은 모두 상징작용을 포함하기 때문에 상징적 존재homo symbolicus이기도 하다. 그리고 상징은 인간의 특별한 인식 양태이자, 성스러운 것이 그 스스로를 드러내는 성현의 방식이라고 한다. 삶 속에서 종교와 종교 아닌 것을 구분하는 현실적인 기준은 성이 드러나는가 아닌가를 결정해 주는 것, 즉 성의 드러남 자체이다. 성이 드러나면 성이고 드러나지 않으면 속이다. 우리는 특정한 사물을 통해 시공 밖에 있는 다른 우주적 질서를 만난다. 속 안에 있으면서도 성을 지향하는 어떤 사물을 성현聖顯, hierophany이라고 한다. 오늘날에는 성과 속의 삶이 분명하게 구별된 것으로 보지만 원초적인 문화 단계에서는 인간의 삶 그 자체가 곧 종교적 행위에 해당했다. 식생활, 성행위, 노동 등이 모두 하나의 성례전적 가치 또는 상징적 의미를 지니기 때문이다. 한 인간이 존재한다는 것은 그 자체로 종교적이고 동시에 상징적인 것을 뜻했다. 상상력을 통한 상징의 이해와 실천은 인간의 본질을 구성해온

것이다. 종교에서 상징이 사용될 수 밖에 없는 이유에 대해 엘리아데
는 다음의 몇 가지로 나누어 설명하고 있다.

(1) 상징은 직접적인 경험의 차원에서는 분명하지 않은 실재의 양태
나 세계의 심층구조를 드러내준다. 가령 나무나 집 또는 사원은
세계의 중심을 나타내는 것이다.

(2) 상징은 실재하는 것, 참으로 의미 있고 힘 있는 것을 보여준다.
자연의 사물들은 항상 변하지만 그것이 상징이 될 때는 실재하는
것을 드러내주고 의미 있는 것으로 여겨진다. 갠지스 강은 아무
리 오염되어 있어도 신의 은총을 상징하기 때문에 항상 성스러운
강이다.

(3) 상징은 직접적인 경험의 단계에서는 분명히 드러나지 않는 많은
의미를 동시에 표현한다. 그렇기 때문에 상징의 의미를 하나도
남김없이 모두 설명하는 것은 불가능하며, 그 가운데 하나의 의
미만을 근본적인 것이라고 한다면 그 상징이 내포하는 의미는 포
착할 수 없게 된다. 예를 들어 달은 차고 기우는 과정을 통해 상
징적으로 탄생과 성장, 죽음을 의미하기도 하고, 인간의 운명을
말해주기도 하는데, 이중 하나만을 본래적 의미라고 할 수는 없
는 것이다.

(4) 상징은 다양한 차원의 이질적인 여러 모습을 하나로 통합하거나
묶어주는 역할을 한다. 상징은 사물을 다르게 볼 수 있는 관점을
제공해줌으로써 서로 다른 것들을 통합하여 그들 사이에 동일성
이 있음을 알게 해 준다. 가령 산스크리트어 링가(liṅga: 성기)는
랑구라(lāṅgula: 쟁기)와 관련이 있는데, 랑구라는 라크lak에서 파생
된 말이다. 라크는 삽이라는 뜻과 남자의 생식기라는 의미를 동
시에 가지고 있다. 따라서 여자의 자궁은 땅에, 남자의 성기는 삽

에 비유되면서, 땅을 가는 농부의 생산행위인 파종은 성행위로 간주되는 것이다. 그렇다고 원시 경작자들이 도구나 노동이 갖는 직접적이고 구체적인 가치를 혼동했다는 말은 아니다. 상징은 본래의 고유한 가치를 파기시키는 것이 아니라 다만 어떤 대상이나 행위에 새로운 가치를 더해줄 뿐이다. 상징의 자리에서 우주는 상응성과 동질성을 지닌 체계를 지닌 채 열려있는 것이다.

(5) 상징은 역설적인 정황을 표현할 수 있다. 역설은 논리적으로 타당하지 않은 것이다. 죽음은 죽음이고 삶은 삶이지 '죽은 것이 사는 것'이란 역설적 표현은 동일률과 모순율, 배중률을 모두 어기는 것이다. 그러나 상징은 그러한 역설을 표현한다. 역의 일치이자 대립의 일치이다. 가령 기독교의 상징인 십자가는 죽음인 동시에 부활을 나타내며, 원圓은 빈 것인 동시에 충만한 것이기도 하다. 지하세계의 음습함을 상징하는 뱀과 빛나는 태양을 뜻하는 독수리가 결합된 신상을 들 수도 있을 것이다. 그리고 비교秘敎나 농경제에서 행하는 통음난무orgy는 모든 속성을 초월한 무차별의 세계로 인간을 퇴행시키며, 모든 대립이 해소되는 상태로 이끌어준다.

(6) 상징은 인간의 실존적 정황을 드러내고 거기에 의미를 부여해 준다. 가령 통과의례라는 상징적 장치를 통해 어린아이가 성인이 되게 하고, 달의 기울음을 통해 인생무상과 죽음의 의미를 순순히 받아들이도록 해주기도 하는 것이다.

2. 상징의 실제

종교적 표현은 일체가 상징적인 의미를 지닌다. 여기에서는 그중 몇 가지를 유형별로 나누어 살펴보도록 한다.

식물
식물은 나무나 꽃처럼 죽음과 부활, 생명력, 생명의 순환을 상징한다.

(1) 연꽃lotus: 연은 태양과 달에 속하며, 삶과 죽음을 나타낸다. 이집트와 힌두교의 태양신, 셈족의 달의 신과 함께 등장한다. 연은 진흙 속에 뿌리를 내리고 위로 뻗어서 태양 빛과 하늘의 빛 속에서 피기 때문에 영적인 개화를 상징한다. 불교에서는 부처가 연화좌에 앉아 있는 것으로 묘사하는데, 연화좌는 우주의 완전한 조화와 영적 완성을 상징하고 있다. 그리스·로마신화에서 연은 미의 여신 아프로디테·비너스를 상징한다.

(2) 백합lily: 청순함과 부활, 그리고 지모신의 다산多産을 의미한다. 기독교에서는 성모 마리아를 나타내며, 이 세상의 수많은 죄악으로 둘러싸인 순결을 뜻한다.

(3) 장미: 천상적인 완전성과 지상적인 정념이라는 모순된 의미를 동시에 갖는다. 그래서 시간과 영원, 생명과 죽음, 풍요와 처녀성을 상징하고 있다. 기독교에서 백장미는 순결과 성모 마리아를 뜻하며, 붉은 장미는 은총과 순교의 상징으로 골고다 언덕에서 예수가 흘린 피에서 자라났다고 한다.

(4) 나무: 드러난 세계 전체 또는 동적인 생명을 상징한다. 또 우주축

axis mundi이자 세계의 중심omphalos이기도 하다. 옴파로스는 우
주에 자양분을 공급하는 중심지이자 세계의 배꼽으로, 천계·지
상계·명계冥界의 3계가 교차하는 지점이므로 세계의 모든 성지
는 여기에 해당한다. 인도의 메루 산, 이집트의 헬리오폴리스, 그
리스의 올림푸스 산, 유대교의 시나이 산, 우리나라의 태백산 등
을 예로 들 수 있다. 우주축은 세계의 배꼽을 관통하는 수직축을
가리킨다. 이것을 상징하는 것으로는 우주 나무, 산, 기둥, 장대,
창, 지팡이 등을 들 수 있다. 우주 나무는 나누어진 가지가 다시
하나로 합쳐지거나, 하나의 뿌리에서 나온 2개의 줄기가 다시 하
나로 연결되는 모습으로 묘사되기도 한다. 이는 하나에서 여럿
으로, 또 여럿에서 하나로 변화해 나타나는 우주의 모습을 보여
준다. 그럼으로써 가령 이분법적으로 나누어져 있던 남성원리와
여성원리의 통일, 남녀추니로 표상되는 통합적이고 진실한 세계
의 모습을 나타내는 것이다.

동물

(1) 독수리: 독수리는 하늘을 향해 비상하여 태양과 하나가 될 수 있
다고 생각해 인간의 영적 능력을 상징한다. 암흑의 뱀과 짝을 이
루어 우주의 통일, 영혼과 물질의 결합을 의미한다.

(2) 뱀: 죽음과 파괴, 그리고 생명과 부활을 상징한다. 또한 원초의
본능, 생명력의 분출, 잠재적·영적 활력을 나타낸다.

(3) 곰: 동면하던 굴에서 나옴으로써 부활을 의미하며, 통과의례와 관
련된다. 샤머니즘에서는 숲의 정령의 사자使者이지만, 기독교에
서는 악마나 사탄 또는 사악과 탐욕을 상징한다.

(4) 멧돼지: 태양과 달에 속하며, 대담함과 육욕을 나타낸다.

(5) 물고기: 남근과 다산과 번식, 생명의 소생을 나타낸다. 불교에서

는 속박으로부터의 자유, 욕망이나 번뇌로부터의 해방을 상징한
다. 기독교에서는 세례나 부활을 뜻한다. 그리스어로 물고기
ICHTHUS는 '예수 그리스도, 신의 아들, 구세주Iesous Christos
Theou Huios Soter'라는 말의 앞 글자를 딴 것으로 생각하여, 물고
기 그림은 예수를 상징하는 데 사용되었다.

(6) 용: 날개달린 뱀으로서의 용은 물질(뱀)과 정신(새)의 결합체이다.
용은 천둥을 동반하고 풍작을 보장하는 비와 번개와 홍수를 일
으키는 파괴적인 힘이라는 상반된 두 가지 의미를 내포한다. 일
반적으로 동양에서는 은혜를 베푸는 하늘의 존재로 추앙을 받고,
서양에서는 지하세계에 속하는 파괴적인 악을 나타낸다.

(7) 우로보로스ouroboros: 자신의 꼬리를 물고 있는 뱀의 모습으로 묘
사되며, 끝은 곧 시작이라는 의미를 담고 있다. 이는 미분화未分
化, 원초적 통일, 자기 충족을 상징한다. 해체와 재결합의 순환,
소멸과 갱신을 영원히 계속하는 힘으로 영겁회귀, 남녀추니兩性
具有者, 원초의 바다, 잠재력, 창조 이전의 암흑이며, 현실태가 되
기 이전의 가능태를 나타낸다. 이는 전 세계적으로 나타나는 보
편적 상징이다. 불교와 힌두교에서는 윤회의 수레바퀴로 표현하
며, 올페우스교의 상징체계이기도 하다.

자연물

(1) 달: 여성적인 힘, 태모신을 가리키며, 순환적인 시간의 리듬을 나
타낸다. 달의 탄생과 죽음, 그리고 부활은 불사와 영원, 영속적인
갱신을 상징한다.

(2) 태양: 우주의 지고신, 부동의 존재, 존재의 중심, 영광, 정의 등을
나타낸다. 태양의 상징으로는 회전하는 바퀴, 원반, 방사선이 있
는 원, 가운데 점이 있는 원⊙, 만卍, 독수리, 수탉, 백조, 사자 등

이 있다.

(3) 물: 존재의 잠재적 가능성의 원천, 미분화, 비현현을 나타낸다. 물은 모든 것을 용해하고 정화하며 재생시킨다. 물에 담그는 것은 원초의 순수상태로의 회귀, 낡은 생명의 종말, 새로운 생명의 탄생을 상징한다.

(4) 불: 변화, 정화, 힘, 파괴를 나타낸다. 거짓, 무지, 환영, 부정, 죽음을 불살라 진리와 지식을 드러낸다.

(5) 하늘heaven, sky: 땅과 짝을 이루어 영혼과 물질, 부성과 모성을 의미한다. 또 초월, 무한, 천계, 우주의 질서를 나타내기도 한다.

(6) 돌: 안정, 영속성, 영원성을 상징하며, 바위・산・나무・숲과 함께 우주를 나타내기도 한다. 또 우주의 중심인 우주 축이나 옴파로스이기도 하다.

(7) 대지: 태모신으로서 다산과 무진장의 창조력을 상징한다.

(8) 산: 세계의 중심이자 배꼽이다. 산은 다른 차원으로 가는 통로이며 신들이 사는 장소이다.

도상圖像

(1) 태극◉: 음▬과 양▬으로 이루어진 태극은 우주적 두 가지 힘의 완전한 균형을 나타낸다. 음양은 각각 상대를 내포하고 영원한 교차 순환운동을 주기적으로 일으킨다.

(2) 다윗의 별★: 유대인들이 사용하는 것으로 원래는 형평과 조화를 상징하였으나, 점차 이스라엘의 승리와 번영을 의미하게 되었다. 아랍인들은 '솔로몬의 인장'이라고 하며, 소우주와 대우주의 결합을 상징하는 것으로 여겼다.

(3) 수레바퀴cakra: 존재의 순환과 끊임없는 생성과 변화, 즉 윤회를 의미한다. 불교에서는 바퀴의 중심에 탐욕과 무지를 상징하는

돼지, 육욕을 나타내는 수탉, 분노의 뱀을 그리거나 새겨서 탐·진·치 3독이 존재세계의 본질임을 표현하고 있다. 또 밀교tantra에서는 신체의 중추로 상정되는 맥관脈管, nāḍī 위에 위치하는 신비한 지점으로 연꽃 모양을 취한다고 한다.

(4) 만卍: 전 세계적으로 나타나는 가장 오래된 상징 중의 하나이다. 회전하는 태양, 북극과 그 주변을 도는 별, 동서남북 4방위, 달의 순환, 4계절, 창조력 등 다양한 설이 있다. 아무튼 그것이 행운, 길조, 축복, 장수, 다산, 건강, 생명을 상징하는 것은 사실인 것 같다. 중국에서는 만万의 원형으로서, 길조나 무한한 생명을 나타낸다. 기독교에서는 예수의 상징으로 카타콤에 그려져 있는 경우가 종종 있다. 그리스에서는 제우스 신이나 헬리오스 신, 또는 헤라나 데메테르, 아르테미스 여신의 상징으로 사용된다. 힌두교에서는 '스와스티카'라고 하여 길상, 생명, 행운을 나타낸다. 이슬람교에서는 4방위 또는 천사에 의한 4계절의 지배를 상징한다. 게르만족에게는 바람·벼락·번개의 신 토르의 전투용 망치이자 행운의 상징이다. 로마제국에서는 벼락의 신 유피테르의 상징이다.

(5) 만다라maṇḍala: 정사각형 속에 포함된 원형을 기본형으로 하고, 중앙에서 상하·좌우에 대칭적으로 부처를 정연하게 배치한 도형이다. 부처의 깨달음의 내면세계 또는 부처의 진실한 세계를 상징적으로 표현한 것이다.

(6) 키로Chi-Rho, ☧: 원래 길조를 의미하는 크레스톤chreston, $XPH\Sigma TON$의 생략형이며, 문장 중에 중요한 곳을 표시하기 위하여 사용되었다고 한다. 기독교에서는 그리스도christos, $XPI\Sigma TO\Sigma$라는 말의 그리스어에서 처음 두 글자를 합성한 것이며, P자의 수직선은 우주 나무를 뜻한다고 한다.

(7) 무드라mudrā: 인계印契라고 번역하며, 손가락을 여러 형태로 구부

림으로서 일정한 개념을 나타낸다.

소리

(1) 옴om: 베다를 읊을 때 처음과 마지막에 발성되는 신비하고 성스
러운 소리이다. 이는 단순한 성스러움을 넘어 우주적 규모의 신
비함을 담고 있다. 옴은 아a · 우u · 음m의 3가지 소리로 분석하
여, 각각 비쉬누 신, 쉬바 신, 브라흐만 신에게 상응시켜 우주의
유지 · 파괴 · 창조를 상징하기도 한다.

(2) 주문呪文: 인도에서는 만트라mantra, 한역으로 '진언眞言'이라고
하며, 진리의 말을 가리킨다. 고대 인도에서는 제사를 행할 때 제
관들이 읊는 주구呪句 · 찬송 · 영가詠歌를 가리키고, 이 주문이
신을 속박하고 제어하는 힘을 지닌 것으로 간주했다. 불교 초기
에는 이러한 주문의 사용을 금지하다가, 대승불교와 함께 중시되
기 시작하였다.

(3) 다라니dhāraṇī: '총지總持'라고도 한다. 원래 정신을 집중하여 불
법을 지키는 것, 또는 그 결과로써 얻어진 정신 집중 상태를 가
리키는 말이었다. 뒤에는 주呪로써 재앙을 물리치는 등의 공덕을
가진 것으로 생각되었다.

색

(1) 검은색: 창조되기 이전의 원초적 암흑, 무, 악, 절망, 파괴, 슬픔
등을 나타낸다.

(2) 푸른색: 진실, 지성, 계시, 지혜, 충성, 경건, 평안, 냉정 등을 의미
한다.

(3) 황금색: 태양, 불사, 생명의 질료, 영광, 남성원리 등을 뜻한다.

(4) 녹색: 생명, 젊음, 희망과 죽음, 변화, 인생무상을 동시에 의미한

다. 푸른색과 노란색이 섞인 신비의 색이다.

(5) 회색: 죽은 자에 대한 애도, 환멸, 겸손, 참회를 뜻한다. 기독교에
서는 육체의 죽음과 영혼의 불사를 의미하며, 수도사의 옷색이다.

(6) 빨간색: 활동적인 남성원리, 사랑, 기쁨, 열정, 활력, 흥분, 건강을
나타낸다. 또 피, 노여움, 복수, 순교, 인내, 신앙을 뜻하기도 한다.

(7) 흰색: 미분화, 초월적 완전성, 계몽, 순수, 성스러움, 정결을 의미
한다. 결혼식에서의 흰색은 옛 생명은 죽고 새로운 생명으로 탄
생하는 것, 장례식에서는 저승에서의 새로운 삶을 상징한다.

(8) 노란색: 밝은 노란색은 지성, 직관, 신앙, 선을 뜻하며, 어두운 것
은 배신, 질투, 야심, 허영, 변절을 의미한다. 불교의 승려가 입는
노란 옷은 방기放棄, 무욕, 겸허를 가리킨다.

성물聖物

(1) 십자(가): 만卍처럼 가장 오래된 상징 중의 하나이다. 세계의 중심,
우주축을 가리키며 우주 나무나 산 또는 기둥이나 사다리와 같
은 상징적 의미를 갖는다. 수직선은 하늘·영지靈智·남성을, 수
평선은 땅·이성·여성을 상징하며, 십자 전체는 원초의 남녀추
니를 나타낸다. 자연의 이원성과 대립의 통합이며, 영적 통일을
보여준다. 이집트의 앵크(우, ankh : 생명, 합일, 불사를 가리키며 이시스
와 오시리스의 결합을 의미하기도 함)는 남녀 양성의 합체, 천지의 결
합, 생명, 불사, 내세를 뜻한다. 기독교에서는 예수의 희생에 의
한 구원, 회개, 속죄, 고난, 신앙을 의미한다.

(2) 성상聖像, icon: 성상에 그려진 사물은 동물·식물·광물계를 아
우르며, 만물의 상호관련성을 상징한다. 영적인 은총이 외적으로
드러난 표지로서 신성시된다. 즉 신의 은총이 인간에게 전해지
는 통로인 것이다.

(3) 염주 · 묵주: 완전성과 시간의 순환을 상징한다. 불교의 108염주
는 인간의 백팔번뇌를 나타내며 그것을 하나의 실로 꿰어서 윤
회를 뜻하기도 한다. 기독교의 로사리오는 성모 마리아의 신비
의 장미정원을 나타내며, 165개의 구슬로 된 둥근 부분과 여기에
부속된 5개의 구슬과 십자가로 구성된다. 구슬을 돌리며 사도신
경과 주기도문, 성모송, 영광송을 암송한다. 이슬람교의 묵주인
타스비후는 99개의 구슬로 이루어지는데 그 구슬을 하나씩 밀면
서 신의 99가지 속성을 소리내어 외운다.

(4) 법고法鼓: 진을 치고 있던 군사들이 북소리에 따라서 적군을 무찌
르듯이, 부처의 법을 널리 전하여 중생의 번뇌를 물리치고 해탈
을 이루게 하는 것이다.

(5) 운판雲版: 청동이나 철로 만든 뭉게구름 형태의 판이다. 구름이
비를 머금고 있기 때문에 불을 다루는 부엌에 걸어두고 화기를
제어하고자 했으며 공양 때 사용하였다. 또 운판이 울리면 공중
을 날아다니는 중생을 제도하고 허공을 떠도는 영혼을 천도遷度
한다고 한다.

(6) 목어, 목탁: 목어는 나무로 긴 물고기 모양을 만들어서 걸어두고
두드리는 것이고, 목탁은 목어가 변형되어 생긴 것이다. 잠을 자
지 않는 물고기처럼 열심히 수행하도록 이끌어준다.

(7) 탑stupa: 부처의 사리를 모시는 불교의 탑은 원래 사찰이 아니라
시내 한복판에 세워져 재가신도들이 의지처로 삼도록 안배된 것
으로, 승려들의 간섭 없이 신도들이 관리하고 숭배하도록 하였던
것이다. 그러나 아쇼카왕(재위 : 기원전 268-232)이 불교의 전파를
위해 탑의 사리를 꺼내어 인도 전역에 팔만 사천 개의 사리탑을
세우면서 승려들이 직접 탑의 관리와 숭배에 참여하게 되었다.
기단을 이루는 사각형은 대지를 나타내며, 각층은 지옥 · 아귀 ·

축생 · 인간 · 천상 등 여러 존재의 수준이나 단계를 상징하며, 돔의 구형은 하늘을 의미한다. 이슬람교의 쿠바qubbah도 불탑과 비슷한 모양과 의미를 갖는다.

(8)신전, 사원 : 우주 축, 우주 나무, 옴파로스를 의미한다.

의례

(1) 성찬聖餐, Lord's Supper: 성만찬聖晚餐, The Holy Communion, 성체성사聖體聖事라고도 하며 '주님의 만찬'은 기독교의 성례전 또는 성사sacrament 중 하나이다. 최후의 만찬 때 그리스도가 자신의 죽음을 기념하여 빵과 포도주를 나누라고 하였다는 복음서 기록을 따르는 성사이다.

(2) 세례baptism, 침례immersion: 물에 들어감으로써 미분화된 상태로 퇴행하였다가, 물에서 나오면서 재생과 부활을 이루는 것을 의미한다.

(3) 수계受戒: 불교의 계율은 주체적이고 자율적인 생활방식이나 행위인 계戒, śila와 승원의 생활 규범과 규칙인 율律, vinaya로 이루어져 있다. 쉴라는 윤리적 행위라는 뜻으로 쓰이며 5계나 10계가 여기에 해당하며, 비나야는 율장에서 다루는 250계나 348계를 가리킨다. 수계는 붓다의 가르침을 실천하며 살겠다는 맹세를 가리키는데, 보통 팔뚝에 향을 피우는 연비燃臂를 행하며 5계의 실천을 다짐한다.

(4) 목욕: 정화나 입문식을 의미한다. 불교에서는 관정灌頂을 통해 승려가 되는 의식을 거행하고, 기독교에서는 미사 전에 사제가 손을 씻는 의식을 행하며, 이슬람교에서는 예배 전에 세정洗淨을 한다.

사찰건물

불교에서는 세계의 중앙에 수미산須彌山을 설정하고 그 위쪽으로 28천天을 둔다. 수미산 기슭은 인간과 축생의 세계, 땅 밑에는 지옥이 있다고 하였으며, 28천 위에 부처의 나라를 둔다. 우리나라 사찰은 이러한 불교의 우주관에 입각한 조형체계를 갖추고 있다. 사찰의 문을 통과한다는 것은 번뇌와 고통의 세계를 떠나 수미산을 오르기 시작하여 부처의 세계로 나아감을 뜻하기 때문에 산문山門이라고 한다. 산문을 지나 수미산 정상을 오르고, 다시 28천을 넘어선 곳에 불국정토가 있다.

(1) 일주문: 기둥이 일직선상에 한 줄로 늘어서 있다고 하여 붙은 이름으로, 일직선 기둥 위에 지붕을 얹은 양식이다. 이는 일심一心을 의미하는 것으로, 세속의 번뇌로 흩어진 마음을 하나로 모아 진리의 세계로 향하라는 의미가 담겨 있다.

(2) 천왕문: 천왕문 앞에 금강문을 세운 경우도 있는데, 이 문의 좌우에는 불교의 수호신으로서 수문신장守門神將인 금강역사金剛力士=仁王力士가 지키고 있다. 금강역사는 '아' 소리를 내면서 공격 자세를 취하는 나라연금강과 '훔' 하며 입을 굳게 다문 채 방어 자세를 취하는 밀적금강으로 이루어진다. 천왕문은 불국정토의 외곽을 맡아 지키는 4천왕天王을 모신 전각이다. 동방 지국천왕持國天王, 남방 증장천왕增長天王, 서방 광목천왕廣目天王, 북방 다문천왕多聞天王이 세상의 선악을 살피다가 착한 이에게는 상을 악한 자에게는 벌을 내린다고 한다.

(3) 불이문(= 해탈문): 천왕문을 지나 수미산 정상에 오르면 제석천왕帝釋天王이 다스리는 도리천忉利天이 있고, 그 위에 불이不二의 경지를 상징하는 불이문이 서 있다. 불이는 둘이 아닌 경지, 곧 나와 너, 삶과 죽음, 생사와 열반, 번뇌와 깨달음, 선과 불선, 세간과 출

세간 등 모든 상대적인 것이 둘이 아닌 경지를 나타내는 것이다.

(4) 대웅전: '대웅大雄'은 석가모니불을 뜻하는데, 자신의 마음에 깃든 잘못됨을 먼저 다스리고 그 법력으로 사람들의 마음을 정화한 진정한 영웅이라는 의미를 지닌다. 대웅전에는 석가모니불을 중심으로, 여러 조합의 보살상이나 제자상이 모셔져 있다. 첫째는 제자 중에서 두타제일인 가섭과 다문제일인 아난이 시립侍立하는 경우이다. 둘째는 반야般若지혜를 상징하는 문수보살과, 수행과 바람(행원行願)이 광대한 보현보살이 협시하는 경우로, 우리나라 사찰에서 가장 많이 볼 수 있다. 셋째는 갈라보살과 미륵보살이 봉안되고, 다시 그 좌우 끝에 가섭과 아난이 시립하는 경우이다. 여기서 갈라보살의 원래 이름은 제화갈라로서, 정광 또는 연등이라고 한다. 그래서 세 부처는 과거·현재·미래 삼세를 꿰뚫고 있는 것이다. 그리고 대웅보전이라고 할 때는 좌우에 아미타불과 약사여래를 모시고, 다시 여래상 좌우에 협시보살을 봉안하는 경우도 있다.

(5) 대적광전大寂光殿: 연꽃으로 장엄된 연화장세계의 교주인 비로자나불을 본존불로 봉안한 건물을 뜻한다. 화엄종의 맥을 계승한 사찰에서는 주로 이 전각을 본전으로 건립하게 된다.

(6) 극락전: 극락정토를 상징하는 법당이다. 그 중심에는 아미타불, 그 좌우에는 관세음보살과 대세지보살 또는 관세음보살과 지장보살이 자리한다.

(7) 미륵전: 미래불인 미륵이 자신의 불국토인 용화龍華세계에서 중생을 교화하는 것을 상징화한 법당이다.

(8) 관음전: 천수천안으로 중생의 고통을 살피고 자비의 손길로 끝없는 평온으로 인도하는 관세음보살을 모신 전각으로, 원통전圓通殿 또는 대비전大悲殿이라고도 한다.

(9) 명부전: 저승의 유명계幽冥界를 사찰 속으로 옮겨놓은 전각으로 그 안에 지장地藏보살과 시왕十王을 봉안한다.

(10) 삼성각三聖閣: 법당 뒤편에 있는 작은 전각으로, 산신과 칠성과 독성獨聖을 함께 모신 곳이다. 따로 모실 때는 산신각, 칠성각, 독성각으로 부른다. 산신은 원래 불교와 관계없는 우리 고유의 토속신으로, 주로 부귀장수와 소재강복消災降福을 기원하게 된다. 칠성은 수명장수를 관장하는 신으로, 도교와 함께 중국에서 유입된 신격이다. 독성은 남인도 천태산에서 홀로 선정을 닦고 있는 나반존자를 가리키는 것으로 알려져 있지만, 그 기원에 대해서는 아직 명확하게 밝혀져 있지 않다. 그런데 삼성각이 우리나라 사찰에 처음 등장한 것은 1600년대 후반이며, 1800년대 초부터 널리 퍼진 것으로 보여 역사적으로 불교 안팎의 혼란 및 쇠퇴와 관련된 것으로 보인다.

종교의 기능

　종교는 다양한 방식으로 개인과 사회에 영향을 준다. 종교를 진실하게 잘 믿는 사람의 마음에는 반드시 변화가 있게 마련이고 그것은 살아가는 척도로서 역할을 하게 된다. 종교는 인간 내면의 문제와 갈등 그리고 욕구를 해결해주고, 스스로 이상을 세우고 그것을 실현시키기 위해 노력하게 하며, 성숙한 눈으로 세상을 이해하고 만나도록 해준다. 이 장에서는 종교의 순기능적인 면에 대해 매슬로우Abraham H. Maslow의 심리적 관점을 중심으로 하여 살펴보도록 한다.

1. 자기중심적 기능

　프로이트는 신의 기능을 다음의 3가지로 정리하였다.

　첫째, 신은 인간의 자연에 대한 두려움을 물리친다. 둘째, 신은 인간이 죽음과 같은 운명의 잔혹함을 수용하도록 한다. 셋째, 신은 인간이 사회에서 겪는 고통과 궁핍을 바로잡는다.(『환상의 미래』) 물론 이는 프로

이트의 종교에 대한 편견을 반영한 것이지만 종교가 갖는 역할의 한 면을 설명해주는 것이기도 하다.

1) 신체적 욕구

종의 보존과 번식에 필수적인 본능에 해당하며, 모든 생명체가 바라는 것이다. 그런데 현실적으로 그러한 욕구가 충족된 적은 거의 없으며 인간은 특히 그 간절함의 정도가 더 심하다고 할 수 있다. 욕망과 현실의 괴리감을 종교가 메워주고 있는지도 모른다.

① 음식: 농사와 사냥을 둘러싼 종교 의식이 원시시대부터 발달해 있었다는 것은 인류학적 연구를 통해 알 수 있다. 불교나 기독교에서도 함께 밥을 먹는다는 것은 일차적으로 구성원간의 친밀함과 안도감을 부여하는 것이고 나아가 탁발이나 성찬과 같은 상징적 의미를 갖게 된다.

② 성: 수많은 신화와 의례에서 성적 상징들을 발견할 수 있으며, 또한 종교적 열광이나 환상에서도 성을 연상시키는 의미가 내포되어 있는 경우가 있다. 과거 주신제酒神祭, orgy나 제천의식祭天儀式 등에서 볼 수 있던 성적 광란은 오늘날 많이 순화되어 각종 축제로 전승되고 있다. 인도의 탄트라 요가에서는 인간이 갖고 있는 성적 집착을 초극하려는 의도에서 갖가지 문란해 보이는 성적 행위를 엄격한 의식으로 표현한다.

③ 상해와 죽음의 공포와 불안; 참호 속의 종교foxhole religion라는 말처럼 생명을 위협하는 절박한 상황에서 그것을 벗어나려는 시도나 노력을 하지 않을 도리가 없다. 오늘날에도 위험한 직업군에 속하는 사람들이나 삶의 허무함과 많이 부딪히게 되는 사람

들은 그렇지 않은 경우보다 종교나 터부를 더 많이 믿는다.

2) 심리적 욕구

인간은 두뇌의 과대발달로 인해 몸은 지금 여기에 있으면서도 과거와 미래를 끊임없이 오가고 우주 곳곳을 순간순간 옮겨가며 엄청나게 바쁘게 살아가고 있다. 그래서 현재 닥치고 있는 문제 상황도 아니고 일어날지 일어나지 않을지 불확실한 상상인데도 불구하고 마치 눈앞에서 벌어지고 있는 일인 것처럼 불안해한다.

① 안정감: 우리는 상해나 죽음, 재산이나 관계의 상실의 위협 등으로부터 불안을 느낀다. 물론 신앙이 실제적이고 객관적인 상황의 변화를 일으킬 수는 없지만, 심리적 불안감을 위로하고 무마시켜주는 것은 사실이다. 종교에서 제시하는 궁극의 이상, 즉 불교의 열반, 기독교와 이슬람교의 천국, 유대교의 선민, 힌두교의 해탈, 유교의 군자 등은 인간의 안정을 위협하는 모든 고통과 고난을 이겨낼 수 있다는 확신을 부여해준다.

② 관계: 신이나 인간 또는 자연으로부터 소외되어 있다는 생각이 불안을 야기하기도 한다. 그래서 기독교와 이슬람교에서는 사랑의 실천으로 인격적인 신과의 관계 복원을 약속한다. 그리고 불교나 도교에서는 인간의 탐욕적인 마음을 제어함으로써 자연스런 삶의 모습이 회복된다고 한다.

③ 자극: 인간의 본성에는 자기표현, 모험, 권력에 대한 갈망이 존재한다. 종교적 열정과 체험은 그것을 밖으로 발산하여 다른 사람들과 공감대를 형성하면서 공유하도록 자극한다. 그리고 새로운 세계를 향한 모험의 길을 떠나도록 인도해주기도 한다. 또한 사

회적 무력감을 느끼는 사람들에게 자신감을 불어넣어 주고 공동체를 이끌어갈 지위를 맡겨 권력욕을 성취시켜주기도 한다.

3) 사회적 조건

서로 다른 소질과 적성과 능력을 가진 개인들이 하나의 사회를 이루어 산다는 것은 각 개인의 욕구가 좌절된다는 것을 의미한다. 그리고 원시시대부터 현대에 이르기까지 사람들 사이에는 필연적으로 불평등이 존재하게 된다.

① 사회적 박탈: 오늘날 정치·경제 제도에 의해 사회적 불평등을 완화하기 위한 노력을 많이 기울이고 있지만, 기득권층과 중산층, 빈민층 사이의 이해관계가 첨예하게 대립하기 때문에 해결의 실마리를 찾기가 쉽지 않다. 그리고 실제로는 제도를 개혁하려는 사람들 자체가 기득권층에 속하므로 실질적인 변화가 가능할지 의문시되기도 한다. 사회적 약자에게 종교적 가르침은 현세의 모순과 절망적 상황에서 벗어나 내세에 그 보상을 받을 수 있다는 확신을 심어줄 수 있다.

② 화물숭배cargo cults: 남태평양 멜라네시아와 뉴기니에서 19세기 말에 나타난 새로운 종교운동이다. 이러한 신앙은 지역 주민들이 식민 관리와 선교사에게 외부로부터 물자가 공급되는 것을 목격하면서 생겨났다. 이 지역 주민들은 부족신이나 선조들이 화물을 가지고 돌아올 것이라고 기대하였다. 화물이 배나 비행기로 올 것이라고 생각하여 상징적인 부두나 가설 활주로, 화물 창고를 미리 만들어놓고 전통적으로 해오던 생업이나 제도를 바꾸었다. 가령 원예업을 중단하고 자신들이 키우던 식용가축들을

죽이기도 하고, 사라졌던 과거의 관행들을 부활시키거나 현재의 관행들을 대대적으로 개혁하기도 하며, 때로는 식민지 지배자들의 경찰이나 군대를 모방한 새로운 사회 조직을 만들기도 하였다. 그러한 격변을 통해 옛 질서는 무너지고, 백인 외국인들과 토착민들의 지위는 역전될 것이며, 자유와 정의로 가득 찬 낙원이 실현될 것이라고 생각했다. 이러한 대중운동과 관련된 정치적 의미와 경제적 손실 때문에 식민당국은 이 운동을 억압했지만, 새로운 계시를 받았다고 주장하는 예언자들이 주도한 화물숭배는 1930년대부터 특히 소외된 저개발지역에서 급속히 확산되었다. 한마디로 가난한 원주민들은 자신들이 식민지배자들과 평등하지 못하다고 여겨 이러한 박탈감을 종교적 믿음을 통해 극복하고자 한 것이다.

2. 성장 · 가치 기능

인간은 육체적 · 정신적으로 현재의 상태에 만족하는 것이 아니라 더 나은 미래를 꿈꾸며 살아간다. 인간은 신체적 욕구의 충족이나 심리적 안정 그리고 박탈감에 대한 보상을 받기 위해서만 사는 것이 아니라, 이상과 가치를 향해 노력하는 훌륭한 인간 또는 인간다운 인간이 되기 위해서도 살아가는 존재이다.

1) 자기존중 욕구, 자아실현 욕구, 자아초월 욕구

심리학자인 매슬로우는 욕구needs의 위계순서를 주장하였다. 신체적 욕구, 안정을 요구하는 심리적 욕구, 사회적 욕구, 자기존중의 욕구, 자아실현의 욕구, 마지막으로 자아초월의 욕구가 그것이다. '자기존중'은 앞의 자기중심의 생물적 욕구와 뒤의 이상적 욕구 사이의 가교 역할을 한다. 이것은 다른 사람의 칭찬이나 인정으로 만족될 수도 있지만 자신이 스스로 인정하는 방식으로 행동할 때 가장 만족스러워 한다. 그러기 위해서는 관심의 초점을 자아로부터 외부의 이상으로 돌려야 하며 그러한 가치를 향해가면서 발전하게 된다. 자기존중은 정신적 성숙을 향한 첫 단계라고 할 수 있다. 다음으로 개인의 재능과 능력에 따라 '자아실현' 욕구는 다양한 형태로 나타난다. 종교적인 사람일수록 자신의 소질과 적성을 충분히 발현시켜야 할 책임이 있다고 느낀다. 낮은 수준의 욕구는 되도록 절제하지만 더 나은 인간이 될 수 있는 잠재력은 개발시킬 의무가 있다는 것이다.

끝으로 자아를 초월해서 발생하는 '초월' 욕구가 있다. 매슬로우에 의하면 그것은 '자기와 타인, 인류, 동식물, 자연, 나아가 우주와 관련을 가지면서 가장 상위에 있고 가장 포괄적이며, 통합적 전체 수준에서의 인간의식과 관계된 것'이다. 앞의 자기중심적 욕구는 결핍이나 결함에서 기인하는 것인데 반해, 이것은 '존재 욕구'라고 하여 존재물 자체가 갖는 욕구하고 한다. 그래서 자기중심적인 욕구에서 사랑하는 사람은 타인이나 대상을 소유하려고 하지만, 존재욕구로 인해 사랑하는 사람은 모든 종교에서 가르치는 이상적인 사랑에 근접하게 된다. 존재욕구는 존재가치와 직결되며 가령 진리, 아름다움, 선, 성聖, 사랑, 자비, 정의, 내려놓음(放下着: 집착하는 마음을 내려놓음, 또는 마음을 편하게 가짐), 질서, 완전 등이 그것을 가리킨다.

2) 신앙의 깊이

종교적 진리 자체는 심오한 내용을 담고 있지만 같은 종교를 믿는다고 해도 사람에 따라, 또 같은 사람이라도 수행의 진전에 따라 신앙의 형태에 차이가 있다. 즉 종교적 가르침을 받아들이고 그것을 실천하는 태도에는 여러 모습이 있는 것이다. 여기에서는 신앙의 유형을 얕은 단계에서 깊은 단계까지 3단계로 나누어 살펴보도록 한다.

첫째, 종교를 통해 일상적인 삶의 문제를 해결하려는 태도로 위에서 든 자기중심적 욕구의 해소와 관련된다. 종교적 대상에게 자신이 처한 이러저러한 문제를 하소연하고 기적을 통해 해결해줄 것을 청원하는 형태의 신앙이다. 샤머니즘에서 불교, 기독교에 이르기까지 우리가 가장 많이 볼 수 있는 기복적祈福的 신앙의 모습이다.

둘째, 이기적이고 기복적인 신앙이 나쁜 것은 아니나, 종교적 가르침을 자꾸 반복해서 듣고 읽고 말하고 실천하다보면 자기를 중심으로 한 욕심의 범주를 조금씩 벗어나게 된다. 성인의 말에 감명을 받고 마음의 눈을 떠, 지금까지의 생활을 돌아보고 남을 생각하는 길을 걷게 되는 것이다. 이기적 추한 모습에 스스로 좌절하고 반성하며 종교적 삶의 의미와 가치를 지향한다. 자기에게 닥친 세속적인 난관을 해결하려 하기보다는 그 문제 자체가 지닌 종교적 의미를 더 중시한다. 나아가 현실의 문제가 아닌 존재 자체가 지닌 종교적 의미를 생각한다. 이는 종교적으로 살아가려는 희구希求를 담은 신앙이다.

셋째, 궁극적 가치를 직관적으로 체득한, 즉 깨달은 경지의 신앙심이 있다. 틸리히는 그것을 '궁극적 관심'이라는 말로 표현하고, 불교에서는 해탈이라고 한다. 이는 일상적 가치를 그대로 받아들이면서도 그보다 높은 차원의 가치를 발견하고 거기에 머무는 것을 이른다. 불교나 힌두교 등 동양의 종교에서는 물론이고 기독교나 이슬람교의 수많은 성자나 현자들이 그러한 경지를 나타내고 있다.

이러한 구분은 물의 깊이나 산의 높이처럼 옳고 그르고의 문제이기보다는 신앙인의 정신적·영적 성숙도에 따른 분류일 뿐이다. 다만 종교적 진리의 본질에 다가 갈수록 신앙심은 숙성되어 자아초월의 경지에까지 이를 수 있다. 겉으로 우리는 똑같이 교회에 가고 절에 가고, 똑같이 예배를 드리고 기도를 올리고 있지만 사람들 마음속에는 천차만별의 종교가 있는 것이다.

3. 인지적 기능

종교의 자기중심적 기능과 성장 기능은 감성적이고 의지적인 정서와 관련이 있지만, 인간에게는 자신과 세계에 대해 머리로 이해하고 설명하려는 본능도 존재한다. 감성과 이성과 의지는 서로 밀접한 관계를 가지며, 상호 영향을 끼치며 인간의 인격을 형성한다.

1) 세상을 이해하려는 욕구

우리는 이 세상이 아무리 복잡하고 변화무쌍하더라도 그것을 그냥 그대로 내버려두지 못한다. 누구나 나름대로의 전체적인 안목을 가지고 그것을 해석하고 있다. 거대 자연의 운행이나 뒤엉킨 인간사뿐 아니라 길거리에 나뒹구는 돌멩이 하나, 아스팔트 위에 핀 풀 한 포기에도 의미를 부여하려고 한다. 초기 인류학자들의 종교의 기원에 대한 탐구에서도 인간의 인지욕구에 초점을 맞추었다. 타일러는 인간이 꿈이나 질병, 죽음 등을 해명하기 위해 영혼을 상정하게 되었다고 했고, 프레이저는 사물들 사이의 관계나 운용법칙을 알고 그것을 이용할 수도 있다고 생각한 주술을 종교의 시초로 보았다.

현대에 와서 인간의 인지욕구를 과학이 충족시키게 되었다고 생각하는 경향이 강하다. 실제로 인간과 인간 환경의 거의 모든 분야에 대한 지식이 충만한 시대에 살고 있다. 종교는 인간을 다독이고 위무하는 한 작은 분야를 담당할 뿐이라고도 생각한다. 그러나 앞으로 과학이 더 발달하더라도 해답을 내놓을 수 없는 문제가 있다. 질병에 어떻게 걸리게 되었는지, 바람이 어떻게 불게 되었는지는 분명하게 설명할 수 있지만, 하필 그 사람이 왜 그 병에 걸리게 되었는지, 바람이 불어 간판이 떨어지는데 그 사람이 왜 그곳을 지나게 되어 사망에 이르렀는지는 밝히지 못한다. 물론 복불복이고 우연이라고 할 수도 있겠지만 인간의 머리는 그걸로 만족하지 못하며, 그 부문은 종교가 담당할 수밖에 없는 것이다. 종교는 의미와 필연의 세계를 창출한다.

2) 자신의 행위를 설명하려는 욕구

종교적 감정과 의지적 행위가 먼저인지 종교적 해석이 먼저인지는 알 수 없지만, 아무튼 종교적 사유가 감정이나 의지를 설명해주는 것은 사실이다. 그리고 그것이 신화와 교학을 낳았는데, 신화는 의례의 기원에 대해 이야기해주는 것이고, 교학은 그것을 추상화한 것이다. 종교는 우리에게 의례와 윤리적 실천을 강조하며 그러한 행위가 갖는 의미를 설명해준다. 그것을 내가 모르는데도 누가 강요한다면 엄청난 반발과 압박감이 생길 것이다. 보람 없는 일이나 의미를 모르는 일을 할 때 인간은 자기 존재에 대한 회의를 갖게 된다.

3) 내면의 갈등을 보편적 체험으로 해석하려는 욕구

이는 칼 융Carl Jung이 주장하는 '집단무의식'을 기반으로 한다. 인류가 선사시대부터 체험했던 일들이 후손들에게 잠재의식적으로 전해 내려오는데, 이를 저장하고 있는 창고를 가리켜 집단무의식이라고 하는 것이다. 이는 과거의 인류의 기억이나 표상을 그 자체로 이어받는 것이 아니라 그것을 재생시킬 가능성으로 유전되는 것을 말한다. 그래서 어떤 일정한 방식으로 세상에 반응하게 되는 경향성을 갖는 것이며, 이것은 세상에 투사된다. 집단무의식에서 중요한 것은 '원형archetypes'인데, 가령 어머니·영웅·악마·남신·지혜로운 노인 등처럼 정서적으로 강한 영향력을 가진 상징으로 표상된다. 종교의 의례와 신화는 이러한 상징으로 이루어져 있다고 할 수 있다.

융의 분석심리학에서는 모든 인간의 인격 안에는 도덕적 또는 미적 이유 때문에 외형적으로 거부되는 내면의 그림자shadow가 존재한다고 한다. 종교에서는 우리가 부정하는 내면의 어두운 부분을 악마나 악귀로 묘사하며 보여준다. 또 남성 안의 여성적 인격(아니마)과 여성 안의 남성적 인격(아니무스)을 밝혀냄으로써 신화 속의 양성구유(兩性具有 : 남녀추니) 신화를 해명한다. 인간이 선천적으로 갖고 있는 양면성은 심적 갈등을 유발하고 관습이나 문명이라는 외부적 압박에 의해 그 갈등은 증폭될 수밖에 없다. 종교에서는 갈등의 요인을 밖으로 투사하여 상징적 모습으로 반영시킴으로써, 그 갈등이 보편적 현상이라는 것을 보여준다.

종교적 체험

윌리엄 제임스는 개인이 체험하는 종교의 의미가 매우 다양하지만 다음의 특징을 지닌다고 한다.

첫째, 반드시 궁극적이고 성스러운 실재와의 관계 속에서 일어난다. 여기서 성스러운 실재는 유신론, 무신론뿐 아니라 비종교 전통을 망라하는 것이다. 둘째, 그 경험을 갖기 이전의 상태와는 완전히 달라진 변화를 보여준다. 이전에 느끼지 못했던 행복감, 감사, 기쁨, 환희, 순종, 희생의 마음으로 인격을 풍성하게 채운다. 외부적 삶의 조건이 아무리 악화된다 해도 결코 내면의 평화를 잃지 않고 난관을 극복한다. 셋째, 고차원의 심미적 안목을 갖고 삼라만상의 신비로움과의 조화를 찾는다. 넷째, 윤리도덕적인 모습을 갖게 한다. 그리고 이러한 특징을 갖는 종교 체험이 지적인 교리체계나 의례보다 훨씬 더 종교의 본질을 이룬다고 한다.

또한 그는 종교적 체험을 두 가지 유형으로 구분하고 있다. '건전한 정신healthy-mindedness'의 경험과 '병든 영혼sick soul'의 경험이 그것이다. 전자는 행복감과 희망을 주는 낙관적인 종교 체험이고 위에서 든 특징을 보여주지만, 후자는 병적인 불행과 우울한 분위기를 만들어내는 비관적인 종교 체험으로써 삶에 불안을 조장하며 죄의 짐을 버리지 못하고 끊임없이 고통을 당한다. 이는 종교 체험의 양면성을 경고하는 것이라고 볼 수 있다.

1. 회심conversion

윌리엄 제임스는 회심을 '지금까지 분열되었고, 의식상으로 잘못되고 열등하며 불행했던 자아가 통합되고 옳은 의미에서 탁월하게 되며 행복하게 되는, 점진적이거나 갑작스럽게 진행되는 과정' 이라고 정의한다. 한마디로 탁월하고 통합적인 상태로 변화되는 전환점인 것이다.

1) 회심의 유형

① 위기형(원형적, 모형적) 회심 : 갑작스럽고 극적으로 진행되며, 개인적인 갈등이 돌연히 해결되는 것을 말한다. 제임스는 이를 '자기포기self-surrender' 라고 한다. 이러한 체험은 17~18세기의 미국 장로교, 침례교, 감리교에서 벌였던 대각성교회운동의 신도들이 갈망하였고, 현재는 침례교도나 오순절교도, 그리고 다양한 복음교도들이 이러한 체험을 가지려 노력하고 있다. 이러한 회심은 대개 3단계로 이루어진다.

첫째, 큰 혼란 · 불안 · 갈등의 시기가 있다. 실제 혹은 가상의 죄악에 대해 우울해하거나 죄책감을 느끼고, 공허하고 불안해하며 삶의 모든 의미를 잃었다고 느끼는 것이다. 둘째, 매우 강한 감정을 동반하는 빛의 체험이나 통찰의 깨달음을 갖는다. 자기포기가 일어나 삶은 근본적으로 변화하고, 자기의 중심은 자아로부터 궁극적 실재로 옮겨간다. 셋째, 통합, 평화, 고요, 안정의 느낌을 갖는다. 예를 들어 바울이나 무함마드의 회심체험이나 선사들의 오도송을 보면, 이러한 체험이 실제로 일어나서 모든 종교의 생성이나 유지 또는 발전에 핵심적인 역할을 하고 있다는 것을 알 수 있다.

② 점진적 회심: 갑작스러운 위기를 체험하는 것은 아니지만 새로운 삶과 신앙으로 뚜렷하게 전환하는 것으로 '의지적인' 회심을 말한다. 종교에 대한 끊임없는 의문과 불확실성을 제기하는 가운데 자신도 모르는 사이에 서서히 확고한 신앙을 갖게 되는 것이다.

③ 무의식적 회심: 회심을 체험한 적도 없고 신앙적인 도약을 느끼지도 못했지만 종교적 심성이 점차 평온하게 성장해가는 것을 뜻한다.

④ 재통합: 종교심리학자인 클라크Walter H. Clark는 회심을 '영적인 분열 상태로부터 개인이 이미 받아들인 신앙이 어떤 것이든 간에 그것과 연속선상에 있는 삶의 긍정적 통합과 효율성으로 변환되는 것'이라고 하였다. 이는 기존에 자신이 믿었던 종교를 완전히 새로운 차원에서 재해석하여 받아들이는 것을 말한다. 기계적인 신앙행위가 영적인 차원을 지니게 되는 것이다.

⑤ 계획된 회심: 회심을 제도적인 과정을 거쳐 체험하게 하는 것이다. 가령 교회의 부흥회는 공개적인 회심을 유도하려는 것으로, 이를 위해 음악이나 설교, 간증 등이 동원된다. 그 외에도 모든 종교에서는 견신례, 수계식, 피정, 축제, 성지순례 등등 종교적 체험을 할 수 있도록 하는 수많은 장치를 고안하여 실행하고 있다.

⑥ 세속적 회심: 갑자기 찾아온 사랑이나 미움의 감정처럼 마음의 전

환은 성스러운 영역에만 국한되는 것은 아니다. 산길을 걷다 문득 발견하는 야생화의 아름다움이나 믿었던 사람의 배신과 같이 일상생활 곳곳에는 마음을 불현 듯 바꿀 수 있는 수많은 사물과 사실들이 편재해있다.

⑦ 역회심: 종교신앙을 버리는 것이다. 자기가 선택해 무조건 믿고 실현시키려 했던 종교적 이상이 하루아침에 진리가 아닌 것으로 밝혀진 것이다.

2) 회심의 요인

심리학에서는 종교적 체험의 요인을 종교적 진리의 원천인 계시나 깨달음을 일단 도외시하고, 인간의 심리적인 자연적 과정으로 이해한다.

① 갈등과 신경증: 회심은 병리적, 신경증적 요소와 관련되고, 감정적인 기질이나 죄책감, 갈등이 중요한 요인이다.

② 비정상적, 초정상적 표식: 비정상적인 것은 청각 또는 시각적인 환각작용을 가리키고, 초정상적인 것은 상대가 가진 초능력의 경험을 뜻한다.

③ 박탈감, 과잉자극: 경제적, 심리적 박탈감으로 인해 개종을 하는 경우에 많이 볼 수 있다고 한다. 이들은 특히 엄격한 조직과 독단적 교리를 통해 안정을 제공하는 권위주의적 종교를 선호하게 된다. 부흥회에서 행하는 과잉자극도 중요한 요인으로 꼽힌다. 큰소리의 음악, 춤, 자극의 규칙적인 반복, 울부짖음, 떠들썩한 분위기 등은 회심 체험에 영향을 준다.

④ 사회적 영향, 피암시성: 최면에 대한 피암시성이 높은 경우에 부흥회 등에서 종교적 체험을 하는 경우가 많다. 그리고 신도들이

종교공동체 안에서 유대감이 높고, 상호작용을 왕성하게 하는 것
도 영향을 끼친다.

⑤ 종교적 배경: 가정의 종교적 전통 속에서 양육될 경우에 체험의
가능성이 높다.

⑥ 인지 부조화: 이는 개인의 믿음이나 태도에 불일치가 생길 때 나
타난다. 이러한 불안한 상태는 사람들로 하여금 인지체계를 변화
시키도록 함으로써, 불일치를 해결하거나 자신의 감정이나 사고
나 행동에 대해 설명을 부여한다. 즉 자신의 언행에 모순이 생길
때 이를 해결하기 위해 회심의 체험을 선택하게 된다는 것이다.

3) 회심의 효과

회심을 한 이후에는 대체로 긍정적인 감정이 발생하는 것으로 알려
져 있다. 행복, 평화, 고요, 구원, 즐거움, 신과의 합일, 책임감 등이 그
것이다. 또 간음, 남이야기, 비판, 공격성은 감소하였다고 한다. 그런데
제임스는 회심의 장기적인 효과에 대해서는 회의적이었다. 회심한 사
람과 평범한 사람이 근본적인 구별을 보이지 않는다는 것이다. 회심이
종교신앙에서 결정적인 계기를 이루고 있는 것은 사실이지만, 회심 자
체보다는 그 뒤가 더 중요하다. 회심이 종교적 성장을 촉진시키기는 하
지만, 정신적인 성장이나 성숙은 단번에 완결되는 것이 아니라 지속적
인 과정이다. 가령 감리교의 창시자 존 웨슬리John Wesley(1703~1791)는
회심 이후에 회심의 방법론적 검토, 교화, 회심자의 발달에 더 비중을
두었기 때문에 종교적인 성공을 거둔 것이다.

회심체험은 신앙을 향해 깊고 지속적으로 혼신의 힘을 기울이게 한
다. 또 과거의 나쁜 습관과 버릇을 새로운 신앙으로 대체하기도 한다.
회심은 단일한 유형의 체험이 아니다. 다양한 요인들에 의해 다양한 깊

이의 체험이 있는 것이다. 다만 회심을 하고 그 자리에 멈추어 서서는 회심의 진정한 역할과 의미가 희석되고 퇴행할 수밖에 없다는 것을 아는 것이 중요하다.

2. 기도_prayer

프리드리히 하일러_Friedrich Heiler_는 기도를 '가장 자연스럽고 가장 개인적인 종교적 표현'이라고 했고, 윌리엄 제임스는 '종교의 참된 생명_soul_이자 정수', '행동 중인 종교', '진정한 종교'라고 말했다.

1) 기도의 의미

기도는 '신성한 타자와의 의사소통'이다. 기도는 언어적일 수도 있고 비언어적일 수도 있다. 언어로 표현하든 않든 간에 신성한 실재를 향하여 주의를 기울이는 태도이다. 기도는 공동으로 행하는 의식이나 사적인 예배의식과 동등한 것이다. 불교의 범패와 바라춤, 무교의 굿, 기독교의 성찬식, 축구에서 골인을 시키고 애인사진을 만지는 의식 ceremony 등도 기도와 같은 것으로 볼 수 있다. 기도는 모든 문화에 존재하며 탄생, 돌, 성인식, 결혼식, 장례식 등 인생의 중요한 사건을 확인시킨다. 어떤 이들은 다른 종교나 다른 사람의 기도를 어리석은 미신이라고 폄하하지만 우리가 1장에서 생각해 보았듯이 종교와 미신은 구별할 수 있는 것이 아니다. 한마디로 자기가 믿으면 정당한 종교, 자기가 믿지 않으면 잘못된 미신이라는 편견과 독선을 우리는 극복해야 하는 것이다.

2) 기도의 유형

① 기원기도: 기도를 하는 가장 원초적이고 보편적인 동기는 결핍이다. 다급한 일이 생겼을 때, 무서울 때, 아플 때 등 이기적인 요인으로 도움을 청할 때 하는 기도이다.

② 중재기도: 기원이기는 하지만 자기가 아니라 다른 사람의 이익이나 욕구를 위한 기도이다. 감정이입을 통해 다른 사람의 고통을 느끼고 그 사람의 건강이나 치유를 위해 하는 것이다.

③ 감사기도: 인간은 감정을 소리로 표현하려는 충동을 가지며, 이러한 정서와 갈망은 기도의 뿌리가 된다. 삶의 필수적 요소나 기쁨이 충만했을 때, 그렇게 해준 성스러운 근원에 대해 고마움을 표현하고자 하는 것이다. 감사를 느끼는 것은 종교적 정서를 함양하는 데 매우 중요한 요소이다.

④ 숭배, 찬미기도: 감사하는 마음은 우주적 존재에 대한 숭배와 찬미로 이어진다.

⑤ 고백, 헌신, 친교의 기도: 자신의 잘못으로 인해 소외된 존재가 되었다고 생각할 때는 그 죄를 회개하고 고백함으로써 용서를 구하고자 한다. 또 신이나 부처에게 자신을 헌신하려는 욕구를 느낄 수도 있다. 그리고 신이나 부처에 대해 알고, 그에게 알려지고, 그 존재 앞에 나서는 것만을 원하기도 한다.

⑥ 명상: 친교의 기도에서 더 발전된 형태로도 볼 수 있다. 특히 동양의 종교인 힌두교의 요가나 불교의 비파사나 수행 또는 선禪에서 체계적인 발전을 보이고 있다. 또한 유대교의 하시딤Hasidim 전통이나 이슬람교의 수피즘, 기독교의 수도원 등에서도 명상을 강조한다.

3) 기원기도와 미신

일반적으로는 다음의 3가지 경우에 해당하면 미신이라고 한다.

첫째, 단순히 함께 발생하는 사건들을 인과적인 관계로 볼 때, 둘째, 아무것도 존재하지 않는 상황에서 관계를 지각할 때, 셋째, 실제로는 자신의 통제를 넘어선 사건들을 통제할 수 있다고 생각할 때가 그것이다. 세 번째 요소는 주술에 해당한다. 그런데 종교가 아무리 진보한다고 할지라도 미신과 주술적 사고를 완전히 벗어날 수는 없을 지도 모른다. 어쨌든 만약 기원기도가 주술적인 방식, 즉 신을 조절하거나 압력을 가하여 내가 원하는 대로 행동하게끔 사용된다면 종교적 표현으로서의 그 가치는 훼손될 것이다. 내가 원하는 데 신이나 부처가 들어주지 않으면 안 된다고 생각한다면 그것은 스스로 저급한 단계의 신앙인으로 머무는 것이다.

제임스는 기도생활의 양식을 두 가지로 설명하고 있다.

첫째는 혜택 받은 삶으로, 둘째는 인도되는 삶으로 기도를 받아들이는 것이다. 전자는 기도에 의해 적절한 혜택을 받을 수 있다는 것이다. 가령 신의 사업을 하는 데 필요한 것은 기도를 하면 신이 알아서 다 마련해준다고 믿는 것을 들 수 있다. 이러한 신앙인들은 전형적으로 생각의 폭이 좁고 조야한 '거지같은' 종교적 견해를 갖는 것이다. 이들은 마치 신을 사업자금이 필요할 때마다 무한정 대주는 사업동반자처럼 믿는다. 후자도 도움을 청하는 면에서는 비슷하지만, 자신의 삶에서 신이나 부처의 활발한 영향력에 대해 훨씬 포괄적인 증거를 경험한다. 마치 신이 내 안에서 나의 삶을 주도하는 것처럼 보는 것이다. 이런 태도는 불교나 도교와 같은 종교에서 많이 볼 수 있다. 아무튼 양자 모두 무엇을 바라고, 그것이 이루어지기를 기도를 통해 기원한다는 점에서는 마찬가지이고, 정도의 차이가 있을 뿐이다. 바람직한 기원기도로 볼 수 있는 것은 내가 원하는 것이 이루어지기를 원하는 것이 아니라, 나의 간절함이 나의 영적 성숙으로 승화되기를 바라는 것이다.

4) 신앙치료

원시시대부터 현대에 이르기까지 신앙으로 병을 치료하는 사례는 무수히 많다. 굿이나 안수기도, 성지순례, 부흥회, 치성 등을 통해서 불치의 병이 씻은 듯이 낫는 것이다. 이를 일반적으로 기적이라고 부르고 신앙의 기반으로 삼는 경우도 흔히 볼 수 있다. 그러나 기원기도에서 생각해보았듯이 '지극정성으로 기도를 하니까 기적이 일어나더라' 라는 식의 세속적인 이익이나 혜택, 은혜를 받는 것에 머문다면 종교를 지나치게 좁게 한정시키는 것이다. 거꾸로 생각하여 기도를 간절히 드렸는데도 이루어지지 않았을 때, 그것은 그대로 원망으로 바뀔 가능성이 많다. 물론 정성이 부족해서 그렇다든지, 우리가 모르는 다른 의미가 있을 것이라든지 하면서 위로를 할 수도 있겠지만 원망이 사라지지는 않을 것이다. 신앙의 대상과 주고받기 식의 인격적인 거래를 하고 있는 것이다.

심리학에서는 신앙에 의한 치료에 대해 신적 존재의 기적에 의하지 않고도 어느 정도는 해명할 수 있다고 한다. 질병이 발생하는 원인은 첫째, 신체 각 기능들 사이의 불균형, 둘째, 박테리아나 바이러스 같은 다른 생명체의 침입, 셋째, 신경계와 호르몬계에 대한 통제의 실패 등이다. 여기서 질병에 걸리느냐 걸리지 않느냐를 결정하는 데 중요한 역할을 하는 것은 마음이다. 신체 각 부위의 균형 여부와 외부 생명체에 대한 면역력, 신경과 호르몬에 대한 통제에서 중심적 역할을 하는 것이 마음이라는 것이다. 마음이 건강하면 이러한 기능이 활성화되고, 그렇지 않으면 방어기능이 떨어진다. 감기 바이러스는 주변에 만연되어 있지만 모든 사람이 감기에 걸리는 것은 아니다. 종합병원에 입원해 있는 환자들 중의 절반 이상은 순수한 기질적 장애보다는 정서적 · 정신적 문제로 고통을 겪는다. 신체 조직이나 기능의 실질적인 변화는 주로 만성 긴장stress으로 인한 생리적 · 심리적 장애로 발생하며, 이는 신체와 마음이 하나라는 것을 말해준다.

병원에서 하는 수술이나 항생제 투여에 의해서도 스트레스의 원인이 제거될 수 있지만, 근본적으로는 건강한 마음의 복귀를 통해서 신체 기능이 회복된다. 여기서 신앙이나 믿음이 중요한 역할을 한다. 가령 의학에서도 플라시보 효과(placebo effect: 僞藥효과)를 인정하고 있다. 플라시보는 실제로는 아무 효과가 없는 가짜 약을 말하는데, 환자에게 이 약을 주면서 효과가 크다고 말하면 진짜 약을 먹었을 때와 동일한 효과가 나타나는 것을 말한다. 환자가 의사를 믿는 마음이 치료에 큰 영향을 미치는 것이다. 믿음은 병을 유발시킨 마음의 불균형과 부조화를 중단시키고, 그럼으로써 신체는 스스로 병을 치료하는 것이다. 결국 신앙 치료는 신뢰감을 갖고 신앙의 힘으로 기도하여 심리적 효과를 일으키는 것이다.

3. 신비체험

신비체험은 말로 표현하는 것이 불가능하며, 이것을 체험하지 않은 사람이 이것을 이해하는 것도 불가능하다. 호킹William E. Hocking은 신비주의에 대해 다음과 같이 설명한다. "유사 신비주의occultism나 미신과 연관되어서는 안 되며, 심령과학적 연구나 4차원 따위의 일을 심리학에 적용시키는 것, 잘 알 수 없는 사이비 종교cult, 신비로운 것 그 자체만에 대한 특별한 사랑 등과 연관되어서는 안 된다." 또 엘우드Robert S. Ellwood는 구원의 체험이라든가 종교적 관념에 대한 열정, 종교적 헌신, 종교적 행위에서 느끼는 따뜻한 기분, 세상에서 일어나는 사건들을 신의 개입으로 해석하는 것, 다음 절에서 볼 망아의 체험 등은 신비주의가 아니라고 주장한다. 결국 신비주의적 체험과 통찰력 · 예지력 · 회심 · 방언 등과 같은 신비적 체험은 다르다는 것이다. 이곳에서는 신비주의적 체험에 대해 살펴보고자 한다.

1) 신비체험의 특징

신비주의는 유신론적인 것과 일원론적인 것으로 나눌 수 있다. 전자에서는 신과 하나가 되는 것을 추구하는데, 신과 같아지는 것과는 다르다. 후자에서는 궁극적 원리와 같아지는 것을 목표로 한다. 아무튼 신비주의 연구가들은 모든 신비주의에 공통적인 특징을 다음과 같이 들고 있다.

① 합일감: 독립된 실체로서의 자기의식이 사라짐으로써 그것과 하나되는 느낌을 갖는다. 중세의 도미니쿠스 수도회 수사이자 신비가인 에크하르트Meister Eckehart(1260~1327)는 다음과 같이 말한다. "영혼이 스스로를 의식하는 한은 신을 보거나 알 수 없다. 그러나 영혼의 자의식이 없어지고 모든 것을 그대로 내버려 두면 다시금 신 속에서 자신을 발견하게 된다."

② 표현불가능: 마치 장님에게 색깔을 이야기하고, 귀머거리에게 가야금 소리를 설명하는 것과 같다고 한다. 그래서 신비가들은 비유나 상징을 사용하여 그것을 알려준다.

③ 실재성: 그 체험은 눈앞의 내 손바닥처럼 확실하다고 주장한다.

④ 시공의 초월: 스페인의 십자가의 성 요한John of the Cross(~1591)은 다음과 같이 말한다. "망아의 상태에 빠져서 잠깐 있었던 것 같은데 돌아와서 보니 사실은 몇 시간이나 흐른 뒤였다."

⑤ 직관적: 신비주의적 앎은 감각이나 사고를 통해서 얻어지는 것이 아니다. 도미니쿠스 수도회의 수사이자 신학자인 토마스 아퀴나스Thomas Aquinas(1224~1274)는 자신이 일생 동안 저술한 책들은 신비 체험 속에서 본 것에 비교하면 지푸라기에 불과한 것이라고 말하고 이후의 저작을 거부했다.

⑥ 역설적: 십자가의 성 요한은 신비주의 체험을 이렇게 설명한다. 정말로 높이 올라간 사람은 자신을 소멸시키고, 이전에 갖고 있던 모든 지식은 계속해 줄어든다. 그러면서도 아무것도 알지 못한다는 지식은 늘어만 간다.

2) 신비체험의 발달 단계

언더힐Evelyn Underhill은 신비주의적 삶이 다음의 단계를 밟는다고 주장한다.

① 정화: 영적인 길을 걷기로 결정하고 나면 이전의 삶의 형태를 정화하기 위해 적극적인 노력을 기울인다. 명상적인 방법이나 고행, 영적 훈련 등을 행한다.

② 감각의 소극적 정화: 의지적인 주도의 끈을 놓게 된다. 그러다보면 진전의 실패에 압도되기도 하고, 신이 자기를 버렸다고 느끼기도 한다. 초발심 때 의욕이 앞서 너무 쉽게 생각했다는 것도 알게 된다. 강한 성욕과 공격성을 보이기도 하는데, 이는 이전의 이런 본능을 간과했던 데서 기인할 것이다. 이렇게 스스로 미혹에 빠질 때 스승은 제자가 나아갈 수 있도록 경책한다. 그래서 동양적 전통에서는 수행에는 반드시 스승이 필요하다고 한다.

③ 계발: 다시 한 단계 나아가 궁극적인 현존을 체험하면서 간간히 주어지는 평화를 즐긴다. 분노나 탐욕, 난폭함 등 여러 충동이 소멸되고 덕행은 쉬워진다.

④ 영혼의 어두운 밤: 다시 한 번 낭떠러지로 떨어진다. 초발심 자체를 잃는 것이다. 궁극적 실재에게서 완전히 버려졌다고 생각하여 믿음이나 희망, 인내가 희미해진다. 어떤 위안도 없는 절망적인 상태에 빠진다. 산에는 정상까지 가는 데 실패한 사람들의 뼈들로 온통 뒤덮여 있는 것이다. 누더기가 되어 간신히 한 발짝씩 앞으로 발을 옮겨놓는다.

⑤ 합일된 삶: 신과의 결합, 순수 의식 상태, 존재 전체와의 결합을 이룬다. 종교적 문화적 차이에 따라 뭐라고 부르든 상관없다. 이는 개체의 무화無化이고 해탈이고 깨달음이다.

3) 신비주의자의 길

① 도덕적 수련: 전통적으로 신비주의는 강력한 도덕적 기반 위에 세워져야 한다고 전해진다. 가령 불교에서는 수행에 들어가기 전에 계율이 선행되어야 한다고 가르친다. 우선 5계는 죽이지 않기, 훔치지 않기, 간음하지 않기, 거짓말하지 않기, 술 마시지 않기를 가리킨다. 그리고 단계에 따라 더 많은 계율이 요구된다. 아빌라의 성 데레사Teresa of Avila(1515~1582)는 구도자들은 중요한 결점을 극복하기 전에는 '내면의 성城'에 들어갈 수 없다고 주장했다. 요가의 첫 단계인 야마yama: 禁戒는 생명을 해치지 않기, 거짓말 안 하기, 훔치지 않기, 과도한 성적 쾌락에 탐닉하지 않기, 욕심 안 부리기를 말한다. 두 번째 단계인 니야마niyama: 勸戒는 마음과 몸의 순화, 만족, 금욕, 영적 공부, 신에게 순종 등 덕행을 요구하는 것이다.

② 육체적 훈련: 태극권이나 하타 요가 등을 통해 건강과 유연성, 활력을 기른다.

③ 종교적 의식: 성체성사나 불공, 경전봉독, 염불이나 찬송가 등의 종교의식은 경건한 집중적인 분위기를 자아낸다.

④ 출가: 아쉬람, 수도원, 절 등에서 모든 세속적 소유나 집착을 버리고 내면적 계발을 위해 수행에 전념하게 된다. 가령 수도원에서 가난·순결·순명을 서원하는 것은 물질이나 인간에 대한 집착과 자기를 내세우는 고집을 포기하게 해준다. 초기 불교경전인 『청정도론』에서는 가족, 명예, 제자, 사업, 여행, 학문 등을 세속적인 집착의 근원이 되는 것으로 열거하고 있다.

⑤ 명상의 방법

요가에서는 제 5制感, 6凝念, 7靜慮=禪定, 8三昧단계가 본격적인 명상의 체험이다. 제감은 감각을 제어하는 것으로 감각기관에 의한 외부 정보 입수가 차단되는 것이다. 감각기관을 제어한 이후에 미간이나 코끝, 배꼽 등에 의식을 집중하여 움직이지 않는 것이 응념이다. 그리고 무념·무상·무심의 상태로 의식의 한결같은 흐름을 지속시키는 것이 정려이다. 마지막으로 삼매는 정려의 대상만 마음속에 빛나고 그 자신은 없어진 것과 같은 상태가 되는 것이다. 즉 객체만 있고 주체는 사라진 상태이며, 인식주체와 인식대상이 하나로 묶여 있는 합일의 상태이다. 이러한 단계를 거치는 요가를 라자 요가raja yoga라고 한다.

이외에도 불교에서의 비파사나와 선, 기독교의 관상기도 등 무수히 많은 수행법들이 직관적인 신비체험을 성취하기 위한 방법으로써 체계적으로 발달해 왔다.

4. 망아체험

이곳에서는 회심만큼 결정적이지도 않고, 기도만큼 근본적인 것도 아니며, 신비주의 체험만큼 심오한 것도 아니지만 종교를 이야기할 때면 항상 다양하게 논의되는 광범위한 종교 체험을 알아본다.

1) 빙의憑依, possession

빙의현상은 영혼의 존재에 대한 믿음에 의존한다. 우리는 전통적인 굿에서 무당의 신들림 현상을 보아왔다. 죽은 자의 혼령이 무당에게 들어와 산 자들과 대화를 나누는 모습이 우리에게 낯선 것은 아니다. 중국의 도교에서도 퇴마의식exorcism을 행한다. 또 불경이나 성경에서도 악마적 존재의 등장과 퇴치의 장면을 자주 접할 수 있다. 교황 바오로 6세(재위 1963~1978)는 '악마란 살아있는 영적 존재로서 나쁜 길에 빠졌거나 빠지고 있는 존재들이다. 그것은 인류 역사에 죄와 불행의 씨를 뿌리는 두려운 유혹자이며 원수이다'라고 말했고, 로마 교황청은 악마를 내쫓는 사제 수백 명을 구마사驅魔師, exorcist로 양성한다는 계획을 발표했다. 성경에서도 정신적·육체적 질병과 악마가 들린 것을 분명하게 구분하고 있다.

불교에서 퇴마의식은 '구병시식救病施食' 또는 '구명시식救命施食'이라고 한다. 병자에게 들린 귀신에게 음식과 법을 베풀어 원한을 풀어줌으로써, 좋은 곳으로 가도록 빌어주는 일종의 천도재遷度齋이다. 그런데 귀신을 불러들이는 것은 병자 자신이라고 한다. 마치 같은 환경 속에서도 감기에 걸리는 사람이 있고 걸리지 않는 사람이 있듯이, 본인의 마음이 슬픔과 원한과 나약함과 번잡한 갈등에서 벗어나지 못하면 귀신에 들리는 것이다. 불교에서는 병이 생기는 원인으로 다음을 들고 있다(『마하지관摩訶止觀』). 첫째로는 사대부조四大不調라고 하는데, 한마디로 몸의 구성요소가 조화를 이루지 못할 때 병이 생긴다. 가령 환경이 아주 좋지 않거나 운동부족으로 몸이 부실해지면 질병에 걸리는 것이다. 둘째로는 과음이나 과식 또는 영양과잉이나 부족, 상한 음식 섭취 등으로 병이 생긴다. 셋째로는 과거의 나쁜 업에 의한 것이라고 하는데, 유전적으로 갖고 태어난 선천적인 병이다. 넷째로는 마음을 드는데, 과도한 집착으로 인한 불안 등 심리적인 병리현상이다. 다섯째는 귀신들림이다. 결국 극도로 불안한 마음이 지속되면 외부에서 삿된 기운이 들어온다는 것이다.

2) 방언方言, glossolalia

방언은 수많은 종교 전통에서 보이는 현상이다. 기독교에서는 성령 Holy Spirit에 빙의된 것으로 간주하여 신앙심의 잣대로 보기도 한다. 특히 오순절 교회에서는 대단히 중시하고 있으며, 가톨릭이나 주류 개신교의 카리스마 운동에서 진리에 대한 재확신을 심어주는 것으로 간주하고 있다.

3) 다양한 자동증(automatism, 자동현상)

무의식적으로 기계적인 행동을 하는 현상이다. 정신의 잠재의식 부분에서 발생하는 에너지가 일반적 의식 안으로 분출되어 들어가기 때문에 감각적, 운동적, 감정적, 지성적 영역에 생기는 효과이다. 이것은 의식적인 자각 없이 하는 행동을 말하는 것으로, 행위자는 직접 그것을 인식하지 못한다. 이러한 행동이 한동안 지속되어 인지된다 하더라도 행위자는 그것을 관찰과 청각을 통하여 제3의 인격체로 알게 된다. 대체로 황홀한 상태에서 발생하여 자신의 통제를 벗어난 것으로 경험된다. 예로서 자동 글쓰기, 춤추기, 외치기, 달리기, 환각, 실신, 불 위를 걷기 등을 들 수 있다. 기독교에서 이러한 체험들은 방언처럼 바람직한 빙의현상으로 해석되며, 은총이나 축복으로 여겨지기도 한다.

4) 초감각적 지각ESP, 심령현상

영매靈媒, mediumship, 귀신, 폴터가이스트(poltergeist : 소리를 내거나 물건을 움직여서 자신의 존재를 알리는 시끄러운 장난꾸러기 유령)현상은 육체 없이 존재하는 영혼을 상정한다. 텔레파시, 천리안, 예지, 염력 등의 초감각적 지각extrasensory perception에는 우주의 물리법칙을 벗어나는 능력이 담겨 있다. 또한 유체이탈幽體離脫, OBES, out of body experience현상과 가사체험假死體驗, NDE, near-death experience은 영혼=유체, 靈體, astral body과 영적 세계에 대한 믿음을 기반으로 한다.

종교와 사회

    종교는 우리 개인에게 위안을 주고, 인간과 세계에 대한 안목을 넓혀주며, 가치관을 심어준다. 종교는 또한 사회 전반과 상호 밀접한 관계를 맺으면서 영향을 주고받아 서로 변화를 일으키기도 한다. 종교가 문화의 핵심이자 원동력이든, 아니면 무수한 문화 활동 중의 하나이든 결과는 마찬가지이다. 종교사회학의 '기능주의 이론'에서는 사회를 '공동의 규범에 맞추어 인간의 활동을 유형화하는 인간 구성원들에 의해 정당한 것으로 인정받는, 사회 제도의 계속적인 균형 상태'라고 한다. 사회체제를 구성하는 제도는 각각의 요소가 모든 다른 부분들과 상호 의존 관계에 있으며, 한 부분의 변화는 다른 부분들에 영향을 주며, 전체로서 체제에 영향을 미치게 된다. 이러한 의미에서 종교는 제도화된 인간 행위의 한 형태이다. 이 장에서는 주로 오데아Thomas F. O'dea 의 종교사회학 이론에 근거하여 종교가 사회에 끼치는 중요한 기능과 사회유형의 변화에 따른 종교 형태의 변화이론, 그리고 종교 조직과 사회의 관계에 대해 살펴보도록 한다.

1. 종교의 사회적 역할

뒤르껭은 종교가 사회의 기본적인 가치와 규범의 근거를 확립하고, 사회 구성원들 사이에 공동체 의식과 정서를 제공해줌으로써, 사회가 하나의 공동체로서 질서와 안정을 누릴 수 있도록 해준다고 역설하여, 종교의 사회통합 기능을 강조하였다.

1) 사회통합

종교는 사회를 보존하고, 인간에게 가치를 제시하며, 사회에 대해서 외경심을 갖게 하는데, 무엇보다도 종교의례는 사회적인 집단이 그 자체를 정기적으로 재확인하는 수단이라고 뒤르껭은 강조한다. 월레이스 Anthony Wallace도 종교에서 가장 중요한 것은 의례라고 하였고, 컴스탁 W. Richard Comstock도 역시 사회의 결속이 끊임없이 위협받는 상황에서 이를 극복하기 위한 방법으로써 공동의 종교의례를 행하는 것이라고 주장한다. 컴스탁은 의례가 어떻게 사회적 결속과 통합을 이루어내는지를 다음의 6가지로 분석하고 있다.

첫째, 사회의 구성양태와 사회적 관계를 상징적으로 드러낸다. 가령 원시사회에서 사회의 서열구조가 신과 정령의 위계와 거의 일치하는 경우가 많다. 둘째, 사회적 가치에 대한 정당성의 근거를 인간세계와 신계를 연결시키는 의례가 충족시킨다. 셋째, 사회집단 간의 관계를 진술하고 표현하는 연기적演技的 기능을 보인다. 즉 이 관계를 행위로 나타내고 연기로 표현한다는 것이다. 의례를 위해 사회의 각 부문이 함께 모임으로써 그 사회가 하나의 통합체로 유지되고 보존되며 강화된다. 가족이 모여 올리는 기도도 그런 의미를 갖는다. 넷째, 인간의 주의와 노력을 집중시킴으로써 목적하는 것을 위해 최대한의 능력을 발휘하도록 해주는 촉진기능이 있다. 다섯째, 개인과 사회의 갈등을 해결하는 데 직접적이고 창조적인 기능을 발휘한다. 사회결속을 저해하는 요인을 제거시키는 것이다. 또 의례는 사람과 집단이 끊임없이 변함에 따라 함께 변화한다. 그런 변화는 지도자나 의례 참가자의 지위가 변했음을 반영하는 것이거나, 그 변화를 통해 사회적 관계가 조금씩 수정되어가는 것일 수도 있다. 의례는 사회질서를 대변하고 유지할 뿐 아니라 사회질서를 새로이 형성하고 발전시키기도 한다. 달리 말하면 사회를 통합시킬 수도 하고, 분열을 일으킬 수도 있는 것이다. 여섯째, 유화有和 기능을 갖는다. 인간 사이의 현실적인 우열관계처럼 직접적인 표현에 의해 감정이 상하거나 거슬릴 수 있는 부분을 의례에서는 긴장을 해소시키며 우회적으로 표출해줌으로써, 참가자의 자존심을 보호해준다.

의례가 사회통합을 위한 실질적인 역할을 한다는 것은 우리가 비교적 쉽게 수긍할 수 있는데, 그러면 성스러운 초월적 가치를 추구하는 종교 자체가 인간사회에 필요한 근본적인 이유는 무엇인가? 여기에 대해 오데아는 인간 실존의 3가지 특성을 제시하고 있다.

첫째, 인간은 예측할 수 없는 불확실한 우연적 상황 속에서 살아간다. 둘째, 인간은 사회적·자연적 환경과의 알력에서 무력감을 드러낸다. 셋째, 인간은 편의와 보상이 질서 있게 보장된 사회 속에서 살아가는데, 그 사회는 기본적으로 결핍의 상황 속에 있기 때문에 분배의 측면에서 상대적인 좌절과 상실을 피할 수 없다. 아무리 용의주도하게 계획하고 성실하게 실천하더라도 생각지도 못한 난관은 너무나 자주 등장하여 운명의 신을 원망하게 만들며, 난치병이나 거대한 사회 조직의 강압 앞에서 계란으로 바위를 치는 것 같은 무기력함을 느끼는 가운데 인간은 삶의 한계점에 봉착한다. 그뿐 아니라 가진 자와 가지지 못한 자로 이루어지는 인간사회는 언제나 정의롭지 못했고 불공평했으며, 없는 자는 온갖 수탈과 억압 속에 살아왔다. 선한 자는 억울하게 고통받으며, 악한 자는 건강과 장수와 온갖 부귀영화를 누린다.

종교는 바로 이러한 사실들이 갖는 문제들의 보이지 않는 궁극적·초월적 의미를 우리에게 제시해줌으로써 인간이 이러한 냉혹한 조건 속에서도 살아갈 수 있도록 해준다. 또 세속적인 사회질서를 성스러운 초월적 질서의 일부로 승인함으로써, 사회의 규범과 규칙을 지키는 것이 인간의 희망이나 이해관계에 상반되더라도 그것을 준수하도록 한다. 종교는 의례를 통해 인간이 신성한 실재와 관계를 맺도록 해주며, 이러한 관계 속에 내포된 반응과 감정을 촉구한다. 그리하여 의미의 문제에 포함되어 있는 인식적 좌절이 극복되어질 뿐 아니라, 인간의 삶과 사회에 고유하게 존재하는 좌절과 상실을 이겨낼 수 있도록 해준다.

이와 관련하여 오데아는 종교의 기능을 다시 6가지로 나누고 있다. 첫째, 종교는 인간의 운명과 안녕과 관련하여 초월적인 존재에게 기원함으로써 지지와 위로와 화해를 제공해준다. 둘째, 종교는 의례를 통해서 초월적인 관계를 제공해준다. 불확실하고 무력한 인간 조건에 안전성과 정체성을 위한 정서적인 기반을 제공하는 것이다. 이렇게 의미의 문제가 발생하고 인간적인 갈등이 생길 때 확고한 해답을 주는 사제적 司祭的 기능은 사회의 안정과 질서에 공헌한다. 셋째, 종교는 개인의 소원보다는 공동체의 목표를, 개인의 충동보다는 집단의 원칙을 우위에 둠으로써 사회규범과 가치를 신성화한다. 사회의 분배양식을 합법화함으로써 질서와 안정을 도와주며, 사회적 통제를 용이하게 한다. 넷째, 위에서와는 달리 종교는 또한 제도화된 규범들이 비판적으로 검토되고 결점이 발견될 수 있는 가치기준을 제공해준다. 이러한 예언자적 기능은 기성사회에 반대하는 중요한 사회적 항거의 근원이 되기도 한다. 다섯째, 종교는 개인에게 정체성을 부여한다. 특히 급변하는 사회에서 인간의 자기이해는 중요한 과제이다. 여섯째, 종교는 개인의 성장과 성숙에 영향을 준다. 개인은 유아기부터 노년기에 이르기까지 매 성장 단계마다 새로운 과제들과 만나게 된다. 종교는 그때마다 강압과 위안을 통해 사회적 훈련을 지원하고 보조한다.

이와 같이 종교는 개인을 자신이 속한 공동체와 일체화시키고, 불확실한 상황에 있거나 좌절하고 있는 자를 위로하고, 사회적 목표에 수긍하는 태도를 갖게 하며, 사기를 북돋우고, 정체성을 확립시켜 준다. 사회적 통제를 지원하며, 죄와 소외를 극복할 수 있는 수단을 제공함으로써 사회의 통일성과 안정성을 강화한다. 그러면서도 종교는 예언자적 역할을 수행하여 그 사회를 동요시키거나 전복시키기도 한다.

그런데 위의 6가지 종교의 기능은 그대로 종교의 사회에 대한 역기능으로도 작용할 수 있다. 그것은 사회의 해체를 촉진하거나 사회의 발전을 저해하는 요인이 될 수도 있다는 것이다. 차례대로 대응시켜 살펴보도록 하자.

첫째, 종교가 인간을 위로하고 화해시킨다는 것을 가지지 못하고 소외받는 계층에게 적용시킬 때, 이들은 사회모순에 대한 항거를 억제하고 복지 향상 정책을 방해하는 세력으로도 작용할 수 있다. 둘째, 종교의 사제적 기능은 자연과 세계에 대해 새로운 지식을 쌓고 자연을 통제하려는 노력을 저지할 수 있다. 편협하고 완고하게 제도화되고 신성화된 권위주의적 종교는 사회의 지속적인 발전과 안정을 가로막는다. 셋째, 사회규범과 가치를 신성하게 절대시하는 것은 사회가 상황의 변화에 적응하지 못하게 할 수 있다. 이슬람사회의 이자 취득 금지나 천주교의 여사제 반대와 같은 경우를 들 수 있을 것이다. 넷째, 가령 서양의 민주주의 발전에 중요한 역할을 한 기독교의 예언자적 기능은 원래 현실 개혁적인 것이지만 너무 이상주의에 치우치면 실제적인 문제를 해결하는 데 오히려 지장을 주는 것이다. 갈등을 더욱 심화시켜 현실적인 해결책과 타협을 거부한다. 다섯째, 종교적 정체성은 사회를 분열시키기도 한다. 인간사회는 끊임없이 변화하는 것이므로 새로운 상황에 닥치면 거기에 합당한 새로운 정체성의 모색이 필요한데, 기존의 것을 신앙의 대상으로 삼기도 하는 것이다. 종교뿐 아니라 이데올로기도 정체성의 신성시로 집단 간의 갈등을 야기하는 것을 우리는 많이 보아오고 있다. 여섯째, 종교가 개인의 성숙에 대해 부정적인 영향을 준다는 주장은 많이 보고되고 있다. 개인의 주체성을 발전시키기보다는 종교 제도나 지도자에게 의존하게 하려는 의도가 더 많다는 것이다. 물론 이 문제는 실증적으로 논의되기가 어려운 측면이 있다.

2) 사회 유형과 종교 형태의 동반 변화

사회 유형과 종교 형태의 상관성에 대한 논의는 쿨랑쥐의 『고대도시 The Ancient City』(1864)에서부터 시작된다. 그는 그곳에서 그리스·로마 문화사의 근본적인 변화들이 종교적 신앙의 변화 때문이었다고 주장한다. 그리스·로마는 원래 조상숭배 의식이 강한 가족 중심의 사회였으나 시간의 흐름에 따라 고대종교가 발전하면서 가족중심의 사회구조도 고대도시의 형태로 변화되었다고 한다. 한마디로 종교가 원인이 되어 사회제도들을 변화시켰다는 것이다. 그러나 그로부터 영향을 받은 뒤르껭은 종교를 사회의 표현이라고 하는 정반대의 주장을 하였고, 많은 종교사회학자들에 의해 오늘날까지도 그 기본 골격은 이어지고 있다. 이곳에서는 그들 중의 하나인 벨라R.N. Bellah의 이론을 소개하도록 한다.

벨라는 종교진화론을 주장한다. 여기서 '진화'는 시간이 지남에 따라 단선적으로 성장하고 발전한다는 의미가 아니라, 체제의 환경 적응 능력을 향상시키고 자율성을 증가시키면서 복잡화해 가는 것을 말한다. 그리고 그러한 종교적 변화는 사회적 유형의 복잡화에 상응하는 것이라고 하며, 이를 5단계로 구분하고 있다.

① 원시종교primitive religion: 오스트레일리아 원주민의 종교를 들 수 있으며, 그 상징체계는 꿈의 세계, 즉 신화적 세계관이 지배한다. 종교 행위는 예배나 희생제의보다 스스로를 대상에 동일화시키거나, 일상적인 제의에 참여한다. 종교 조직은 미분화상태이고, 사회의 연대성을 강화하는 역할을 한다.

② 고대종교archaic religion: 아프리카, 폴리네시아, 중동, 인도, 중국 등에서 등장했던 종교 형태로서, 여러 신, 사제, 예배, 희생제 등의 형식을 포함한 제의cult종교이다. 신화적 존재들이 더욱 객관화되어 다양한 신 개념이 형성되지만, 기본적인 세계관은 아직 일원론적이고 사제의 역할이 커져서 인간과 신 사이의 구분이 명확해진다. 종교 조직은 아직 다른 사회 제도와 분화되지 않은 상태이지만, 점차 제의적 조직의 성격을 증가시키고 있다. 사회적으로 신성하게 제도화된 우주적 질서를 반영하여 위계질서가 형성된다.

③ 역사종교historic religion: 불교, 유교, 유대교, 기독교, 이슬람교 등 세계종교들이 형성되고 발달된 시기이다. 이때부터 초월세계와 현실세계의 이중구조가 일반화되면서, 초월적인 경향이 지향되고 현실세계가 부정된다. 구원의 상징체계가 발달되면서, 개인적 구원을 향해 점차 진지해지고, 자아개념이 형성된다. 사회적으로 분화된 종교집단이 등장한다. 정치, 문화ㆍ종교, 농민, 도시인 등 4계급이 나타나면서 이들 간에 긴장과 갈등이 고조된다.

④ 근대종교early modern religion: 이 단계에서는 구원이 현실세계로부터 물러나기보다는 현실세계 안에서 작용한다. 기독교의 종교개

혁과 불교의 정토종운동을 예로 들 수 있다. 종교적 상징체계는 제의적 매개를 통하지 않고, 개인과 초월적 실재 간의 직접적인 연관에 집중한다. 개인의 적극적이고 자율적인 종교 행위가 강조되고, 생활 자체가 종교 행위가 된다. 전통적인 종교 조직의 위계질서는 와해되고, 신이 선택한 자와 버림받는 자의 구분만이 있을 뿐이다. 종교적 가치는 세속적으로 제도화된다.

⑤ 현대종교modern religion: 여기서 벨라는 서양의 현대 신학 전통을 중심으로 하여 논의를 전개하고 있다. 그래서 전통 종교의 형이상학적 기반이 무너지면서 등장한 슐라이어마허Friedrich Schleiermacher, 바르트Karl Barth, 불트만Rudolf Bultmann 등의 신학적 동향과 탈교회적 종교 경향을 보여주고 있다. 역사종교의 산물인 초월적 세계와 현실세계의 이중구조를 파괴하고, 인간의 삶이 무한한 가능성으로 열려진다. 자아의 실존적 삶에 대한 관심이 더욱 확대되고, 자신의 운명에 스스로 책임을 느끼게 된다. 종교 행위는 일상생활 전반으로 직접 연결되고 확대된다. 종교 조직도 개개인이 자발적으로 참여하는 구조가 발달된다. 제도적 종교 형식이 가졌던 경직성을 넘어 자기수정적인 사회체계를 가져온다. 즉 개인과 사회가 자유를 추구하는 방향으로 나아간다는 것이다.

이는 사회 유형의 변화에 따른 매 단계의 종교의 특성을 보여주고 있다. 사회분화와 조직의 복잡성이라는 사회 변동의 요인들이 종교의 변화에 큰 영향을 미쳐왔다는 것이다. 그러나 사회 유형은 실제 상황에서는 혼합되어 나타나는 것이 일반적이므로 사회에 일대일로 대응하는 종교 형태가 명확하게 인과법칙처럼 드러나는 것은 아니다. 다만 사회와 종교 간의 밀접한 관련성을 확인할 수 있을 뿐이다.

2. 종교 공동체와 사회

제도화된 종교 조직체는 창시자와 그 제자들의 종교 체험으로부터 출발한다. 종교 체험은 평범한 것을 돌파하는 카리스마charisma의 경험이고 이것이 안정된 형태에 이르는 것은 베버Max Weber(1864~1920)가 말하는 '카리스마의 관습화'이다. 그가 말하는 카리스마는 초자연이나 초인간적인 것 또는 비상한 힘과 자질을 부여받은 것이며, 보통사람이 가질 수 없는 신성神聖에서 근원한 것이다. 그것은 인간 개인과 사회를 뒤흔드는 변혁의 원천이다. 카리스마는 일상적인 것과는 전혀 다른 비범한 것이며, 안정된 기존 사회형태와는 달리 임의적이고, 새로운 형태나 운동의 근원이 되는 창의적인 것이다. 그래서 그것이 지속적으로 존재하기 위해서는 사회에 일상적으로 제도화된 구조로 안정되거나 변형되어야 한다. 이는 합리적 관료주의나 전통적인 방향으로 발전되어, 전통적인 권위나 합리적인 권위로 등장하게 된다.

1) 종교 공동체의 출현

사회학자 파슨즈Talcott Parsons가 행한 사회 조직의 기능분석에 대한 연구는 종교 공동체를 이해하는 데에 큰 영향을 주었다. 그는 하나의 사회구조가 사회 속에서 살아남기 위해서는 사회 행위 체제의 기능적 필수 요구 사항이 있다고 한다. 첫째, 모든 사회 조직은 그것이 목표로 하는 바를 달성해내려면 적절한 수단이 필요하다. 인적·물적·기술적 지원이 주변 환경으로부터 지속적으로 보충되어 사용될 수 있어야 한다는 것이고 이를 적응adaptation이라고 한다. 둘째, 사회 조직은 추구하는 목표가 있어야 한다. 아무 이유나 목적 없는 행위는 생각할 수 없기 때문에 목표 달성goal attainment은 모든 조직의 필수 사항이다. 셋째, 조직이 계속 유지되려면 그 조직을 구성하는 성원들의 협동과 유대감이 부단히 형성되어 통일된 틀을 깨뜨리지 말아야 한다. 즉 구성원의 가변적 상호관계를 조정하고 유지하는 통합integration의 기능이 있어야 한다. 넷째, 모든 사회 조직은 다른 조직들과 색다르게 구별되는 가치체계와 세계관이 있어서, 계속적인 활동을 위한 긴장관리와 동기화의 에너지가 있어야 하니, 이것이 잠재력latency이다. 결국 모든 사회 조직은 내적으로 유형을 유지하기 위한 적응과 목표달성의 기능이 필수적이며, 또한 내적인 결속을 위한 통합과 독자적인 정체성을 부여하는 잠재력이 요구된다는 것이다. 이렇게 파슨즈가 말한 사회 조직의 기능을 종교 조직에 적용시켜보면 다음과 같다.

① 적응: 종교 조직에서는 신도 모집으로 이해할 수 있다. 사람들에게 의미 있는 삶의 이상을 제시함으로써 개종을 유도하여 종교 조직에 참여하도록 하는 일이다. 종교가 유지되려면 신도 모집은 필수적이며, 종교 간의 경쟁이 치열해지고 있다.

② 목표 달성: 신도 훈련의 과정을 거치면서 이뤄질 수 있다. 그런데 원래는 단순했던 목표가 시간이 지나면서 복잡해질 수 있으므로 상황에 따라 다양한 양식을 개발하고 교육시킬 필요가 있다.

③ 통합: 구성원 간에 갈등이 없이 조화롭게 유지되려면 각자의 역할이 명확해야 하고, 그것이 일정한 형식으로 정립되어야 한다. 이러한 입장 표명은 다층적인 상징화, 즉 경전 편집이나 교의화나 교리화 또는 제의화를 통해서 이루어진다. 그리고 내적 권위체계의 제도화도 수반하게 된다.

④ 잠재력: 종교 조직 안에 있을 수 있게 하는 동기부여라고 할 수
있다. 종교 조직은 창시자와 그 신도들의 종교 경험을 바탕으로
해서 성립된다. 그리고 그것을 새롭게 해석하거나 다시 체험할
수 있는 기회가 지속적으로 요청된다.

한마디로 모든 종교 공동체는 내적으로는 동기화와 입장 표명의 기
능이 있어야 하고, 외적으로는 신도 모집과 신도 훈련의 기능이 필수적
이라는 것이다.

원시사회에서는 사회활동과 사회관계 속에 종교가 스며들어 있었
다. 사회집단과 종교집단은 서로 구별 없이 일체화되어 있었으나 다음
의 요소들로 인해 종교 조직이 출현하게 되었다.

첫째, 사회 분화가 증가되었다. 노동의 분업화가 확산됨으로써 기능
과 시설과 보상의 배분이 더욱 복잡해지고, 사회는 기능의 특수성을 고
도로 발달시켰다. 특수 목적을 위한 특수 집단이 생기게 된 것이다. 종
교 조직은 이러한 사회 분업화 경향의 결과물이라고 할 수 있다. 둘째,
종교 체험의 다양화로 인해 여러 종류의 새로운 종교 조직체가 탄생되
었다. 즉 사회의 복잡화로 인해 개별적인 체험이 중시되고 그것을 따르
는 무리들이 다채롭게 용인될 수밖에 없었던 것이다. 새로 태어난 종교
단체는 기존의 사회규범이나 제도와 융합하기 어려웠고 과거로부터의
이탈을 의미하기도 했다. 이를 성경에서는 단적으로 '누구든지 나에게
올 때 자기 부모나 처자나 형제 자매나 심지어 자기 자신마저 미워하지
않으면 내 제자가 될 수 없다. 그리고 누구든지 자기 십자가를 지고 나
를 따라 오지 않으면 내 제자가 될 수 없다'(「루가의 복음서」 14:26-27, 「마태오의 복음
서」 10:37-38)라고 표현하고 있다.

새로 창립된 종교집단은 의례, 신조, 조직의 면에서 기존의 사회단체
들과 상이하다. 일반적으로 과거로부터의 관계를 끊고 새로운 통합의

이상을 제시하지만, 양자의 관계에 대한 태도에는 다음의 3가지 가능성이 있다.

첫째, 사회관계의 옛 방식을 거부하고 혁명적인 변혁을 추구한다. 둘째, 구질서를 인정하고 수용한다. 셋째, 기존의 차별적 질서를 영적으로는 거부하고 서로간의 평등을 인정하지만, 현실적으로는 구체제를 부정하지 않는다. 첫째 방식은 사회의 현상유지와 상충되는 것으로 피안의 세계만을 지향하는 위험성을 지닌다. 둘째 방식은 신실한 종교인의 입장에서는 과거로부터 새롭게 태어난다는 믿음과 모순이 될 수 있다. 셋째 방식은 현실 타협적인 이중성을 가질 수 있다. 종교가 사회를 대하는 이들 3가지 태도는 역사를 통해 지금까지도, 현실을 부정하고 이상만을 지향하려는 진보세력과 현실세계의 기존의 가치체제를 인정하고 그것과 함께 조화나 타협을 모색하려는 보수세력 간의 알력을 낳고 있다.

2) 종교 공동체의 유형

종교 조직이 사회에 대해 취하는 태도를 '이 세상과의 타협'과 '이 세상에 대한 거부'로 단순화시킬 수 있다. 대부분의 종교는 초월적이고 궁극적인 실재와의 만남을 지향하기 때문에 지금 이 세상의 조건하에서는 그것을 순수하게 실현시킬 가능성이 매우 희박하다. 따라서 세상과 적당히 타협하면서 이상을 향해 갈 것인가, 아니면 이 세상의 가치를 전적으로 부정하면서 갈 것인가 하는 갈등과 충돌은 언제나 있을 수밖에 없는 것이다. 사회적 가치에 대한 타협과 거부의 뒤얽힘이 종교의 역사를 이루고 있다고도 할 수 있다. 베버는 기독교 종교 공동체의 유형을 처음으로 구분하였고, 이후의 종교사회학에서는 이를 근간으로 하여 좀 더 종합적이고 세밀한 분석을 시도하고 있다. 이곳에서는 그중 몇 사람의 이론을 살펴보도록 한다.

먼저 베버는 종교 조직 유형을 교회church와 종파sect로 나누고 있다. 여기서 교회는 규모가 크고, 권위를 중심으로 하는 강제단체이며, 예배 의식이 형식적·지적·합리적이고, 보편적이고 대중적인 구원단체이며, 제도적으로 변질된 관료적 카리스마가 지배하고, 전문적인 성직자가 있으며, 전통적인 성격이 강하다고 한다. 이에 비해 종파는 규모가 작고, 신앙이 중심이 되는 자발적인 단체이며, 예배의식이 자발적·정서적이고, 독점적이고 귀족적인 단체이며, 순수한 카리스마가 지배하고, 만인 사제주의에 입각하며, 혁신적인 성격이 강하다. 한마디로 교회는 독점적 권위를 중심으로 하는 보편적 조직이고, 종파는 자발적인 성원이 모인 제한적이고 배타적인 특수조직이라고 할 수 있다.

이러한 베버의 구분을 기반으로 하여 세속적 가치에 대한 타협과 거부의 태도에 착안한 트뢸치Ernst Troeltsch는 신학적 가치개념을 도입하여 종교 행위를 교회적, 종파적, 신비적인 것으로 나누고 있다. 교회적 행위는 사회질서에 대해 보수적이고 세속에 타협 또는 적응하는 유형으로, 지배계급을 중심으로 하여 대중을 포함한다. 세속문화를 선택적으로라도 수용하며 사회 제도와 화해한다. 은혜와 구원을 베풀도록 부여된 제도이며 많은 사람들을 받아들일 수 있으며 세상에 적응해 나갈 수 있다. 종파적 행위는 개인적 완성과 직접적인 유대관계를 추구하며, 세속사회에 배타적이고 자발적인 종속계급이 주체이다. 엄격하고 확실한 신자들에 의해 구성된 자발적인 모임으로 모두가 거듭난 체험을 한 것을 근거로 해서 서로 묶여 있다. 신비적 행위는 세속에서 동떨어진 유형으로, 현대사회는 영적 종교에 기초한 급진적인 종교 개인주의가 확대될 것으로 예상되어 특히 강조되고 있다. 소집단으로 형성되어 개별적인 반응을 표시한다. 이들 3가지 유형은 기독교 역사 초기부터 발견되고 있다. 교회와 종파에는 대체로 다음과 같은 특징이 있는 것으로 인정된다.

— 교회

① 사실상 출생에 기초하여 쉽게 신도가 된다.

② 구원은 개인적 노력보다는 은총에 의해 이루어지며, 의례와 성례전이 이를 확인하는 중요한 절차이다. 공식적인 의식이 중요하므로 전문적으로 훈련받은 성직자가 필요하고, 사제직의 위계질서가 확립된다.

③ 사회구조의 포용성은 흔히 지역적 또는 민족적 경계선과 일치한다.

④ 믿음은 자연적인 과정으로 이해되므로 회심보다는 종교 교육을 중시한다.

⑤ 현존하는 사회와 그 가치 및 제도에 적응하고 타협하는 경향이 있다.

— 종파

① 일반사회로부터 분리되어 세상과 그 가치 및 제도로부터 멀어지거나 반항한다.

② 배타적인 태도와 독자적인 사회구조를 갖는다.

③ 신자가 되기 전에 회심 체험을 강조한다.

④ 의지적이고 자발적인 가입을 권유한다.

⑤ 공식적이고 전문적인 성직자가 드물다.

⑥ 윤리적 금욕의 태도나 고행을 강조한다.

미국의 사회학자인 베커Howard Becker는 종교 공동체의 유형을 교회 ecclesia, 교파(denomination: 적응하고 관습화한 종파), 종파sect, 제의cult로 나누었다. 여기서 교회는 특정사회의 경계선 안에 있는 모든 구성원을 신도로 삼으려고 시도하는 종교 조직을 뜻한다. 보수적인 조직으로 세속생활과 공개적인 갈등관계를 갖지 않으며 보편적 목표를 강조하면서 최종적으로는 사회 전체를 지배하려고 한다. 조직 내의 권위는 공식적이고 전통적이며, 중앙집권화 되고 위계서열화 되어 있다. 정치권력과 경제체제를 정당화하고, 기성 사회질서나 사회 제도와 밀접한 관계를 갖고 그 목표와 가치를 수용한다. 지도력은 공식적으로 임명된 전임 성직자에게 있으며 그들은 절대적인 종교적 권한을 갖는다. 교파는 사회 전체에 대한 일반적인 호소력을 갖지는 못했지만 부분적으로는 교회와 유사하기도 하다. 우선 유사한 점을 먼저 들면, 교파는 세속사회나 권력과 타협하고 동조하는 경향이 있고, 신도의 증가를 출생에 크게 의존한다. 또 공식적으로 훈련된 성직자가 지도하며, 구성원은 대체로 사회 중산층이나 상류층 출신이다. 차이점으로는, 교파는 다원화된 형태로 존재하기 때문에 사회에 지배적인 영향력을 행사하지 못한다. 다양성에 익숙하므로 비슷한 종교 조직에 대해 관용적이고 우호적인 관계를 유지하며, 배타적 태도가 상대적으로 약하다. 각 교파는 다양한 의례형식과 교리체계를 갖는다. 예로써는 개신교의 장로교, 감리교, 침례교 등을 들 수 있고, 한국불교에서는 조계종, 태고종, 진각종 등을 비슷하게 들 수 있을 것이다. 종파는 앞에서 본 것처럼 자발성과 배타성을 가진 작은 분리주의 집단이라고 할 수 있다. 그리고 교회나 교파, 경쟁적인 종파의 합법성을 인정하지 않는다. 종파는 오래 지속하지 못하고 소멸하거나 세월이 흐르면서 변화되는 경향이 강하다. 내부의 경쟁, 개인적 충돌, 지도력 계승의 문제, 신도들의 계층적·지리적 이동 등이 종파의 성격을 변화시키는 것이다. 그래서 생존한 종파는 교파의 형태로 변형되기 쉽다. 제의는 '매우 헌신적인 신도를 가지고 있는, 관료적 구조가 결여되어 있고 카리스마적 지도자에 의해 인도되는 비밀스럽거나 신비한 이념을 주장하는 작은 종교집단'이라고 잉거J. Milton Yinger가 정의내리고 있다. 제의는 종파보다도 작고 느슨한 구조를 가지며 오래 가지 못하고 주로 도시를 중심으로 지역적으로 발전한다. 카리스마 있는 지도자에 의존하기 때문에 지도자가 죽으면 함께 붕괴되기도 하고, 때로는 규모가 증가하면서 종파나 교파 형태로 발전하기도 한다. 개인주의적인 경향이 강하므로 마음의 평화를 강조하고 개인과 초자연과의 조화를 추구하며, 사회변화에는 별로 관심을 갖지 않는다. 오늘날 주로 미국에서 발견되는 제의는 기독교, 힌두교, 불교의 여러 요소들이 혼합된 교리와 수행 체계를 갖는 경우가 많다.

종교 공동체의 유형에 대한 연구는 기독교를 중심으로 하여 서구에서 왕성하게 진행되고 있는데 그 이론을 동양종교에도 그대로 적용하기에는 무리가 따른다. 종교적 정서나 근본적인 교리, 오랜 다종교적 문화, 종교적 수행의 전통 등에서 동서 간에 많은 차이를 보이기 때문이다. 따라서 독자적이고 창의적인 자세가 종교 연구 모든 분야에서 요구된다고 할 수 있다.

3) 종교 공동체의 딜레마

사회 제도는 인간 사이의 관계에서 발생하며, 다음의 기능을 갖고 있다.

첫째, 사회 제도는 모순과 불확실성의 세계에 안전성과 신뢰성을 제공한다. 둘째, 사회 제도는 과거 경험에서 온 침전물을 새로운 세대에 전달한다. 이는 종교 제도에 그대로 적용되며 종교 공동체도 그중의 하나로서 필수적인 것이다. 그러나 종교의 조직화 과정에는 신성한 것과 세속적인 것이라는 두 가지 이질적인 요소가 함께 함으로 인해 원초적으로 충돌이 불가피하다. 종교는 조직을 통해 타인에게 재연출되고 계승되지만 제도의 세속적인 성격은 종교의 본질과 모순된 관계에 있을 수밖에 없는 것이다. 그래서 제도화 과정에는 항상 저항이 따른다. 도식적으로 보면, 처음 카리스마 운동이 시작되고 다음으로 카리스마의 관습화 과정이 이어지는데, 이 단계에서 갖가지 저항이 발생하는 것이다. 예를 들어 기독교가 정착하는 단계에서 수도원이나 여러 종파가 일어난 것은 교회의 세속화에 대한 저항으로 이해할 수 있다. 또 중세의 기독교 종교개혁도 공고화된 가톨릭교회의 제재로부터 종교의 자유를 추구하려는 저항인 것이다. 종교가 제도화하는 과정에는 어쩔 수 없이 딜레마가 발생할 수밖에 없는데, 그것을 다음의 5가지로 나누어 볼 수 있다.

첫째, 복합적인 동기의 딜레마가 있다.

종교 발달의 초기에는 카리스마적 지도자와 그 추종자들은 진실하고 단일한 종교적 동기를 추구한다. 그러나 제도화가 진전됨에 따라 다른 여러 가지 동기들이 함께 나타나게 된다. 제도화는 권위와 역할을 동반하며, 거기에는 명성과 존경, 권력과 영향력, 경제적 이익 등으로 이루어진 계급과 서열이 형성되는 것이다. 즉 비이기적 동기와 이기적 동기가 서로 얽혀 제도화의 배후에서 작동하는 것이다. 제도화는 안정성을 증진시키고 조직의 생존에 기여하지만, 또한 교회의 목적과 가치를 변질시키는 심각한 근원이 되기도 한다.

둘째, 상징의 딜레마가 있다.

종교 공동체의 생활에서 중심이 되는 것은 상징적인 의례의 실행이다. 의례는 종교적 태도와 감정을 유발하는 상징의 객관화된 질서이며, 이러한 객관화는 종교의 연속성과 공유를 위해 필수적인 것이다. 그런데 동일한 상징적 매개체를 되풀이하여 계속 사용하면서 매너리즘에 빠지게 되어 그것이 갖는 상징성이 소실되어 버린다. 더 이상 종교적 감성을 촉발할 수 있는 힘을 잃는 것이다. 연속성을 위해 사용되었던 객관화가 결국 소외를 가져오게 된다. 세속의 경험적인 상징으로 궁극적 실재의 내용을 표현하려던 것이 그 의미를 상실하는 것이다. 상징주의에 의존하는 의례는 이렇게 확정된 형식에 의한 관례적인 행사로 축소되어 더 이상 본래의 목적을 달성할 수 없게 되는 것이다. 그래서 상징주의의 소외는 저항을 부르게 된다.

셋째, 행정적 질서의 딜레마가 있다.

카리스마의 관습화는 관료주의적 구조를 가진 형식적인 조직체를 낳게 되며, 이는 정책의 복잡화나 신도들의 소외감과 직결되어 있다. 합리적 구조의 생성은 과정의 정교함과 표준화, 전문화된 지위와 역할의 출현, 신도들 사이의 의사소통의 공식화를 수반하게 된다. 그리고 이는 위에서 말한 복합적인 동기를 출현시키는 구조로 작용하게 된다. 조직을 혁신하려는 시도는 위계서열의 상층부에 의해 심한 반대에 부딪힐 수밖에 없다.

넷째, 한정의 딜레마가 있다.

종교적 가르침은 일상의 사람들이 이해할 수 있는 말로 번역되어야 할 뿐 아니라, 그 뜻을 잘 보존해야 한다. 그래서 매우 구체적이고 명확한 규정이 필수적이라고 할 수 있다. 그런데 이 과정에서 가르침의 의미가 퇴색되어 일상적이고 세속적인 수준으로 이해되거나, 문자 그대로만 이해함으로써 가르침의 본래 의미가 상실될 수도 있다. 모든 종교에서 볼 수 있듯이 시간이 지나면서 난삽한 교리와 규정들이 무수히 생겨나고 그로 인해 신도들은 문자로 된 종교의 족쇄足鎖에서 풀려나지 못하고 있다. 신앙의 왜곡을 피하기 위해 교리와 도덕의 규정이 요구되지만, 일단 확정된 후에는 그 규정 자체가 더 심각한 왜곡을 불러올 수 있다. 한정의 딜레마는 상징의 딜레마와 밀접한 관계가 있는데, 엘리아데는 상징의 쇠퇴를 '유아화의 과정a process of infantilization' 이라고 한다. 즉 상징이 기계적이고 미숙하게 해석된다는 것이다. 상징이 유아적으로 해석되고, 너무 지나치게 구체화되어 상징이 속해 있는 체제와 관계없이 취급되는 것을 뜻한다. 이런 현상은 상징이 신성의 대상을 대체하거나 신성과의 관계를 이루기 위한 수단이 될 때 생긴다고 한다. 이러한 유아화의 예는 기독교의 성서 근본주의에서 찾아볼 수 있는데, 그들은 성서를 문자 그대로 이해함으로써 역사적·신학적·언어학적·과학적 틀을 벗어나려고 하며, 현재 미국의 복음주의 개신교가 여기에 해당한다.

다섯째, 권력의 딜레마가 있다.

종교 초기에는 개인의 자발적인 결단에 의해 공동체가 형성된다. 지도자의 카리스마나 개인의 회심 경험에 의해 신앙이 내면화되면서 종교집단은 자연스럽게 만들어지는 것이다. 그러나 종교 조직이 제도화되어 사회적 가치에 적응하게 되면, 신앙은 여론과 인정받는 권위에 의해 비자발적으로 부여된다. 신앙이 주입됨으로써 그에 대한 의심과 의문이 생길 수밖에 없다. 이러한 취약성에 대응하여 종교 지도자는 사회의 지도자와 결탁하여 사회적 가치의 신성화와 사회통제의 용이함을 수반하여 강제력을 갖게 된다. 이단과 불신앙자는 사회적 합의를 약화시키며 사회에 위협이 되므로 그들에 대한 불관용과 박해가 용인되는 것이다. 종교적 권위와 세속적 권력의 유착으로 인해 사회의 불안정과 정치적 반란이 야기되며, 이는 종교적 저항을 낳게 된다. 또는 그 반대의 상황이 생기기도 한다.

신도들의 동기의 변화, 상징체계로부터의 소외, 조직의 관료적 구조의 발전, 종교적 가르침의 문자화, 강압적 신앙 등의 딜레마는 카리스마의 관습화 과정에서 발생하는 것이다. 이는 제도화 과정에서 일어나는 구조적인 특성이며, 종교권력과 세속권력, 또는 종교 조직 내부의 긴장과 갈등의 근원이기도 하다. 종교의 역사는 이러한 딜레마의 중요성과 역할을 명확하게 보여주고 있다. 종교는 사회구조나 사회변화와 복잡하게 관련되어 있으며, 양자는 긍정적·부정적 상호 영향을 끼치며 긴밀하게 연결되어 변화하고 있다.

제2부

유교의 인간론

1. 시대적 배경

1) 춘추전국시대

원시시대 사람들은 모든 자연현상을 신령이 주재하고 있다고 생각하여 수많은 자연신을 숭배했다. 가령 『산해경山海經』에는 황제黃帝와 치우蚩尤가 전쟁하는 모습에서 '치우는 풍백風伯과 우사雨師를 청하여 뒤따르게 하여 바람과 비를 크게 일으켰다'고 기록하고 있다. 마찬가지로 우레·번개·홍수·불·해·달 등도 신이 주재하고 있다는 것이다. 원시부락에서는 주로 동물을 숭배하여 토템으로 삼았는데, 이 동물이 자신들과 혈연관계에 있으며 자신들의 수호신이자 상징이라고 여겼다. 부락 간에 전쟁이 일어나면 가까운 부락과 연합을 하게 되는데, 여기서 패배한 부락은 소멸되고 승리한 연합 부락은 통일되어 큰 부락을 형성한다. 부락의 융합은 토템의 융합으로 이어진다. '용'이라는 토템을 보면, 뱀의 긴 몸과 짐승의 네 발, 말 같은 머리와 갈기, 사슴의 뿔, 매의 발톱, 물고기의 비늘과 수염으로 이루어져 있다. 이는 뱀을 토템으로 하는 부락이 주체가 되어, 기타 수많은 토템을 융합하여 만들어진 것이다. 그리하여 동방의 부락연맹은 용을, 북방은 거북을, 서방은 호랑이를, 남방은 새를 토템으로 하여 서로 겨루다가 결국 동방이 승리하여 용이 중국의 상징이 된 것이다. 토템이 이합집산 하는 과정에서 여러 신들도 하나의 신으로 융합되었다. 이 신을 은(殷=商: 기원전 1751~1111)에서는 '제帝' 또는 '상제上帝'라고 했고, 주(周=西周: 기원전 1111~771)시대에는 '천天'이라고 부르며 사상적 통일을 도모하였다. 주나라 초기의 실질적인 통치자였던 주공 단(周公 旦: 기원전 12세기)은 분봉제分封制를 실시하여 통치기반을 다졌고, 예악禮樂을 정비하였다. '덕으로 하늘에 짝한다以德配天'는 사상을 강조하여 인간의 덕행과 하늘을 연결하였다. 이후에 공자는 '주周의 예의제도는 하·상 2대를 귀감으로 삼아 제정한 것이니 그 얼마나 풍부하고 다채로운가! 나는 주나라를 따르리라'(『논어』「八佾」)라고 하여 주나라의 문물과 제도를 이상으로 삼았다.

상나라 사람들은 모든 자연현상이나 사건이 인간의 의지와 상관없이 상제의 뜻에 따라 일어난다고 생각했다. 그래서 상제의 의도를 무巫가 점卜을 쳐서 알아내려고 하였다. 주나라에서도 이런 관념은 대체로 그대로 계승되었다. 주공도 하늘의 인간에 대한 명령을 천명天命이라 하여, 모든 통치행위는 천명에 따르는 것이라고 주장했다. 그래서 당시 사람들은 독립적인 지위를 가지지 못하고 하늘에 의존하는 존재에 지나지 않았다는 것을 알 수 있다. 그러나 인간의 문명이 발달하면서 지식과 경험이 풍부해지고 무조건 하늘에 의존하려는 관념도 변화되어 갔다. 상제는 의지가 있으며 호악의 감정이 있고 상벌까지 내릴 수 있는 최고신이지만, 신의 마음은 임의로 생기는 것이 아니라 인간이 원하는 것을 따른다는 것이다. 그래서 주나라에서는 '백성들이 바라는 것을 하늘이 반드시 좇는다民之所欲 天必從之'(『좌전』「양공 31년」)거나, '하늘은 백성의 눈으로 보고 백성의 귀로 듣는다天視自我民視 天聽自我民聽'(『맹자』「만장 인용 태서」)는 사상이 싹트기 시작했다. 이는 하늘의 의지가 인간을 통해 나타난다는 것으로 천신 만능주의가 점차 인간 중심주의로 전환되어가는 것을 보여준다. 주나라 통치자들은 민심에 바탕에 둔 천명론을 펼치게 되는데, 이는 '하늘은 편애하지 않고 오직 덕 있는 사람을 돕는다皇天無親 有德是補'(『좌전』「회공 5년」)는 말로 대변할 수 있다. 하늘이 덕 있는 사람 편이라는 생각은 덕을 중시해야 한다는 경덕敬德 사상으로 발전되었고, '덕을 공경하고 백성을 보살핀다敬德保民'(『서경』「무일편」)거나, 농사의 어려움을 알고, 민중의 아픔을 알고 은혜를 베푸는 것 등 덕의 내용을 이루고 있다. 이렇게 부도덕했던 상나라가 멸망하면서 천명론은 단순했던 신 만능주의를 탈피하여 인간의 덕행을 중요하게 보는 도덕적 해석이 가미되어 갔던 것이다.

주나라 말에 이르러 정치가 문란해지고 천재天災가 자주 발생하게 되어 하늘은 덕 있는 사람을 돕는다는 생각에 회의가 일기 시작한다. 그래서 '백성들이 이제 바야흐로 위태로우나 하늘이 알아주지 않는다民今方殆 視天夢夢'(『시경』「소아 정월」)거나 '끝없이 넓은 하늘이 그의 덕을 펴지 않고 상란과 기근을 내리며 천하의 인민을 죽이는구나浩浩昊天 不駿其德 降喪飢饉 斬伐四國'(「소아 우무정」), '어찌하여 하늘의 벌을 받으며 나의 죄는 무엇인가何辜于天 我罪伊何'(「소아 소변」)라는 한탄을 쏟아내게 된다. 상제의 도덕성에 대한 회의인 것이다. 이렇게 동주(기원전 770~256) 시대를 거쳐 춘추(기원전 770~476)·전국(기원전 475~221) 시대에 이르면 신에 대한 기원보다는 인간의 역량에 대한 자각이 고조된다. 노동력을 가진 인간이 부국강병에 결정적 역할을 한다고 생각하여 백성과 선비를 많이 확보하기 위한 쟁탈전이 치열하게 전개되었던 것이다. 그래서 '가까운 이는 즐거워하고 먼 곳의 사람이 찾아온다近者悅 遠者來'(『논어』「자로」)거나 '나라에 재물이 많으면 먼 곳의 사람이 찾아오고 황무지가 개간되면 백성들이 머무른다國多財則遠者來 地辟擧則民留處'(『관자』「목민」)는 표현은 이러한 사실을 반영하고 있다. 나라에 물자가 풍부하면 더욱 많은 노동력이 모이게 되고 그러면 더욱 많은 황무지를 개간할 수 있고 그래서 다른 곳에서 온 사람들이 안주하게 된다는 것이니, 곧 사람이 경제력이고 국력인 것이다.

신보다 사람을 중시하는 표현은 여러 곳에서 보인다. '무릇 백성은 귀신의 주인이다. 그러므로 성왕은 먼저 백성들의 삶을 안정시킨 뒤에야 귀신에 힘을 쏟다夫民神之主也 是以聖王先成民而後致力于神'(『좌전』 「환공 6년」), '흥하려면 백성의 의견을 들어야 하고 망하려면 신의 뜻에 따른다. 신은 총명하고 정직하며 한결같지만, 그것은 사람의 뜻에 따라서 행한다國將興 聽于民 將亡 聽于神 神聰明正直而壹者也 依人而行'(「장공 32년」), '제사는 사람을 위해 하는 것이다. 사람이 신의 주인이다祭祀以爲人也 民神之主也'(「희공 19년」)는 말은, 인간이 신에 의지하는 것이 아니라 오히려 신이 인간에게 의존한다는 사상을 나타내고 있다. 고대에는 신이 인간의 운명을 지배한다고 생각하였으나 이제는 인간의 길흉화복이 인간 자신에게 달려 있다는 것이다. 자연계의 이상 현상에 대해 '이는 음양의 일, 즉 자연의 조화이고 길흉과 관계 있는 것이 아니다. 길흉은 사람으로 말미암는 것이다是陰陽之事 非吉凶所生也 吉凶由人'(「희공 16년」)라고 하여, 인간의 행복과 불행을 결정하는 것은 신의 상이나 벌이 아니라 인간 행위 자체에 달려 있다는 것을 분명히 하고 있다. 그것은 천명이나 신을 믿으며 그것에 의탁하던 나약한 인간이 자기 운명의 주재자主宰者로 새로이 태어나는 인본주의적 대변혁이었던 것이다. 이러한 변화는 중국뿐 아니라 인도와 그리스 등 중요 문명권에서 거의 동시에 발생한다.

2) 제자백가諸子百家

춘추전국시대에 활약한 선생[子]과 학파[家]를 총칭하는 것으로, 『사기 史記』에서는 제자백가를 음양가, 유가, 묵가, 명가, 법가, 도가의 6가로 분류하였고, 『한서漢書』 「예문지藝文志」에서는 사기의 6가에 종횡가, 잡가, 농가, 소설가, 시부가詩賦家, 병가兵家, 수술가(數術家: 천문과 점술을 연구함), 방기가(方技家: 의학과 방중술을 연구함) 등 8가를 추가하여 14가를 언급하고 있다. 또 이곳에서는 유가, 도가, 음양가, 법가, 명가, 묵가, 종횡가, 잡가, 농가와 소설가小說家 등 대표적인 10개의 학파를 구류십가九流十家라고 부르고 있다. 당나라부터는 일반적으로 제자백가에 소설가 대신 병가를 넣고 있으며, 이들의 활동도 단지 사회 정치사상만이 아니라 지리·농업·문학 등의 문화 활동 전반에 영향을 끼친 것으로 알려지고 있다. 이 중에서 공자를 스승으로 하는 유가가 가장 먼저 일어나 인仁을 중심으로 통일된 사상체계를 확립했고 다음으로 묵적이 겸애兼愛를 주창하여 묵가를 일으켰다. 그후 도가와 법가 등 여러 학파가 경쟁적으로 등장하여 사상계는 백가쟁명의 시대가 되었다. 제후들이 강력한 부국강병 정책을 추진하면서 자신의 영토뿐만 아니라 타지의 인재도 활발히 채용하는 분위기 속에서 학자들은 사상과 학설을 자유롭게 개진하고 상호 비판하면서 서서히 학파를 형성하게 되었던 것이다. 이곳에서는 제자백가의 사상에 대해 유가와 도가를 제외하고 묵가와 명가 그리고 법가를 중심으로 하여 개략적으로 알아보도록 한다.

(1) 묵가

묵적墨翟이 유가는 어지러운 세상을 바로잡을 수 있는 이념이 되지 못한다고 생각하여 천자로부터 민중에 이르기까지 실제적인 이익을 위한 독자적인 사상을 정립하였다. 묵가는 유가와 함께 진(秦: 기원전 221~202)나라 초기까지 쌍벽을 이루며 천하에 가득 찼다고 한다. 묵적은 당시 사회의 현실적 상황에 맞추어 다음과 같은 10가지 내용의 주장을 제시하였다. 어진 이에 대한 숭상[尙賢], 통치자를 정점으로 한 국론통일의 중시[尙同], 쓰임새를 아낌[節用], 장례의 간소화[節葬], 음악에 대한 비판

[非樂], 운명론에 대한 비판[非命], 하늘에 대한 숭배[尊天], 귀신에 대한 섬김[事鬼], 차별 없는 사랑[兼愛], 공격전쟁에 대한 비판[非攻] 등이 그것이다.

묵적의 사상에서 근본이 되는 것은 겸애兼愛이다. 여기서 '겸'은 '아우르다[겸병兼倂]'는 의미로, 남과 나의 대립적인 관계를 인류 전체의 상호관계로 확장한다는 뜻이다. 즉 더불어 사랑하고 서로 이롭게 하는 것으로, 서로 미워하고 서로 해치는 것인 '별別'과 대립적인 개념이다. 그래서 '겸애'는 늘 남을 사랑하고 이롭게 하기에 친구 위하기를 자기 몸 위하듯 하는 것이며, '별애'는 오직 자기만을 위한 사랑을 가리킨다. 사람들이 겸애를 실천하면 서로 이롭게 되어 천하의 이익이 될 것이라는 것이다. 이는 타인을 포용하는 공동체 의식을 가리키는 것으로 인간의 사회적 관계를 규정하는 도덕원칙이다. 그렇다고 무조건적인 평등 사회를 제창하는 것은 아니다. '상현'이란 천하에서 현명하고 유능한 이를 선발하는 것을 말한다. 능력과 공헌의 차이에 따라 높은 자리에 임명하는 것으로, 여기에는 용모나 혈연·지연·학연 관계 또는 부모의 지위나 재산 등은 그 기준에서 철저하게 배제해야 한다. 그래서 공직에서 기득권을 누리는 종신제나 세습제를 몰아내고 평등한 조건에서 공정한 경쟁을 통하여 인재를 선발하라는 것이다. 그러나 진·한 봉건 전제체제가 확립되면서 묵가는 설자리를 잃게 되었다.

『예기禮記』「예운禮運」에서 그리는 이상세계는 공자가 아니라 그의 영향을 받은 것으로 보는 학자들도 있다.

"대도가 행해졌을 때 천하는 공공의 것이었다. 현자와 능력 있는 자를 지도자로 뽑고 신의와 화목을 가르쳤다. 그러므로 사람들은 자신의 어버이만 어버이로 대하지 않았고 자신의 자식만 자식으로 대하지 않았다. 나이 든 사람은 그 여생을 편안히 마칠 수 있었고 장년의 젊은이는 그 능력을 발휘할 수 있었으며, 어린 아이도 잘 자랄 수 있는 여건을 보장받았고 과부와 고아, 홀아비, 병든 자도 모두 부양을 받을 수 있었다. 남자는 남자의 직분이 있었고 여자는 돌아갈 곳이 있었다. 재화가 헛되이 땅에 버려지는 것을 싫어하지만 그렇다고 그것을 결코 자기 것으로 숨겨 두지 않았고, 스스로 일하는 것을 싫어하지 않지만 또한 자기 자신만을 위해서 일하지도 않았다. 이렇기 때문에 음모를 꾸미는 일이 생기지 않고 훔치거나 해치는 일도 일어나지 않았다. 그러므로 집집마다 문이 있어도 잠그지 않았다. 이런 사회를 대동大同이라고 한다."

그의 겸애사상은 박애와 민주라는 서구에서 들어온 개념과 통하는 바가 있었고, 공산주의 사상과도 일부 공통점이 있었으며, '비공'은 침략전쟁을 반대하는 주장이었기 때문에 근대에 들어와 다시 유행을 하기도 하였다.

(2) 명가

논쟁의 규칙을 필요로 하는 시대적 요구에 의해 탄생했으며, 혜시惠施와 공손룡公孫龍이 대표적이다. 『장자莊子』「천하」에는 혜시가 사물의 의미에 대해 언급한 다음 10가지 명제가 소개되고 있다.

① 지극히 큰 것은 밖이 없는데, 이것을 대일大一이라고 한다. 지극히 작은 것은 안이 없는데, 이것을 소일小一이라고 한다.
② 두께가 없는 것은 쌓을 수 없으나 (소일의 입장에서는) 그 크기는 천리나 된다.
③ (대일의 입장에서 보면) 하늘과 땅은 똑 같이 낮고 산과 못은 똑 같이 평평하다.
④ 해는 하늘 한가운데 있는 그 순간이 곧 저무는 것이며, 사물은 막 태어나는 그 순간이 곧 죽어가는 것이다.
⑤ 큰 관점에서 보면 같은 것도 작은 관점에서 보면 다른데, 이것을 작은 분별[小同異]이라고 한다. 만물은 모두 같기도 하고 모두 다

르기도 한데, 이것을 큰 분별[大同異]이라고 한다.

⑥ 남방은 끝이 없으면서도 끝이 있다.

⑦ 오늘 월나라에 가서 어제 왔다.

⑧ 둥글게 이어진 고리는 풀 수 있다.

⑨ 나는 천하의 중앙이 어딘지 안다. 북쪽에 있는 연燕나라의 북쪽과
  남쪽에 있는 월越나라의 남쪽이 그곳이다.

⑩ 만물을 두루 사랑하면 하늘과 땅도 하나이다.

당시의 논증과정과 변론상황이 남아 있지 않아 현재로서는 그 진정
한 의미와 의의에 대해 잘 알 수 없지만, 당시에 그리스의 소피스트에
못지않은 궤변이 횡행했다는 것은 이해할 수 있다. 이밖에도 '알에는
털이 있다', '닭은 다리가 셋이다', '초나라의 서울인 영郢에는 천하가
있다', '개는 양이 될 수도 있다' 등 21개의 명제도 수록되어 있다. 공
손룡에 대해서는 『공손룡자』라는 문헌이 남아 있어 그의 논리 이론에
대해서는 비교적 알려져 있고, 특히 '흰 말은 말이 아니다白馬非馬'라는
명제가 유명하다. 명가는 고대 중국의 논리학을 발전시켰지만, 진·한
시대에 중앙집권제도가 확립되면서 이러한 변론술은 힘을 잃게 되었
다. 그러나 한나라 이후 위·진 시대에는 청담파가 명가의 사상을 계승
하기도 하였다.

(3) 법가

춘추전국시대에는 아직 국가의 전반적인 제도개혁이 제대로 이루어
지지 않고 있는 시점이어서 대내외적으로 수많은 문제를 안고 있었다.
이런 문제를 해결하는 데 이론을 세우고 혁신을 주도하면서 실질적인
역할을 했던 것이 바로 법가였다. 공자가 법가의 자산子山과 관중管仲
을 칭송하고 있는 것으로 보아 양 학파는 서로 영향을 주고받으며 교류

하였다는 것을 알 수 있다. 전국시대 초에 상앙(商鞅: 기원전 390~338)은 진秦나라에서 제도帝道와 왕도王道를 논하다가 받아들이지 않자 결국 패도覇道를 시행하게 되었다. 상앙이 새로운 법을 시행한 지 10년이 되자 모두 기뻐하고 집은 풍족하고 백성들은 넉넉하게 되어, 안정과 단결을 이루고 나라는 부유해지고 군대는 강해졌다고 한다. 이러한 법에 의한 부국강병책은 이후 진시황이 중국을 통일하는 데 기반이 되었다.

전국시대 말에는 한비자(韓非子: 기원전 280~233)가 나와 체계를 갖춘 법가사상을 완성하여 진나라의 진시황이 제후들을 병합하고 통일을 이루는 데 영향을 끼쳤다. 그는 진시황 밑에서 재상을 지낸 이사李斯와 함께 순자荀子의 제자였지만 유가와 묵가를 비판하여 덕치德治가 아니라 법치法治를 주장하였다. 그는 '예로부터 백성들은 본래 아끼면 교만하게 굴고, 위엄으로 대하면 말을 듣는다'고 하듯이, 국가의 임무는 백성을 다스리는 것이라고 여겼다. 또 법 앞에서는 모든 사람이 평등하므로 등급을 나누어서도 안 되고 개인적인 사정을 고려해서도 안 된다고 주장한다. 높은 직위의 관리가 법을 위반해도 똑같이 형벌을 받고 일반 백성이 공을 세워도 똑같이 상을 받아야 한다. 그리고 가벼운 죄를 무겁게 처벌해야 백성들을 두려워하게 만들 수 있고, 그래야 감히 법을 위반하지 못하게 되어 천하가 태평하게 된다. 이러한 엄한 법 집행이야말로 근본적으로 백성을 이롭게 하고 사랑하는 것이라고 하는 것이다. 그리고 통치자는 인자함·사랑·은혜·친애 등을 보여서는 안 되니, 이런 것들은 사사로운 사정을 생각하게 만들어 법의 실행에 장애가 되기 때문이다. 마찬가지로 충신忠信이나 인의仁義를 주장하는 자나 어질고 지혜로운 자, 문학에 종사하는 자들도 필요하지 않다. 오직 법으로 충분할 뿐이다.

(4) 의가

편작扁鵲이 대표로서, 『황제내경黃帝內經』과 『황제팔십일난黃帝八十一難』이 전하고 있다. 특히 전자는 음양과 오행으로 생리와 병리, 의리醫理를 해설하여 한의학의 이론적 기초를 닦았다.

(5) 농가

신농神農의 가르침을 받들어 '임금과 백성이 함께 경작할 것'을 주장한 허행許行을 대표로 한다.

(6) 병가

『손자병법』을 지은 손무孫武가 대표이다.

(7) 음양가

자연과 사회의 변화를 음기와 양기, 그리고 목·화·토·금·수 5행行으로 설명한 추연(鄒衍: 기원전 305~240)을 대표로 삼는다.

(8) 종횡가

합종合縱과 연횡聯橫을 주장한 장의張儀와 소진蘇秦이 대표적이다.

(9) 잡가

『여씨춘추呂氏春秋』를 지은 여불위(呂不韋: 기원전 ~235)와 『회남자淮南子』를 지은 유안(劉安, 기원전 179~122)이 여기에 해당한다. 유가와 묵가를 포괄하고 명가와 법가를 합하였으나, 산만하여 마음을 고정시킬 데가 없다고 평가받고 있다.(「예문지」)

(10) 소설가

이들은 거리에 떠도는 말들을 수집하거나, 고사 · 경구 · 속담 등을
정리하여 편찬하지만 이론적인 체계는 없다.

2. 역사적 전개

춘추전국시대에 유가는 제자백가의 여러 학파 중 하나였을 뿐이지만 한漢나라의 동중서董仲舒와 송나라의 주자朱子 등을 거치며 중국의 지배이데올로기로 확고하게 자리 잡았다. 또한 유가의 가르침은 지식계층뿐아니라 일반 백성들의 행위기준으로서 역할을 하였다. 그러나 이천년동안 이어온 유가의 사상은 근자에 들어 두 번의 단절을 겪었다.

첫 번째는 청나라 말기 아편전쟁(1840~1842)과 서구 열강의 침략에 대한 자기반성에서 시작됐다. 당시 많은 지식인은 중국의 낙후성과 쇠락을 전통 유가사상 탓으로 돌렸다. 또 한 번은 중화인민공화국(1949) 수립 이후 1966년부터 10년 동안 있었던 '문화대혁명' 때다. 그 참담했던시기 동안 공자는 철저하게 짓밟혔다. 교사들은 길거리에서 강제로 무릎을 꿇고 제자들 앞에서 심판을 받아야 했고, 자녀들은 출신이 좋지않은 부모들과 연루되지 않으려고 부모를 고발했다. 이런 극단적인 세태를 겪으며 중국인들은 유교적 덕목들을 잠시 잃어버렸지만 요사이 강인한 전통의 향기는 서서히 되살아나고 있다.

1) 공자(孔子, 기원전 551~479)와 5경經

공자는 6예(六藝: 예의 · 음악 · 활쏘기 · 말 타기 · 글쓰기 · 셈하기)에 능통하고 고전, 특히 역사와 시에 밝았기 때문에 젊어서부터 훌륭한 스승으로이름을 날렸다. 공자는 직업적 · 전문직으로 제자를 가르친 첫 번째 교사로 알려져 있다. 그는 인간과 사회를 개조시키고 향상시킬 목적으로 일평생 가르치는 일에 전념했으며, 인문 교육과정을 처음으로 실시했고, 모든 사람에게 문호를 개방했으며, 배움이란 지식뿐만 아니라 인격까지도 포함해야 한다고 강조했다. 그는 스스로 '서술하되 짓지는 않는다述而不作'(「술이」)라고 하면서 전대의 사상을 종합하여 새로운 체계를 만들었다. 또한 초월이나 내세, 영원과 같은 문제에 냉담하여, 오직 현실의 삶에 대해서만 이야기하려고 하였다. 이를 한마디로 다음과 같이 말한다. "공자께서는 괴이한 일과 무력에 관한 일과 반란에 관한 일과 귀신에 관한 일에 대해서는 말씀하지 않으셨다.子不語 怪 力 亂 神"(「술이」)

공자는 『시詩』, 『서書』・『역易』・『예禮』・『춘추春秋』등 5경을 편찬하였다고 전한다. 이 가운데 앞의 셋을 3경이라 하고, 『악樂』을 더하여 6경이라고도 한다. 이들 고전은 중국에서 이천 년 이상 사회・정치・교육・문학・종교의 규범으로 작용하였지만, 한漢의 무제武帝 때 유가를 국가의 통치이념으로 삼아 존숭하기 전까지는 '경' 이 아니었고, 유가도 여러 학파 가운데 하나였을 뿐이다. 5경은 태학太學의 주요 교과과정으로 채택되었고(기원전 124), 수隋 문제文帝가 587년에 처음 과거제를 실시한 이후에는 관리의 등용 기준이 되었다.

『시詩』는 고대의 3천여 편의 시 중에서 공자가 305편을 가려 뽑은 것이다. 공자는 이 시경에 대해 '생각에 사악함이 없다思無邪'(『논어』「위정」)고 하여, 모두 진실한 사상과 감정을 반영한 것으로 '즐겁되 음탕하지 않고 슬프되 상심하지 않는다樂而不淫 哀而不傷'라고 평하고 있다. 내용에 따라 15국의 풍습인 「풍風」을 비롯하여 「소아小雅」, 「대아大雅」, 「송頌」으로 나뉘며, 고대의 사상과 사회풍속을 보존하고 있는 것으로 평가받는다.

『서書』는 『상서尙書』라고도 하며, 요순堯舜의 시대부터 진秦의 무왕繆王 때까지 사건을 편찬한 것이다.

『역易』은 『주역周易』이라고도 하며, 우주의 변화원리를 기술한 책으로 알려져 있다. 전하는 바에 의하면 복희伏羲가 양효陽爻:━과 음효陰爻: ━━ 를 쌓아올려 8가지 서로 다른 부호를 조합해 내어 서로 다른 방위에 벌려 놓은 것이 8괘卦이다. 그 명칭은 건乾: ☰ , 곤坤: ☷ , 진震: ☳ , 손 巽: ☴ , 감坎: ☵ , 리离: ☲ , 간艮: ☶ , 태兌: ☱ 이다. 그리고 각각은 하 늘[天]·땅[地]·우뢰[雷]·바람[風]·물[水]·불[火]·뫼[山]·못[澤]을 나타낸 다. 그리고 뒤에 문왕이 역을 풀어내어 두 괘를 겹쳐나갔는데 이를 중괘 라고 하며, 64괘가 된다. 하나하나의 괘상은 모두 명칭이 있고 이에 대 한 설명이 붙는데 그것이 괘사卦辭이다. 나아가 괘상과 괘사에 대한 해 석을 '전傳' 이라고 하는데, 이것이 『역전』이고 공자가 지었다고 전한다.

『예禮』는 『주례周禮』·『의례儀禮』·『예기禮記』를 포함하므로 '3례' 라 고도 한다. 한나라에서는 『의례』, 당나라에서는 『예기』를 가리킨다. 『예 기』 가운데 「중용」과 「대학」이 포함되어 있는데, 송대 이후 이 둘과 『논 어』, 『맹자』를 합하여 '사서四書' 라 부르며 '5경' 과 똑같이 중시된다.

『춘추春秋』는 본래 노魯나라 역사를 기록한 책인 『노춘추』를 공자가 다듬어 정리한 것이라고 한다. 이곳에는 노나라 은공 원년(기원전 722)에 서 애공 14년(기원전 481)에 이르는 역사를 담고 있어 '춘추시대' 라는 말 은 여기서 나온 것이다. 이것을 해설한 것으로는 『공양전公羊傳』, 『곡량 전穀梁傳』, 『좌전左傳』이 있으며, 합쳐서 '춘추삼전' 이라고 한다. 한나라 에서는 『춘추공양전』, 당나라에서는 『춘추좌씨전』을 가리킨다.

2) 동중서(董仲舒, 기원전 179~104)

『여씨춘추』에서는 제자백가 각 학파의 특징을 소개하면서 이들 모 두 천하의 호걸이라고 칭송하면서도 그들 전부를 받아들일 수는 없고 하나의 학설로 정치를 이끌어야 한다고 주장했다. '하나로 되면 다스 려지고 각자 다르면 혼란에 빠지며, 하나로 되면 안정되고 다르면 위태롭다'(「불이」)고 하였다. 수많은 제후국으로 나뉘어 할거한 시대에 사상의 통일이 갖는 중요성은 말할 필요도 없을 것이다. 사상의 통일에는 독선적이고 배타적인 폐쇄형과 여러 장점을 널리 채택하는 개방형의 두 가지 방식이 있다. 진나라(기원전 221~206)는 법가사상을 가지고 전자의 입장을 선택하여 최초의 전국통일을 이룰 만큼 급속히 강성해졌으나 국민의 지지를 받지 못하여 단명하고 말았다. 이어진 한나라(기원전 206~기원후 220)의 사상가들은 각 학파의 장점들을 취하는 것이 필요하다고 생각하게 되었다. 그중 동중서는 유가 등 백가의 사상을 깊이 연구하여 현실과 접목시킴으로써 새로운 유학을 주창하게 되었다. 그는 음양가의 음양오행학설, 묵가의 겸애와 상현사상, 법가의 상벌론, 도가의 무위자연사상 등을 흡수하여 유가의 사상을 현실에 맞게 확장하고 개편하였다.

한의 무제가 기원전 136년에 유가를 국교로 삼음에 따라 5경의 권위는 경학을 탄생시켰다. 즉 5경은 사상계의 절대적 권위로 자리잡게 되었고, 모든 시비판단의 근거가 되었으며, 경전의 의미를 탐구하여 밝혀내는 것이 최고의 학문이 되었다. 이에 따라 다른 학설들은 유가의 구성부분으로 흡수되어 뒤섞여 버렸고, 원래의 입장에 따라 수많은 유파가 탄생하여 복잡한 투쟁을 벌이면서 후대까지 지속되었다. 아무튼 동중서는 고대의 천명론과 유가설 및 음양오행설을 융합하여 한나라 통치철학의 토대를 마련하였는데 여기에서는 그의 유교 이해와 천인감응설에 대해 알아보도록 한다.

(1) 천인감응天人感應

고대부터 하늘이 인간에 내리는 명령을 천명天命이라 하여, 모든 통치행위는 천명에 따르는 것이라는 믿음이 있었다. 그러나 하늘이 자연과 인간사회를 지배한다는 생각은 춘추시대에 들어와 인본주의로 대체되어 인간의 도덕적 실천행위가 인간의 운명을 좌우한다는 사상이 꽃을 피웠던 것이다. 그러면서도 고대의 천명론은 인간 속으로 내재화되어 가령 맹자는 '마음을 다하는 것은 성性을 아는 것이며 성을 아는 것은 하늘을 아는 것'(「진심」)이라고 하여, 진심盡心과 지성知性이면 능히 천명을 안다(知天)고 주장했다. 이는 인간의 마음에 하늘이 존재한다는 '천인합일' 사상을 표명한 것이다. 동중서는 이를 계승하여 '천인감응' 사상을 세워, 인간의 모든 행위가 하늘의 뜻에 부합하고, 또한 하늘과 사람 사이에는 상호 감응이 작용한다고 하였다. 이는 후대에 만물의 생성과 변화를 이리와 기氣로 설명하려는 성리학의 성립에도 영향을 주게 된다.

추연의 오덕종시五德終始설과 『여씨춘추』 「12기」와 『예기』 「월령」에 보이는 시령時令설로 발전된 음양오행설은 동중서에 의해 '휴상재이(休祥災異: 상서로운 징조와 자연현상으로 생기는 재앙이나 변고)' 론으로 완성된다. 오덕종시설은 5행의 변화에는 일정한 기운이 있는데 왕조도 거기에 맞춰 나타난다는 것이고, 시령설은 사계절의 변화와 정치체제를 오행의 순환과 상응시키는 것이다. 자연과 인간이 음양오행의 순환에 따르면 화평상태가 유지될 수 있고, 거기서 벗어나면 화평이 깨지는데, 특히 천자의 통치가 중요하다고 보았다. 동중서는 이러한 음양오행설과 천인감응설을 결합하였다. 즉 자연현상과 군주의 정치행위가 대응관계에 있으므로 군주의 통치는 하늘에 순종하는 것이어야 한다는 것이다. 민생을 잘 보살피면 보랏빛 구름이나 진기한 짐승이 출현하고, 정치를 잘못하여 민심을 해치면 음양오행의 부조화를 초래하여 가뭄이나 장마 등 천재지변이나 혜성의 등장, 지진 또는 일식·월식을 통한 하늘의 경고가 내려진다. 그런데도 군주가 반성하지 않으면 천명을 거두어 나라가 바뀐다고 하는데, 이는 이후 역성혁명에 의한 정권교체의 예언인 참위讖緯설로 변질되어 간다.

(2) 삼강오륜三綱五倫

삼강오륜은 맹자(孟子: 기원전 371~289)의 4단端 또는 4덕론에 근거를 두고 있다. 『예기』에서 인도人道의 근본은 인의와 예지라고 한 것을 맹자는 '불쌍히 여기는 마음은 인의 실마리이고, 자기의 잘못을 부끄러워하고 미워하는 마음은 의의 실마리이고, 남에게 양보하는 마음은 예의 실마리이고, 옳고 그름을 가릴 줄 아는 마음은 지의 실마리이다惻隱之心 仁之端也 羞惡之心 義之端也 辭讓之心 禮之端也 是非之心 智之端也'(「공손추상」, 「고자상」)라고 정리하고 있다. 즉 인간의 이 4가지 마음에서 비롯되는 4가지 덕목을 갖출 때 비로소 사람이 사람다운 것이라는 것이다.

그런데 동중서는 『춘추번로春秋繁露』에서 4덕을 오행에 맞추기 위해 신信을 더하여 5덕 또는 5상常으로 재해석하였다. 그리고 원래 맹자가 '사람에게는 도가 있다. 배부르게 먹고, 따뜻하게 입고, 편안히 살면서 배움이 없으면 짐승과 별로 다르지 않다. 성인이 이를 근심하시어 설로 하여금 사도를 삼아 인륜을 가르치게 하였으니, 부자 간에 친함이 있으며父子有親, 군주와 신하 간에 의리가 있으며君臣有義, 부부 간에 분별이 있으며夫婦有別, 어른과 아이 간에 순서가 있으며長幼有序, 친구 간에 믿음이 있어야 한다朋友有信"(「등문공상」)고 하여 사람의 도리에 대해 말한 것을 동중서가 5륜이라고 하여 3강과 함께 특히 강조하였다. 3강은 '임금은 신하의 벼리가 된다君爲臣綱, 어버이는 자식의 벼리가 된다父爲子綱, 지아비는 지어미의 벼리가 된다夫爲婦綱'는 것을 말한다. 여기서 벼리는 '그물의 코를 꿰어 잡아당기는 줄', '사물의 근본'을 뜻한다. 즉 임금에 대한 신하, 부모에 대한 자식, 남편에 대한 아내의 도리는 상대를 절대적인 존재로 섬기는 데 있다는 것이다. 그래서 삼강오륜은 봉건적 신분질서를 유지하려는 지배층의 통치이념으로 상하관계의 질서를 확립하는 데 주안점을 두고 있다. 한나라가 동중서가 해석한 유교로 사상적 통일을 이루고 통치이념으로서 채택한 이래로 유교의 영향력은 중화민국(1911)의 성립 때까지 지속되었다.

(3) 주희(朱熹, 1130~1200)

한나라의 멸망(220) 이후 위진남북조(魏晉南北朝, 220~589)를 거쳐 수(隋, 581~618)와 당(唐, 618~907) 그리고 오대십국(五代十國, 907~960)에 이르기까지 중국은 유·불·도 3학파가 논쟁과 세력다툼을 벌리며 정립해있었다. 일반적으로 한나라에서는 유가의 경학과 도가의 무위자연사상, 법가의 형명법술(刑名法術: 법으로써 나라를 다스리는 방법과 기술)이 주류를 이루었고, 위진남북조 시대에는 노장老莊과 『주역』의 현학, 수·당 시대는 불교가 융성했던 시기로 알려져 있다. 불교는 서력기원 전후로 비단길을 통해 서역(타지키스탄, 아프가니스탄 등 파미르 고원 동쪽지역)에서 전해졌는데, 2세기 후반부터 서역과 인도에서 온 안세고(~168), 지루가참(167~186) 등 역경승譯經僧들에 의해 불경이 한역되면서 자리 잡기 시작한다. 초기 번역의 결함은 구마라집(344~413)을 거쳐 현장(602~664)에 의해 완전히 극복되면서 역경의 시대도 막을 내리고 본격적인 중국불교의 시대를 맞는다. 위진(220~420) 시대에는 한역된 불교경전에 기술되어 있는 사상이나 교리를 노장사상이나 유교사상 등 중국의 전통사상이나 개념과 비교하여 이해하려는 격의格義불교가 성행하기도 했다.

봉건통치자들은 유교·불교·도교를 이용하여 정치적 기반을 확고히 하려는 시도를 끊임없이 시도하였다. 그래서 3교의 흥망성쇠는 계속되었지만 전체적으로 볼 때는 각자의 영역은 일정하게 유지되어 왔다고 볼 수 있다. 그런 가운데서도 유교는 국가기강의 핵심적인 역할을 놓치지 않았고, 송(宋, 960~1279)의 건국 이후에는 유교에 불교와 도교의 사상을 흡수하여 논리적이고 사변적이고 형이상학적인 체계를 갖추게 된 성리학이 중심이 되어 정치와 사상을 주도하게 된다. 이는 종래의 유교가 수기修己, 안인安人와 같은 실천적이고 윤리적인 측면에 비중을 둔 것과 대비되는 것이다.

성리학性理學은 주돈이(周敦頤, 1017~1073)의 태극설에서 비롯된다. 그는 도가와 불교, 그리고 주역의 사상을 취하여, 우주 만물의 근원인 태극의 움직임에 따라 음과 양을 낳고 음양이 순환하는 가운데 목·화·토·금·수 5행을 낳고, 이들이 교묘히 결합하여 만물을 이룬다고 하였다. 그리고 소옹(邵雍, 1011~1077), 장재(張載, 1020~1077), 정호(程顥, 1032~1085), 정이(程頤, 1033~1107)를 거쳐 주희朱熹에 이르러 체계를 완성하게 된다. 성리학은 정호·정이 형제와 주희의 학문적 위치를 중시하여 정주학程朱學, 실천성과 도덕성 그리고 인격수양과 사회적 실현을 추구한다고 하여 도학이라고도 부른다. 주자는 주돈이의 태극설과 정이의 이기이원론理氣二元論을 받아들여 우주와 자연의 모든 현상과 근원에 대해 탐구하였다. 태극, 즉 이理는 천지만물의 근원으로서 구체적인 사물 속에 내재한다. '이'가 있어야 기氣의 변화가 있게 되어 만물을 발육시킬 수 있다. '이'는 천지에 앞서 존재하며 만물을 생성하는 근원이고, '기'는 만물의 형체를 이루는 도구이다. 즉 사물을 생성시키는 근본을 '이'라 하고 사물이 되는 구체적인 도구를 '기'라 하는 것이다. 그러면서도 '이'와 '기'는 섞이지도 떨어지지도 않는不雜不離 관계에 있다. 결론적으로 주자의 이기론은 주리적主里的 이기이원론이라고 할 수 있다.

주자는 자신의 『사서장구집주四書章句集註』에 기존의 『논어』, 『맹자』와 함께 『예기』에 실려 있는 「대학」과 「중용」을 실어 '4서'를 확립하였고, 그후로 '4서'는 유교 입문서로 사용되고 있다. 또 주자의 4서에 대한 주석서는 원(1271~1368)·명(1368~1644)·청(1636~1912) 시대에 과거시험의 표준 교재로 채택되었고 우리나라의 조선시대(1392~1910)에도 교과서 역할을 하였다. 『중용中庸』은 요순 임금의 천하 통치의 이념이 도통인데, 이 도통의 요체는 중용에 있으므로 이를 터득하고 실천해야 한다는 내용을 담고 있다. 사람에게는 인간적 욕심과 도덕적 본성이 함께 내재되어 있어, 가장 지혜로운 사람이라도 인간적 욕심이 없을 수 없으며 가장 어리석은 사람이라도 도덕적 본성이 없을 수 없는데, 두 마음을 다스리는 이치가 중용이다. 도덕적 본성이 항상 자기 자신의 주체가 되도록 하고 인간적 욕심이 매번 도덕적 본성의 명을 듣게 하는 것이 중용의 도를 실천하는 길이다. 『대학』은 수기치인修己治人, 곧 자신을 수양한 후에 백성을 다스리라고 한다. 즉 사회의 지도자는 먼저 자기 자신을 수양하고 책임과 의무를 다한 후에 이를 주변 사회로 넓혀 나가야 한다는 것이다. 먼저 세상의 이치를 면밀히 따져보고[격물格物: 고본에는 없고 주희가 새로 넣은 조목], 지식과 지혜가 극치에 이르게 하고[치지致知: 역시 주희가 새로 넣은 조목], 마음을 성실히 다지고[성의誠意], 마음을 바로 잡아[정심正心], 몸을 닦고[수신修身], 집안을 화목하게 하고[제가齊家], 나라를 잘 다스려[치국治國], 온 세상을 화평하게 하는 것[평천하平天下]이 군자의 나아갈 길이라고 한다.

3. 근본 교리

위에서 잠깐 살펴본 것처럼 유가의 사상은 공자 이후로 동중서에 의해 백가사상과의 융합이라는 큰 변화를 겪으며, 또 주자는 도가와 불교의 사상을 받아들이면서 사변적이면서도 실천적인 새로운 유가, 즉 성리학을 표방하고 있다. 이곳에서는 공자의 언행을 담은 『논어』에 한정하여 유교의 인간론을 알아보기로 한다.

1) 인간론

공자의 현세적이고 인본적인 태도는 다음의 구절에 잘 나타난다. 제자가 귀신 섬기는 것과 죽음에 대해 묻자, "사람도 잘 섬기지 못하면서 어떻게 귀신을 섬기겠는가? …… 삶에 대해서도 모르면서 어찌 죽음을 알겠는가?未能事人 焉能事鬼 …… 未知生 焉知死"(「선진」) 그의 모든 관심은 인생의 문제를 해결하는 데 있었고 그러기 위해서는 인간이 무엇인가를 규명하는 일이 선결과제라고 할 수 있다. 그런데 공자의 인간의 본질에 대한 규정은 하나의 의심할 수 없는 명제로서 주어진다. 인간의 본질은 인仁이라는 것이다. 그의 모든 주장은 이 명제 위에서 전개된다. 그런데 '인'의 내용은 매우 포괄적이고, 제자의 능력과 성향에 맞춰서 가르침을 베푸는 인재시교因材施敎의 교육방법으로 인해 다양한 설명이 제시된다.

『중용中庸』에서 공자는 인에 대해 '인이란 사람다움이다仁者人也'라고 정의한다. 사람에게 어진 마음이 없다면 사람이 아니라는 뜻이다.

착한 마음은 다른 동물에게는 없고 인간만 가지고 있는 우월성이다. 그래서 '사람이 어질지 않으면 예가 무슨 소용이 있으며, 사람이 어질지 않으면 음악이 무슨 소용이겠는가?人而不仁 如禮何 人而不仁 如樂何'(「팔일」)라고 하여 겉모습이나 사회규범보다 인간 내면의 본성을 강조하는 것이다. 또 제자 번지의 질문에 '사람을 사랑하는 것愛人'(「안연」)이라고 답하고 있다. 그런데 여기서 사람을 사랑하는 것은 묵자가 겸애설에서 주장하는 것과는 달리 차등적인 것이다. 중용에서도 '친친이 크다親親 爲大'(20장)라고 기술하고 있듯이 공자의 인은 친친(親親: 도리에 따라 친하여야 할 관계에 있는 사람과 친함)을 가리키고 구체적으로 효제(孝悌: 부모에 대한 효도와 형제에 대한 우애)를 말한다. 그래서 '군자가 친족을 후대하면 백성들 사이에 어진 기풍이 일어나고 옛 친구를 버리지 않으면 백성들이 박절하지 않게 된다君子篤於親 則民興於仁 故舊不遺 則民不偸'(태백)라고 하여, 가까운 사람에게 사랑을 베풀면 멀리 있는 사람에게까지 확충된다고 하였다. 또 '그 사람됨이 부모에게 효성스럽고 형제간에 우애 있으면서 윗사람 범하기를 좋아하는 사람은 거의 없다. 윗사람 범하기를 좋아하지 않으면서 난을 일으키기를 좋아하는 사람은 있은 적이 없다. 군자는 근본에 힘쓰니 근본이 서면 도가 생한다. 효도와 우애는 인을 행하는 근본이다其爲人也孝悌 而好犯上者 鮮矣 不好犯上 而好作亂者 未之有也 君子務本 本立而道生 孝悌也者 其爲仁之本與'(「학이」)라고 하여 효제가 착함을 행하는 데 근본이라고 단언하고 있다. 이를 두고 세간에서는 묵자의 겸애설과 비교하여 혈연·지연·학연에 지나치게 얽매인 사상이라는 비판을 많이 하고 있다. 그러나 공자의 제자 자하는 사마우의 형제 없는 근심에 대해 '생사와 부귀는 천명에 달려 있다. 군자가 진지하게 행동하여 잘못이 없고, 공손하게 대하여 예의가 있으면 사해의 동포가 모두 형제가 될 것이니 어찌 형제 없음을 근심하겠는가?死生有命 富貴在 天 君子敬而無失 與人恭而有禮 四海之內 皆兄弟也 君子何患乎無兄弟也'(「안연」)

라고 하였다. 이는 가족에 대한 효제의 마음이 세상의 모든 사람에게로 확충된다는 것을 말하는 것이다.

이밖에도 공자는 중궁의 인에 대한 질문에 '대문을 나서면 큰 손님을 대하듯 행동하며, 사람을 부릴 때는 큰 제사를 받들듯이 하고, 내가 하기 싫은 바를 남에게 하게하지 말라_{出門如見大賓 使民如承大祭 己所不欲 勿施於人}'(「안연」)고 하여 가정이나 사회의 누구에게도 원망 받지 않을 인의 실천을 강조하고 있다.

2) 군자君子

자로의 군자에 대한 질문에 공자는 '자신을 수양하고 남을 편안하게 한다_{修己而安人}'(헌문)고 답하면서 요순 같은 성왕도 쉽지는 않았을 것이라고 한다. 공자는 이상적인 인간을 군자 또는 성인이라고 하며, 자연으로부터 부여받은 본성, 즉 인을 완전히 실현시킨 사람을 일컫는다. '군자는 그릇과 같은 것이 아니다_{君子不器}'(위정)라고 하듯이, 군자는 두루 통용되는 지식과 덕을 쌓으려는 인간이다. 이는 자하가 말하는 '비록 작은 기예라 하더라도 거기에는 반드시 볼 만한 것이 있기 마련이므로 원대한 사업을 이루는 데 방해가 될 수 있다. 그래서 군자가 하지 않는 것이다_{雖小道 必有可觀者焉 致遠恐泥 是以君子不爲也}'(「자장」)라는 말과 상통한다. 여기서 작은 기예를 주자는 농사나 의술 또는 점술로 보고 있으므로 이를 확대하면 전문지식을 뜻하는 것으로 해석할 수 있을 것이다.

군자는 오직 인을 실천하려는 사람이고 그의 모든 행위는 인의 완성에 있다. 그래서 '옛날 학자는 자기를 위해 공부했는데, 오늘의 학자는 남을 위해 공부한다_{古之學者爲己 今之學者爲人}'(헌문) 또는 '인을 행하는 것은 나에게서 말미암는 것이지 남에게서 말미암겠는가?_{爲仁由己 而由人}

乎哉'(안연)라고 하는 것이다. 인의 실행은 남을 의식하고 인정받으려는 것이 아니라 자기실현을 위한 것이다. 철저하게 자기를 위해 사는 길이 바로 효도와 우애로부터 출발하여 온 인류에게로 확장되는 것이다. 증자는 '선비는 뜻을 넓고 굳세게 하지 않으면 안 된다. 짐은 무겁고 갈 길은 멀다. 인을 자기의 짐으로 삼으니 무겁지 않겠는가? 죽은 뒤에야 벗게 되니 먼 길이 아닌가士不可以不弘毅 任重而道遠 仁以爲己任 不亦重乎 死而後已 不亦遠乎'(태백)라고 하였다. 자기를 위하여 남을 돕는 안인安人의 길은 멀고도 험난하며, '군자는 옳은 것을 알고 소인은 이익을 안다君子喩於義 小人喩於利'(이인)고 하듯, 사사로운 이익이 아니라 천하의 대의를 좇는다. 또한 군자는 도덕적인 면에서뿐 아니라 물질적인 측면에서도 실질적인 도움을 추구한다. 자공이 '만약 백성에게 널리 베풀고 대중을 구제한다면 인하다고 할 수 있습니까' 하고 질문한 데 대해 공자는 '어찌 인으로만 그치겠는가? 반드시 성일 것이다. 요순임금도 그러지 못해 걱정하셨다. 인이라는 것은 자기가 서고자 하면 남을 일으켜 세우고, 자기가 이루고자 하면 남을 이루게 하는 것이다. 가까이 있는 자기 마음을 미루어 남의 마음에 도달하는 것이 인의 실천방법이다何事 於仁 必也聖乎 堯舜其猶病諸 夫仁者 己欲立而立人 己欲達而達人 能近取譬 可謂 仁之方也已'(「옹야」)라고 하여 인의 실천이 구체적인 효율성을 갖지 않는다면 아무 소용이 없음을 역설하고 있다.

또 군자는 남과의 관계에서 '조화를 이루지만 같아지지는 않는다和而 不同'(「자로」)고 하여 소인의 '같아지지만 조화를 이루지 못하는同而不和' 태도와 대비시키고 있다. 군자는 남과 화합하려고 노력하지만 결코 자신의 주체성을 상실하지는 않는다. 그리고 '군자는 두루 사귀며 무리를 짓지 않으나, 소인은 무리를 지으며 두루 사귀지 못한다君子周而不比 小 人比而不周'(「위정」)고 하여 소인의 이악스러운 편협성을 지적하고 있다. 결국 군자는 '자긍심이 있지만 다투지 않고, 여러 사람과 어울리지만 파벌을 만들지 않는矜而不爭 群而不黨'(「위령공」) 사람을 일컫는 것이다.

3) 군자의 길

한 인간이 이 세상에 태어나서 인간다운 인간이 되는 길은 멀고도 험난하다. 그래서 유념해야할 실천방법에 대해 몇 가지를 제시하고 있다.

(1) 사학병진思學竝進

생각과 학습을 함께 병행해야 한다는 것이다. 생각은 사물과 사건에 대한 합리적이고 비판적인 사고를 뜻하고, 학습은 다른 사람의 경험과 연구를 배우는 것을 말한다. 둘 중의 어느 하나를 소홀히 하게 되면 사고와 인격의 균형은 깨어지게 된다. '배우기만 하고 생각하지 않으면 갈피를 잡을 수 없고, 생각만 하고 배우지 않으면 위태롭다學而不思則罔 思而不學則殆'(위정)는 말은 이를 표현한 것이다. 공자도 한때 사색에 몰두하여 그 폐해를 경험한 적이 있다고 토로하고 있다. "내가 일찍이 종일토록 먹지 않고 밤새도록 자지 않고 사색해 보았으나 유익함이 없었다. 배우는 것만 못하였다.吾嘗終日不食 終夜不寢 以思 無益 不如學也"(『위령공』)

또 배우는 태도에 대해서는 '아는 것을 안다고 하고 모르는 것을 모른다고 하는 것, 이것이 아는 것知之爲知之 不知爲不知 是知也'(「위정」)이라 하여 자신을 속이지 않는 정직함을 들고 있다. 나아가 '세 사람이 길을 가면 반드시 그 가운데 나의 스승이 있다. 선한 사람을 택해 따르고 선하지 못한 사람을 보면 스스로 반성해 고친다三人行 必有我師焉 擇其善者 而從之 其不善者而改之'(「술이」)고 하여 배움의 대상은 문헌뿐 아니라 생활 전반에 걸쳐 있다는 것을 보여주고 있다.

(2) 극기복례克己復禮

안연이 인에 대해 묻자 공자는 '자기를 이기고 예로 돌아가는克己復禮'(「안연」) 것이라고 답하고, 그 구체적인 방법에 대해서는 '예가 아니면 보지 말고, 예가 아니면 듣지 말고, 예가 아니면 말하지 말고, 예가 아니면 행하지 말라非禮勿視 非禮勿聽 非禮勿言 非禮勿動'고 하였다. 여기서 '자기'는 생물적인 본능과 욕망을 가진 동물적인 존재를 뜻한다. 이러한 나는 하늘로부터 부여받은 인간만의 고귀한 품성인 '인'을 아직 드러내지 않는 자연인이고 아직 인간다운 인간이 아닌 것이다. 그래서 '예'로 돌아가려는 노력이 필요하다. 예에 대해 유자는 '예의 작용은 조화가 귀한 것이다. 선왕들의 법도도 이렇게 하는 것을 아름답다고 여겨 크고 작은 일들을 이에 따라 하였다. 제대로 행해지지 않는 경우도 있다. 조화만 시키려고 하고 예로써 조절하지 않는다면 제대로 행해질 수 없다禮之用 和爲貴 先王之道 斯爲美 小大由之 有所不行 知和而和 不以禮節之 亦不可行也'(「학이」)고 하였다. 예는 고루하고 완고한 법규가 아니라 적절한 조화라는 것이다. 그래서 예는 '시에서 분발하고 예에서 우뚝 서며 악에서 이룬다興於詩 立於禮 成於樂'(「태백」)라고 하듯이 시나 음악처럼 조화와 미를 발산한다. 또한 '군자가 널리 글을 배우고 예로 묶는다면 어긋나지 않을 것이다君子博學於文 約之以禮 亦可以不畔矣夫'(「옹야」)라고 하여 예는 내면을 완성시키는 외형적인 반듯한 틀을 제공하는 것이기도 하다.

(3) 충서忠恕

증자는 공자의 도에 대해 '선생님의 도는 충서忠恕일 뿐이다'(「이인」)라고 단언하고 있다. 이는 공자가 자공에게 '나는 하나의 기본적 관점을 가지고 다른 것을 꿰뚫었다予一以貫之'(「위령공」)한 말과 관련을 갖는다. 즉 공자는 스스로 많이 배우고 기억하고 있는 것이 아니라 하나의 이치로 모든 것을 연결시켜 알고 있다는 것이다. 그 하나의 이치를 자공은 충과 서라고 확신하고 있는 것이다. 충은 내 몸과 마음의 정성을 다하는 것이고, 서는 내 마음을 미루어 남을 이해하고 용서하는 것이다. 효도와 형제간의 우애가 가족의 범주를 중시한다면 충과 서는 가족을 벗어나 모든 사람들을 내 가족을 대하듯 온몸과 마음을 다 하는 것이고, 나를 이해하고 내 가족을 이해하듯 그 마음으로 미루어 남을 이해하는 것이다. 그래서 자공이 평생의 지침으로 삼을 것을 내려달라고 하자 공자는 서슴없이 '그것은 서일 것이다. 내가 하기 싫은 것을 남에게 시키지 말라其恕乎 己所不欲 勿施於人'(「위령공」)고 하는 것이다.

도가의 인간론

　　도가는 제자백가의 하나로서 인본주의적이고 큰 국가를 지향하는 시대적 변화를 거스르며 나타난 사상이다. 자연스럽게 형성된 마을 공동체의 순박한 가치는 무시되고 인위적으로 형성된 거대국가를 형성하기 위한 거대 담론이 주류를 이루는 데 대한 반발이자 저항인 것이다. 유가, 묵가, 법가 등은 나라가 부강해지기 위한 방책으로써 윤리도덕이나 법체제 등을 강화할 방도를 제시하고 있다. 이는 그 목적이 국가체제의 발전에 있는 것이고 지배자의 덕목을 중심으로 하는 것이므로 일반 대중에게는 무거운 짐이요 억압일 수밖에 없는 것이다. 이에 노자와 장자는 천·지·인과 만물을 아우르는 도와 덕을 보이며 지위고하를 막론하고 모든 사람이 함께 온전한 삶을 살 수 있는 방향을 그려주고 있는 것이다. 이에 대해 노자(老子, 기원전 6세기)의 『도덕경』과 장자(莊子, 기원전 4세기)의 『장자』에서 그 대략적인 내용을 알아보도록 하자. 노자는 성은 이李, 이름은 이耳, 자는 백양伯陽 또는 담聃이며, 도교에서 노군老君 또는 태상노군太上老君으로 신성화되었다. 장자의 본명은 장주莊周이고 그가 쓴 『장자』는 『도덕경』보다 뜻이 분명하며 이해하기 쉽다. 장자의 사상은 중국불교 및 산수화, 시가詩歌에도 많은 영향을 미쳤다.

1. 노자의 도덕론

1) 도의 의미

(1) 근원적 존재

'천지가 생한 것보다 앞서 혼성의 물이 있었다有物混成 先天地生'(25장)는 문장에서 '물'은 바로 '도'로서 모든 사물의 근원일 뿐 아니라 인간 본성의 근원이기도 한, 그래서 물질과 정신의 분별 이전의 가장 근원적 존재를 말한다. 그러므로 이것은 어떤 형상이나 색채로도 드러나지 않고 인간의 관념에 의해서도 알 수 없는 존재이면서 형이상학적인 원리도 아니며 그냥 진실로 존재하는 것이다. 스스로는 존재감을 가지고 있지 않지만 무한한 활동능력을 지니고 모든 형상을 만들며 그것이 작용과 법칙성을 갖게 한다. 그래서 '고요하고 형체가 없구나. 독립하여 변화되지 않으나 두루 운행하되 위태롭지 않으니, 천하의 어미라고 할 수 있다. 나는 그 이름을 무엇이라 할 수 없어 도道라고 한다. 또 억지로 이름하여 크다라고 말한다. 크다는 것은 간다는 것이고 간다는 것은 멀다는 말이고 멀다는 것은 되돌아옴을 뜻한다. 그러므로 도가 크고 하늘이 크고 땅이 크며 왕도 또한 크다. …… 사람은 땅을 본받고 땅은 하늘을 본받으며 하늘은 도를 본받으나 도는 그 스스로를 본받는다寂兮 廖兮 獨立而不改 周行而不殆 可以爲天下母 吾不知其名 字之曰道 强爲之名曰大 大曰逝 逝曰遠 遠曰反 故道大 天大 地大 王亦大 …… 人法地 地法天 天法道 道法自然'고 말한다. 즉 우주의 주가 되는 것은 사람·땅·하늘·도인데, 도를 제외한 나머지는 다른 것에 의지하여 제약을 받지만 도는 스스로 존재하며 스스로의 법칙성을 갖는다는 것이다. 그리고 이 도의 활동은 일직선으로 가는 것이 아니라 멀리 돌아 되돌아오는 운행을 한다는 것이다. 그런데 이런 도를 어떻게 알 수 있는가에 대해, '나는 무엇으로써 모든 것의 근원이 그와 같은 것인 줄 아는가? 이것으로써 안다吾何以象衆甫之然哉 以此' (21장)라고 말한다. 도가 모든 사물과 법칙성의 근본원인이 되는 가장 근원적 존재라는 것을 알 수 있는 방법은 무엇인가? '이것'이라고 했는데 이는 곧 '도'를 뜻한다. 도를 알 수 있는 방법은 도 밖에 없는 것이고, 이는 결국 도와 나의 합치를 말하는 것이다. 직접 체험 이외에 도를 알 수 있는 방법은 없다.

또 도를 일자一者로 표현하기도 한다. '하늘은 하나를 얻어서 맑을 수 있고, 땅은 하나를 얻어서 편안할 수 있으며, 신은 하나를 얻어서 영험할 수 있고, 골짜기는 하나를 얻어서 가득할 수 있으며, 만물은 하나를 얻어서 생할 수 있고, 후왕은 하나를 얻어서 천하를 바르게 한다天得一以淸 地得一以寧 神得一以靈 谷得一以盈 萬物得一以生 侯王得一以天下貞' (39장)고 하여, 천지만물은 일로 인해 존재할 수 있다고 말한다. 여기서 얻는다는 것은 외부에서 무엇을 취하는 것이 아니라 스스로 속에 내재하는 것과 일체가 되는 것을 말한다. 도는 내재적인 근본원인인 것이다. 그리고 도는 오직 황홀(홀황惚恍)하다고 표현할 수밖에 없고(21장), 볼 수도 없고(이夷), 들을 수도 없고(희希), 잡을 수도 없으며(미微), 이들이 뒤섞여 하나가 된다(14장)고 한다. 근원적 존재로서의 도의 성격에 대해 살펴보았는데, 이 도가 만물과 어떤 관계를 갖는지에 대해서 다음을 보자.

(2) 통섭자

『도덕경』의 첫머리는 이와 같다. "말할 수 있는 도는 항상된 도가 아니요, 이름할 수 있는 이름은 항상된 이름이 아니다. 이름 없는 것이 천지의 비롯함이요, 이름 있는 것이 만물의 어미이다. 그러므로 항상 욕심 없는 것으로써 그 '묘妙'를 보고, 항상 욕심 있는 것으로써 그 '요 徼'를 본다. 이 둘은 같은 것에서 나온 것인데 이름이 다를 뿐이다. 다 함께 '현玄'이라고 일컬어지는 바, 현하고 또 현한 것이 영묘한 만물의 문이 된다.道可道 非常道 名可名 非常名 無名天地之始 有名萬物之母 故常無欲 以觀其妙 常有欲以觀其徼 此兩者同出而異名 同謂之玄 玄之又玄 衆妙之門"(1장) 이는 이름할 수 없는 것과 이름할 수 있는 것이 어떤 원리로 통섭될 수 있는가를 말하고 있는 것이니, 곧 '도'가 그 양자를 하나로 아우르고 있다는 것이다.

'무명'과 '유명'은 모두 도에서 나온 것이지만 모든 사물의 시원을 의미할 때는 무명, 사물이 생성되어 형태를 이룩한 다음에는 유명이라 고 하는 것이다. 그런데 도가 이 두 가지 의미를 모두 함축하고 있다는 것은 이해할 수 있더라도 그것이 도 그 자체를 인식한 것은 아니므로 할 수 없이 '현'이라고 한 것이다. 아무튼 도이든 현이든 그 이름으로 는 도가 인식될 수도 파악될 수도 없다는 것이다. 도는 개념적 인식으 로는 파악할 수 있는 대상이 아니며, 이름할 수 있는 것이든 이름할 수 없는 것이든 모두 같은 근원, 즉 도에서 나온 것이다.

(3) 생성자

도의 생성력에 대해 '도는 일을 낳고 일은 이를 낳고 이는 삼을 낳 고 삼은 만물을 낳는다. 만물은 음을 지고 양을 안고서 충기로써 화를 삼는다道生一 一生二 二生三 三生萬物 萬物負陰而抱陽 沖氣以爲和'(42장)라고 말한다. 도는 개념화시킬 수 없는 것이지만 만물과의 관계를 설명하기 위해 부득이하게 '일'이라는 이름을 붙였는데, 이름을 붙이자마자 '일' 이 아닌 것을 설정하게 되고, 그래서 '일'과 '일 아닌 것'이 합하여 둘 이 된다. 또 '일'과 '일 아닌 것'의 분별이 일어난 다음에는 이 양자의 관계를 성립시켜주는 제3의 것을 생각하지 않을 수 없으므로 앞의 둘과 합하여 셋이 된다. 이렇게 인간의 사고가 거듭 진행되면서 무한한 분별이 이루어지는 것을 '삼생만물'이라고 한 것이다. 그런데 두 번째 문단에서는 음기와 양기, 충기의 셋을 만물의 근원으로 설명하고 있다. 여기에는 인식주관의 분별작용과 과정을 말하는 앞 문단과의 논리적인 연관성에 문제가 있지만, 후대 성리학자들의 이기理氣론과 직접 관련을 지으려는 시도도 있다. 아무튼 도는 인간의 정신적 분별작용의 생성의 근원이자, 만물을 낳는 음기·양기·충기의 근원이라는 주장이 담겨 있는 것이다. 그리고 도는 다른 어떤 것도 전제하지 않으므로 생성이란 곧 도 자체의 활동이라고 할 수 있다.

(4) 포용성

『도덕경』에서는 '대도는 넓고 커서 어느 쪽이나 가능하다. 만물이 이것에 의지하여 생하지만 드러내어 말하지 않고 공을 이루고도 이름을 갖지 않으며 만물을 키우되 주인이 되지 않는다. 항상 욕심이 없으므로 작다고 할 수 있으나, 만물이 돌아가되 그 주인을 알지 못하므로 크다고 할 수 있다. 그러므로 큰 것을 하지 않음으로써 그 큰 것을 이룩할 수 있다大道氾兮 其可左右 萬物恃之而生而不辭 功成不名有 衣養萬物而 不爲主 常無欲 可名於小 萬物歸焉 而不爲主 可名爲大 以其終不爲大 故能成其 大'(34장)라고 하여, 도의 포용성을 말하고 있다. 도는 만물을 생하면서도 자랑하지 않고 이룩하고도 갖지 않으니, 크면서 크다고 하면 이미 작은 것이다. 모든 사물은 도로부터 나온 것으로 제한된 한계 안에 있으며 그 필연의 법칙에 따라 생성 소멸할 수밖에 없으나, 도는 아무런 제한이 없으므로 생성 소멸되지 않는다. 이러한 도는 자연 그대로여서 모든 사물을 있게 하고 자라게 하는 것이 인위적인 욕구로 하는 것이 아니므로 사물을 주재主宰하지도 않는다.

(5) 도의 운행

도의 운행법칙에 대해, '돌아오는 것은 도의 움직임이요, 약한 것은 도의 쓰임이다反者道之動 弱者道之用'(40장)라고 한다. 여기서 '반'은 반복이나 돌아옴을 뜻한다. 도의 운동은 일직선으로 움직이는 것이 아니라 반복하고 순환하는 것이다. 곧 형상이 있는 것에서 없는 것으로, 없는 것에서 다시 형상이 있는 것으로, 또는 동적인 현상과 정적인 현상 사이를 반복해서 움직인다는 것이다. 천차만별의 사물은 모두 도의 운동의 결과이고, 또 도로 다시 복귀할 수밖에 없다. 그러므로 개개의 사물은 본질적인 차이는 인정되지 않으며 단지 그 표상의 차이가 있을 뿐이다. 극단적으로 말하자면 존재하는 것은 모두 도의 자기 전개와 복귀일 뿐이다. 노자는 그래서 '만물이 더불어 일어나지만 나는 그 되돌아감을 본다萬物並作 吾以觀其復'(16장)고 하였다.

도의 순환과 반복은 우주론적인 관점에서만 이야기되는 것은 아니다. 경험적이고 현실적인 순환의 현장이 『도덕경』 곳곳에서 보이는 것이다. '말 없음이 자연이라, 모진 바람도 아침나절을 다 지나지 못하고 억센 비도 종일토록 내리지는 못한다. 누가 이것을 하는가? 천지이다. 천지도 오래도록 할 수 없는데 하물며 사람이랴希言自然 故飄風不終朝 驟雨不終日 孰爲此者 天地 天地尙不能久 而況於人乎'(23장)는 말이나, '휘면 온전해지고 굽으면 펴지며, 파인 것은 차고, 낡으면 새로워지고, 적으면 얻고, 많으면 혹한다曲則全 枉則直 窪則盈 弊則新 少則得 多則惑'(22장)고 하여 하나의 현상이나 상황이 영원히 계속되는 것이 아님을 보여주고 있다. 낮과 밤의 교차나 계절의 순환도 우리가 일상에서 경험하는 것이며, 이는 인간의 길흉화복에서도 그대로 나타난다. '불행[禍]은 복이 의지하는 바요, 복에는 화가 잠복해 있다. 누가 그 극을 알 수 있으랴. 정正과 사邪는 없나니, 정은 다시 기이한 것[奇]이 되고, 선善은 다시 괴이한 것[妖]이 된다. 사람이 이에 미혹된 것이 참으로 오래이다'(58장)라고 하는 것이 그것이다. 모든 자연현상이나 인간의 행불행도 반복하고 순환하는 것이며, 나아가 윤리도덕이라는 것도 상호의존적이며 순환적이라는 것이다. 자연이나 인간에 절대적 차이는 없으며 상대적인 차이만이 존재할 뿐이다.

2) 덕의 의미

(1) 무작위

노자는 으뜸가는 덕에 대해 다음과 같이 말한다. "으뜸가는 덕은 덕이 아니니 이로 인해 덕이 있고, 저급한 덕은 덕을 잃지 않으려고 하기 때문에 덕이 없다. 상덕은 함이 없어서 할 바가 없는데, 하덕은 함이 있어서 할 바도 있게 된다. 으뜸가는 인은 하되 할 바가 없으며, 으뜸가는 의는 함이 있음과 동시에 할 바도 있다. 으뜸가는 예는 함이 있을 뿐만 아니라 이에 응하지 않으면 팔을 휘둘러 끌어당긴다. 그러므로 도를 잃은 이후에 덕이 있고 덕을 잃은 이후에 인이 있으며, 인을 잃은 이후에 의가 있고 의를 잃은 이후에 예가 있으니, 무릇 예라는 것은 충신忠信이 얄팍한 것이고 어지러움의 시작이다. 앞서 안다는 것은 도에서 보면 헛된 것이고 어리석음의 시작이다. 이로 인해 대장부는 그 두터운 것에 처할 뿐 얄팍한 것에 처하지 않는다. 또 그 실다운 것에 처할 뿐 허망한 것에 거하지 않는다. 그러므로 저것을 버리고 이것을 취한다. 上德不德 是以有德 下德不失德 是以無德 上德無爲而無以爲 下德爲之而有以爲 上仁爲之而無以爲 上義爲之而有以爲 上禮爲之而莫之應 則攘臂而扔之 故失道而後德 失德而後仁 失仁而後義 失義而後禮 夫禮者 忠信之薄而亂之首也 前識者 道之華而愚之始也 是以大丈夫處其厚 不居其薄 處其實 不居其華 故去彼取此"(38장)

인·의·예를 애써 성취하려는 것은 헛되고 어리석은 일이다. 그것은 허망하고 얄팍한 수준에 불과할 뿐이기 때문이다. 상덕은 도와 완전히 합일된 상태이므로 인위적인 노력이 없어도 저절로 풀려간다는 것이다. 그러한 덕은 힘들여 노력하여 얻을 수 있는 것이 아니고, 인·의·예와 같은 인간적인 덕성을 포괄하지만 또한 그것을 넘어서는 것이다. 그러면 상덕과 인간적인 덕의 관계는 내재적인 것인가 초월적인 것인가 하는 문제가 제기될 수 있다. 그러나 상덕이 인간적인 덕성에 내재한다고 하든, 양자는 전혀 다른 것이라고 하든 논리적으로 모순이 될 수밖에 없다. 아무튼 노자의 도와 덕에 대한 역설적 표현은 신비체험을 기반으로 한 그의 사유세계의 특성을 말해주는 것이다.

(2) 유약

덕의 특성에 대해 '천하의 지극히 부드러운 것이 천하의 지극히 단단한 것을 부리고, 있지 않은 것이 안이 없는 곳에 들어가니, 나는 이로써 함이 없는 것의 유익함을 안다. 말 없는 가르침과 함이 없음의 이익됨에 미치는 것이 진실로 천하에 드물다天下之至柔 馳騁天下之至堅 無有入無間 吾是以知無爲之有益 不言之教 無爲之益 天下希及之'(43장)라고 말한다. 부드러운 것이 단단한 것보다 활동성과 편재성이 크다는 것은 생활 속에서 익히 알고 있는 것이다. 땅보다는 물이, 물보다는 공기가 사물 속에 스며드는 활동력이 월등하다. 억지로 하려 하지 않아도 저절로 이루어지는 것이다.

(3) 허정

노자는 허虛의 창조성을 다음과 같이 말한다. "허의 극치에 이르고 고요함을 돈독하게 하면 만물이 더불어 지어진다. 나는 이로써 되돌아감을 본다. 무릇 사물이 다투어 일어나지만 각각 그 근원으로 되돌아간다. 근원으로 되돌아감을 고요하다고 하고, 고요함을 명을 회복한다고 하며, 명을 회복함을 항상됨이라고 하고, 항상됨을 아는 것을 밝다고 한다. 이 항상됨을 알지 못하면 허망하게 흉한 것을 짓는다. 항상됨을 알면 너그럽고, 너그러우면 공평하게 되며, 공평하면 크게 된다. 크면 하늘이고, 하늘이면 도이니, 도는 영원하므로 몸이 다하도록 위태롭지 않다.致虛極 守靜篤 萬物並作 吾以觀其復 夫物芸芸 各復歸其根 歸根曰靜 是謂復命 復命曰常 知常曰明 不知常 妄作凶 知常容 容乃公 公乃王 王乃天 天乃道 道乃久 沒身不殆"(16장)

허와 고요함의 극치에서 만물이 생겨나고 또 다시 근원으로 되돌아가는 것이 고요함[靜]이다. 그 고요함을 명의 회복[復命]이라 하고, 이는 참된 존재[常]이고 참된 인식[明]이다. 『주역』에 의하면 '이치를 궁구하고 성을 다하여 명에 이른다窮理盡性 以至于命'고 하였다. 성인이 도를 배우는 것은 궁리에서 시작하여 스스로의 본래적 '성'을 완전히 실현하고 명으로 돌아가는 것이다. 즉 이치를 탐구하는 것이 극치에 이르면 더 이상은 언어적 분별로는 탐구가 불가능하다는 것을 깨닫게 되는데, 이때 본연의 성이 드러난다는 것이다. 그래서 이치의 길, 즉 궁리가 막히면 오히려 무제약적인 본성의 참된 인식이 열리는 것이다.

참된 존재는 한정된 형상이 아니며 무형상적인 '허'야말로 모든 형상이 형상이도록 해주는 근원적 존재이다. 또 감각적으로 지각되는 운동이나 변화의 현상은 정적인 본성 그대로의 자기표현일 뿐이므로 결국 본성으로 복귀할 수밖에 없다. 여기서 '허'는 '실'에 상대되는 의미로서가 아니며, '정' 역시 '동'에 상대되는 의미가 아니다. 실을 가능하게 하는 의미의 '허'이고, 동의 작용을 가능하게 하는 의미의 '정'이다. 이러한 근원적 존재로의 복귀에 의해 비로소 나와 대상의 차별과 대립을 넘어서는 참된 인식이 이루어지는 것이다.

(4) 부쟁

도는 싸우지 않는다는 것을 '하늘의 도는 이로울 뿐이요 해롭지 아니하며, 성인의 도는 행하여도 다투지 않는다天之道 利而不害 聖人之道 爲而不爭'(81장)고 한다. 도는 모든 대립을 포괄하면서도 초월해 있으므로 도의 이로움은 이해의 대립을 초월한 근본적인 이로움이며, 이를 체득한 성인은 모든 행위에서 대립을 넘어선다는 것이다. 이롭다든지 해롭다든지 하는 것은 사물 그 자체에 대한 것이 아니라 인간의 주관적 견해에 의한 판단이다. 그러나 도는 이러한 상대적인 주관적 인식의 제약에 갇혀 있는 것이 아니므로 이로운 것도 없고 이롭지 않은 것도 없다. 그런데 성인은 주관적 인식분별에 의한 대립적 견해가 없으므로 무엇을 행하더라도 다툼이 없다. '내'가 없으므로 싸움도 없다. 상대적 견해에서 자유로우므로 모든 행위가 대립과 투쟁을 넘어서는 것이다. 또 '하늘의 도는 싸우지 않으면서도 잘 이기고, 말하지 않으면서도 잘 응하며, 부르지 않아도 스스로 오고, 널널하면서도 잘 도모한다. 하늘의 망은 넓고 넓어서 성글지만 잃어버리지 않는다天之道 不爭而善勝 不言而善應 不召而自來 繟然而善謀 天網恢恢 疏而不失'(73장)고 하여, 도는 대립이 없고 싸움이 없다는 것을 분명히 하고 있다.

(5) 소박

소박素樸의 덕에 대해 다음과 같이 말한다. "성지聖智를 끊어버리면 백성의 이익이 백 배나 되고, 인의仁義를 끊으면 백성이 효성와 자애의 마음을 회복하며, 교묘한 이익을 끊으면 도적이 사라진다. 이 세 가지는 문명이지만 아직 충분하지 못하다. 그러므로 소속된 자들로 하여금 자기 본바탕의 마음을 깨닫게 하여 집착과 욕심을 줄이도록 해야 한다. 絶聖棄智 民利百培 絶仁棄義 民復孝慈 絶巧棄利 盜賊無有 此三者 以爲文 不足 故令有所屬 見素抱樸 少私寡欲"(19장)

'성지는 이런 것이다'리고 말하는 순간 그것은 이미 참된 성지가 아니다. '인의'와 '교리'도 마찬가지이다. 여기서 끊고 버린다[絶棄]는 것은 성지와 인의를 체득하지 못한 채 거짓된 문자만 가지고 꾸미는 것을 경계하는 말이다. 또 교묘한 이익을 끊는다는 것도 마찬가지로 그 자체가 소용없다는 것이 아니라, 성지와 인의를 체현하지 못해서 사욕에 사로잡힌 이익은 나와 남에게 해가 됨을 경계한 말이다. 그리고 '소素'는 채색하지 않은 순수한 하얀 것으로 인간의 본바탕 마음자리를 뜻하고, '박樸'은 아직 도구로 만들지 않은 원재료를 말한다. 그래서 자기 본바탕을 깨닫다[見素抱樸]는 것은 스스로의 본성을 깨달아 자연 그대로 산다는 뜻으로, 인간의 문명과 문화를 무조건 부정하는 것이 아니라, 인간과 자연의 조화와 합일의 경지를 제시하고 있는 것이다. 참된 성지는 자연의 본성을 깨달아 모든 대립과 혼란을 넘어서게 하는 것이고, 참된 인의는 사랑과 미움의 대립을 넘어서서 모든 사람으로 하여금 싸움이 없게 하는 것이며, 참된 교리는 모든 사람이 자족함을 깨달아 질박質樸하게 살게 하되 인위적인 제도로써 하지 않는 것이다. 따라서 버리는 것이 성지와 인의와 교리의 완성이고 극치라는 것을 말하는 것이다.

2. 장자의 인간론

1) 인간의 본성

『장자』에서는 인간의 본성을 '덕'이라고 하는데 그 기원에 대해 다음과 같이 말한다. "태초에 무가 있고 유나 명은 없었다. 일을 일으키는 것은 일이지만 아직 형체가 없었다. 물이 이것을 얻어 생하니 이를 덕이라고 일컫는다. 아직 형체가 없는 것은 분화는 있으나 그래도 간격이 없으니 그것을 명이라고 한다. 움직여 물을 생하고 물이 이루어진 뒤 생명과 조리가 있게 되니 그것을 형이라고 한다. 형체 속에 정신을 보유하여 각기 의칙을 가지니 이것을 성이라고 한다.泰初有無 無有無名 一之所起 有一而未形 物得以生 謂之德 未形者有分 且然無間 謂之命 留(流)動而 生物 物成生理 謂之形 形體保神 各有儀則 謂之性"(「천지」)

도에서 일이 일어난다고 하였는데 그 일이라는 것은 아마도 주객·피차·선악 등이 아직 분화되지 않은 상태를 가리키는 것으로 볼 수 있다. 일에서 덕이 생하는데, 그 덕은 아직 형체는 없지만 도로부터 분가한 것이다. 덕이 도로부터 나왔지만 본질 면에서는 양자 사이에 차이나 간격이 없다. 도가 만물이 생길 수 있도록 하는 원리이자 원동력이라면, 덕은 개별적 사물이 그것일 수 있도록 하는 본성이다. 인간이나 사물의 측면에서 보면 각각의 본성은 도로부터 얻은 '덕'이고, 도의 측면에서 보면 도가 인간과 사물에 그 본성을 부여한 것이므로 '명'이라고 하는 것이다. 덕 또는 명이 움직여 분화가 일어나 개별적인 사물이 생한다. 개별적인 사물이 생긴 뒤에는 일정한 무늬·결·조리가 형성되는데 이를 형이라고 한다. 형체가 생기면서 정신을 보유하게 되어 각각

특수한 성질·작용·원칙을 갖게 되니 이를 성이라고 한다. 이러한 우주론은 인간과 만물에 그대로 적용되어, 인간과 만물의 본성은 '덕'이며 덕은 도로부터 나온 것이라고 한다.

장자는 인간의 덕에 대해 이렇게 말한다. '대저 지덕의 시대에는 금수와 더불어 같이 거주하였으며 만물과 더불어 나란히 살았으니 어찌 군자와 소인의 구별을 알았겠는가. 똑같이 무지하되 그의 덕에서 벗어나지 않았으며, 똑같이 무욕하였으니 이것을 소박이라 한다. 소박하면 백성들의 본성이 얻어질 것이다. 후세에 성인이 힘들여 인을 행하고 자랑스럽게 의를 행하게 되자 천하의 사람들이 비로소 의혹하게 되었다. 夫至德之世 同與禽獸居 族與萬物並 惡乎知君子小人哉 同乎無知 其德不離 同乎無欲 是謂素樸 素樸而民性得矣 及至聖人 蹩躠爲仁 踶跂爲義 而天下始疑矣'(「마제馬蹄」)

덕은 무엇이 아닌지를 말하고 있다. 금수에 머물 수 없다며 부지런히 지식을 쌓고 욕심을 부리고 군자가 되려고 힘들여 인과 의를 행하는 것은 도로부터 얻은 인간의 덕과 본성이 아니다. 사려분별하는 마음은 소박한 인간의 본성이 아닌 것이다. 그래서 '지덕의 시대에는 현인을 숭상하지 않았으며 재능을 가진 사람을 골라 쓰지 않았다. 높은 지위에 있는 사람은 높은 나무 위의 가지 같았으며, 백성은 들 사슴과 같았다. 단정하되 의에 맞는지 몰랐으며, 서로 사랑하되 인이라고 여기지 않았다. 성실하되 충이라고 여기지 않았고 합당하되 신인지도 몰랐다至德之世 不尙賢 不使能 上如標枝 民如野鹿 端正而不知以爲義 相愛而不知以爲仁 實而不知以爲忠 當而不知以爲信'(「천지」)고 분명히 밝히고 있다. 덕은 현인이나 능력 있는 사람만 가진 것이 아니며, 인·의·충·신을 일부러 힘써 행하는 사람만 가진 것도 아니다. 일부러 무엇이 되려고 행하는 것은 온전한 덕이 아니니 성현이나 군자는 거기에 미치지 못하고 오히려 어린아이가 거기에 합당하다고 하여 '어린아이와 같아질 수 있는가? 어린

아이는 종일 울어도 목소리가 쉬지 않으니 이것은 심기가 화순한 극치이다. 종일 주먹을 쥐고 있어도 지치지 않으니 그의 순박함이 덕과 함께 하기 때문이다. 종일 보아도 눈동자가 움직이지 않으니 치우쳐 보지 않기 때문이다'(「경상초」)라고 칭송하고 있다.

장자는 인의에 대한 노자와 공자의 대화를 설정하여 자신의 생각을 이렇게 피력하고 있다. "그대는 덕에 맡겨 행하며 도를 좇아 나아가면 이미 지극할 것이다. 또 어찌 애써가며 인의를 높이 치켜들고 마치 북을 두드리며 잃은 아들을 찾듯이 하는가? 그대는 사람의 본성을 어지럽히는구나.夫子亦放德而行 循道而趨 己至矣又何偈偈乎揭仁義 若擊鼓而求亡子焉 夫子亂人之性也"(「천도」)

2) 본성의 회복

덕은 원래 소박하며 허虛・정靜・명明한데 지식이나 욕망 그리고 사려분별하는 마음에 의해 가리워져 있다. 본성을 회복하는 것은 '근본으로 되돌아가서 처음의 상태를 회복하는 것(반본복초返本復初)'이며, 인간의 마음이 사물이나 사건에 끌려다니는 일을 돌이켜서 원래 상태인 덕으로 되돌아가는 것을 말한다. 본성을 회복하기 위해서 유가에서는 사학병진과 윤리적 실천을 주장하는데, 장자는 이를 정면으로 반박한다.(「선성繕性」) 인간이 도로부터 부여받은 덕을 회복하는 일은 개념적 사고나 지식의 습득으로는 불가능하다는 것이다. 그래서 '통발은 고기잡이에 쓰는 도구이니 고기를 잡으면 통발을 잊게 된다. 올무는 토끼잡이에 쓰는 도구이니 토끼를 잡으면 올무를 잊게 된다. 언어는 뜻을 표현하는 도구이니 뜻을 알면 언어를 잊게 된다筌者所以在魚 得魚而忘筌 蹄者所以在兎 得兎以忘蹄 言者所以在意 得意而忘言'(「외물」)고 하여, 도와 덕을 논함에 있어서의 언어의 한계성에 대한 통찰을 보여주고 있다. 언어는 구체적인 사물이나 사건 그리고 인간의 심리현상 등을 전달할 수는 있으나 그 모든 것을 가능하게 하는 덕을 전달할 수는 없다는 것이다.

장자는 공자의 제자 안회의 입을 빌어 본성을 회복하는 방법을 말하고 있다. 즉 '육신을 무너뜨리고 총명을 내쫓고 형체를 떠나며 지식을 버리고 대통과 함께 하는 것을 좌망이라고 합니다墮肢體 黜聰明 離形去知 同於大通 此謂坐忘'(「대종사」)라고 하는데, 이는 인의와 예락, 감각기관의 작용과 사고 작용을 멈추게 하고 무아의 경지에 몰입하는 것을 뜻한다. 이러한 방법을 좌망, 상아喪我 또는 무기無己라고 하며, 이를 통해 덕과 간격이 없는 경지, 즉 천인합덕의 경지에 이를 수 있다고 한다.

3) 성인聖人

장자는 이상적인 인간을 성인 이외에도 지인至人, 신인神人, 천인天人 등으로 표현하였다. 본성을 회복한 사람은 어떤 대상에도 얽매이지 않고 자유롭게 살아가는 데 이를 소요자재逍遙自在라고 한다. 이러한 자유에 대해 '만약 천지의 정을 타고써 육기의 변화를 다스려 무궁에서 노니는 자로서 그가 또 어디에 의존하겠는가?若夫乘天地之正 而御六氣之辯 以遊無窮者 彼且惡乎待哉'(「소요유」)라고 표현하고 있다. 의존하지 않는 자유, 즉 '무대無待의 소요'는 자신의 덕에 그대로 삶을 내맡김으로써 실현될 수 있는 것이다. 해서 '지인은 무기하며 신인은 무공하며 성인은 무명하다至人無己 神人無功 聖人無名'(「소요유」)고 한다. 즉 성인은 명예를 떠나고, 이익을 떠나고, 자기 존재마저도 의식하지 않는다는 것이다. 무기에 이르면 어떤 사물이나 사건에도 의존하지 않으며 어떤 일에도 얽매이거나 끌려다니지 않는 절대의 자유를 누리게 되는 것이다.

또 성인은 지식, 서약, 도덕, 기교에 의해 살아가지 않고 자기의 본성에 내맡겨 살아간다.(「덕충부」) 그래서 사람의 형체는 있으나 사람의 감정은 없다고 하는데, 이에 대해 '내가 말하는 무정이란 사람의 좋음과 싫음으로써 안으로 그 생명을 상해하지 않고 언제나 자연에 따르되 인위를 자연의 본성에 더하지 않는 것을 말한다吾所謂無情者 言人之不以好惡內傷其身 常因自然而不益生也'(「덕충부」)라고 설명하고 있다. 성인은 희·노·애·락·애·오·욕喜怒哀樂愛惡欲과 같은 감정을 다스림으로써 그로 인한 생명의 훼손을 막을 수 있다. 호오好惡의 감정이나 사려분별 작용으로 노심초사하는 것은 모두 자연의 본성에 군더더기를 덧붙이는 부질없는 짓인 것이다.

도교의 인간론

　중국의 민간신앙인 도교는 우리에게 낯선 것일 수 있지만 삼국시대부터 우리 역사에 등장하여 오랫동안 사상과 문화에 많은 영향을 끼쳐왔다. 고구려 영류왕 때, 당 고조가 도사道士를 파견하여 천존상을 보내고 『도덕경』을 강론하게 한 것(624)이 첫 기록이고, 그후 연개소문이 유교나 불교보다 도교를 우위에 두는 정책을 펴 반발을 사기도 하였다. 신라 하대에는 당나라 유학생들에 의해 양생법을 연마하는 수련도교가 유입되어 최치원 같은 지식인들이 주로 전수를 받아 도맥을 형성하게 되었다. 고려시대에는 주로 국가와 왕실의 소재초복消災招福을 기원하는 의례 중심의 과의科儀도교가 성행하여 복원궁(福源宮: 도교사원인 道觀)을 건립하고 재초(齋醮: 제단을 설치하여 제사지내고 재앙을 없애는 기도의식)를 수십 차례 시행하였다. 그리고 도교는 의학의 발전을 가져왔고 민간에서는 수경신(守庚申: 경신일에 밤을 새는 세시풍속)과 같은 풍습이 생겨나기도 하였다. 조선시대에는 과의도교가 성리학의 통치이념에 의해 쇠퇴하다 결국 왕실의 재초담당 관청인 소격서昭格署가 폐지되었다(1518). 그러면서 수련도교의 부흥을 가져왔으니, 한무외의 『해동전도록』 등 양생법과 단학을 강조한 저술이 대거 등장하게 된다. 그밖에도 성수신앙(星宿信仰: 북극성이나 북두성 등 별자리 숭배)을 받아 들여 민간에서는 칠성신앙이 생기고, 도교의 양생법은 이황 같은 성리학자들도 깊은 관심을 가졌으며, 허준의 『동의보감』에도 영향을 끼쳤다. 이곳에서는 도교가 교단으로 성립되기 이전의 민간신앙으로서 신선사상과 수많은 신격들의 내용을 살펴보고, 교단으로서의 전개와 변화과정, 그리고 『포박자』에 근거한 구체적인 양생법을 알아보도록 한다.

1. 도교의 배경

도교라는 용어는 원래 '도에 대한 가르침' 이라는 보통명사로 사용되었으며, 현대의 '종교' 에 해당하는 것이었다. 그래서 유교나 불교도 도교라는 호칭으로 부르기도 하다가, 북조의 무제가 조칙을 내려 도교와 불교 금지령을 내리고(573), '유교가 제일 앞이고, 도교가 그 다음이고, 불교가 제일 마지막이다' 라고 선언한 데서 도교의 명칭이 확정된 것으로 본다. 도교를 구성하는 데 신선설이 모태가 되었지만, 거기에는 양생술이나 연금술, 점성술, 무巫 등이 혼합되어 있는 것이고, 후에 그 이론적 배경으로 노자의 사상이 도입되었고 교리와 교단의 형성에는 불교의 영향도 받았다.

1) 신선사상

『사기』 「봉선서封仙書」(제작 기원전 109-91)에 보면 전국시대 말기(기원전 3세기)에 발해만에 인접한 연燕과 제齊나라에는 신선설을 주장하는 방사方士들이 무수히 나타나 제후의 신임을 얻으려 하였다는 말이 나온다. 또 '제나라 위왕과 의왕, 연나라 소왕 무렵부터 사람들에게 명하여 봉래蓬萊, 방장方丈, 영주瀛洲를 찾도록 했다. 이 삼신산三神山은 전하는 말에 따르면 다음과 같다고 한다.

발해 가운데 있어서 가까이 갈 수는 있지만 거의 그곳에 다다르자마자 배가 바람에 의해 멀리 밀려간다. 전하는 말에 따르면 '한 번 이 삼신산에 도달한 자가 있었다고 한다. 거기에는 선인仙人이 많이 살고 있으며 불사약도 있다. 그곳에 있는 것은 날짐승 · 들짐승에 이르기까지 전부 하얗고 궁전은 금과 은으로 만들어졌다고 한다. 사자의 배가 멀리서 삼신산을 보면 흡사 구름인 듯 하지만 가까이 접근하면 거꾸로 물 아래로 보인다. 점점 가까이 다가가면 어느새 바람이 불어 배를 멀리 밀쳐내므로 결국 그곳에 도착한 자가 없었다. 하지만 당시 군주들은 그러면 그럴수록 삼신산을 더욱 강렬하게 동경하였'고 기록하고 있다. 그러다가 진시황(재위 기원전 221~210, 진의 멸망 206)은 통일 이후에 방사 서복에게 명하여 수천 명의 동남동녀를 배에 태워 산동반도 앞바다로 삼신산을 찾아 보냈으나 실패하였다고 한다. 여기서 선인은 한나라 이전에는 '가볍게 날아 오른다'는 의미의 선僊을 사용하여 '선인僊人'으로 쓰였으며, '하늘 위를 가볍게 날아다니는 사람'을 뜻한다. 그런데 『장자』에 나오는 '막고사 산에 신인이 살고 있는데, 살결은 눈처럼 희고 부드럽기는 처녀 같으며 오곡을 먹지 않고 이슬을 마시며 구름을 타고 용을 몰아서 사해의 바깥을 노닐고 있다'(「소요유」)는 문장에서 말하는 신인神人은 선인을 연상시킨다. 또한 『한비자』나 『초사』, 『춘추좌씨전』등 전국시대 후기인 기원전 3세기의 문헌들에서도 '불사약'이라든가 '불사도'와 같은 용어가 등장하여 불사나 신선에 대한 생각이 당시에 널리 퍼져 있었다는 것을 알 수 있다. 그리고 신선이라는 말은 신인과 선인을 합친 말로 보인다. 신선은 불사의 존재이며 하늘 위를 나는 능력을 갖고 있는데, 이 신선은 선천적인 신적 존재이다. 사람들이 바라는 것은 신선이 갖고 있는 불사의 신약을 먹음으로써 신선과 같은 불사의 존재가 되고자 하는 것이다. 그리고 일제시대 민속학자이자 역사학자인 이능화(1869~1943)는 『조선도교사』에서 삼신산은 금강산, 지리산, 한라산이라고 주장한 바 있다.

진시황에 이은 신선설의 최대 신봉자는 한무제(재위 기원전 141~87)이다. 「봉선서」에 의하면 방사 이소군이 '사조곡도각로지방祠竈穀道却老之

方’을 주장하였다고 한다. 사조는 부뚜막신에게 제사 드리는 것이고, 곡도는 벽곡(辟穀: 곡식은 먹지 않고 솔잎이나 대추, 밤 따위를 조금씩 날로 먹음)을 말하며, 각로는 불로장생을 뜻한다. 그래서 부엌신에게 제사 지내면 귀신이 찾아오고, 귀신이 찾아오면 단사丹砂가 황금으로 변하며, 이 황금으로 식기를 만들어 사용하면 수명을 늘일 수 있으며, 수명이 늘면 봉래의 선인과 만날 수 있고 이때 태산에서 봉선을 행하면 죽지 않는다는 것이다. 이것을 행해서 성취한 이가 황제黃帝라고 한다. 여기서 우리는 신령을 부르는 무축巫祝, 단사를 사용한 연금술, 그리고 벽곡과 각로술이라는 양생법 등 다양한 요소들이 뒤섞여 있는 것을 볼 수 있다.

전국시대 말기부터 전한까지 황제와 노자를 합한 황노사상, 즉 도가사상이 크게 유행하였다. 이는 무위자연의 정치와 처세에 주안점을 두고 있어 신선설과는 거리가 있었다. 하지만 한무제가 등극하면서 유교를 통치이념으로 삼으면서 자유방임적인 황노사상은 쇠퇴하였다. 그래서 후한에 접어들면서 이름은 그대로 황노이지만 실제 내용에서는 신선설이 그 자리를 차지하여 불로장생을 바라는 것으로 변질되었다. 이를 기반으로 뒤에 태평도와 오두미도가 일어나게 되었던 것이다. 그런데 원래 노자의 사상은 장생불사를 지향하는 신선설과 매우 이질적인데도 불구하고 도교의 교조로 수용된 것은 매우 기이하게 보인다. 노자는 이렇게 말한다. "다만 자연에 의지함으로써 감히 인위적인 것을 하지 않는다.以恃萬物之自然而不敢爲"(「64장」)

2) 도상

노자가 황제를 대신하여 도교의 표면에 나타나게 되는 것은 오두미도와 같은 교단 결성이 활발하던 후한(기원후 25~220) 때이다. 노자는 태상노군太上老君이라는 최고신격으로 숭배되다가, 신의 계보를 처음 작성한 도홍경(陶弘景, 456~536)에 의해 원시천존元始天尊이 도교의 교주로서 최고신격을 차지하게 되면서 뒤로 밀려난다. 도홍경은 불교학을 연구해서 3동洞의 법문을 세우고 도교 수행자들의 학습절차를 확립하여 도교학의 조직체계를 완비한 도사이다. 그는『진령위업도眞靈位業圖』서두에서 선성仙聖의 품계를 바로잡고 위업을 바르게 나타내기 위해 이 책을 썼다고 하였다. 이곳에서는 수많은 진선眞仙을 제1 계위에서 제7 계위까지 분류하여, 각 계위마다 주존主尊을 두고 그 좌우에 많은 진선을 배치하고 있다. 여기의 진선들은 도교의 교리와도 밀접한 관계를 갖는다.

(1) 주존은 상합허도군응호원시천존上合虛道君應號元始天尊이다. 상합허도군은 천상계의 명칭이고, 원시천존은 이 세상에서의 이름이다. 그는 도교의 최고신으로서 3계界, 4종민천種民天, 3청경淸境 위의 대라천大羅天에서 늘 설법을 하고 있다고 한다. 3계는 불교에서 차용한 것으로 욕계(6天), 색계(18천), 무색계(4천)로 이루어진다. 4종민천은 태허무상상융천太虛無上上融天, 태석옥륭등승천太釋玉隆騰勝天, 용변범도천龍變梵度天, 태극평육가변천太極平育賈変天으로 구성되며, 수・화・풍 3재災가 가까이할 수 없는 정토이다. 3청경은 옥청玉淸, 상청上淸, 태청太淸을 말한다. 원시천존 좌우에 배열된 도군 등 진선들은 삼청경에 있는 옥청경에 살면서 원시천존의 명을 받든다.

(2) 주존은 상청고성태상옥신형황대도군上淸高聖太上玉晨玄皇大道君이다. 그는 상청경에 머물며 그곳을 다스린다. 이 계위의 좌우 뒤편에는 많은 여자 진인들이 배열된 여진위가 있고, 그 두 번째에 자허원군영사진사명남악위부인紫虛元君領上眞司命南嶽魏夫人이 있다. 여기서 원군元君은 여성신에게만 붙여지는 말로 남성신에게는 절대로 사용되지 않는다. 남악위부인은 본래 젊어서부터 신선술에 열중하여 83세에 신선이

되었다가(334), 30년 후에 내려와 상청경과 부적을 전하면서 상청파가 시작되었다고 한다. 이 두 번째 계위에 배열되어 있는 다른 진인들도 수행을 통해 선도를 완성한 존재들이다.

(3) 주존은 태극금궐제군성이太極金闕帝君姓李이다. 이 금궐제군은 두 번째 계위의 오른쪽에는 우성금궐제신후성현원도군右聖金闕帝晨後聖玄元道君으로 되어 있으며 이 세 번째 계위의 주존이기도 하다. 금궐제군은 도홍경을 중심으로 하는 상청학파에 의해 지위가 부여되었다. 이 계위의 좌우에는 역사상의 인물들이 대거 등장한다. 이름으로만 보자면 왼쪽에는 윤희(노자에게 부탁하여『도덕경』을 받은 인물), 갈현(갈홍의 할아버지의 형), 공자, 안회, 황제黃帝, 요, 순, 우, 그리고 오른쪽에는 장자, 노자 등이 배열되어 있다.

(4) 주존은 태청태상노군太淸太上老君과 상황태상무상대도군上皇太上無上大道君이다. 왼쪽에는 오두미도를 창시한 장릉 등 수많은 진인, 선인의 이름이 나란히 있다. 오른쪽에는 '장인丈人', '옥녀玉女', '사자使者', 태청오제의 자연신, 서복, 갈홍 등이 자리 잡고 있다.

(5) 주존은 구궁상서九宮尙書이다. 이는 직책명이며 성은 장씨이고 이름은 봉으로 되어 있다. 좌우에 있는 진선들도 직명이 결정된 경우와 아직 결정되지 못한 경우로 나뉘어져 있다.

(6) 주존은 우금랑정록진군중모군右禁郞定錄眞君中茅君으로 대·중·소 3모군茅君의 하나이다. 이 계위에는 지선地仙으로서 아직 직위가 결정되지 않은 사람이 많다.

(7) 주존은 풍도북음대제酆都北陰大帝로서, 도교의 지옥신 가운데 대표적인 존재이다. 그 좌위에는 맨 위에 북제상상진시황北帝上相秦始皇, 북제태부위무제北帝太傅魏武帝 같은 황제의 명칭이 열거되어 있으며, 이 계위에는 모두 75개의 직책이 있다. 도홍경의『진고眞誥』에 의하면 풍도북음대제는 나풍산(=풍도산)을 다스리며, 여기에는 6개의 귀신궁궐이

있다. 북풍귀왕, 즉 풍도북음대제는 이곳에서 죄인의 거처를 결정하며 염라왕이 여기에 살고 있다. 첫 번째 궁은 북음대제가 다스리는 절대음천궁으로, 사람이 죽으면 이 궁에서 자신의 행선지를 결정받는다. 두 번째 궁은 태살량사종천궁泰煞諒事宗天宮으로 살귀가 주인공이다. 급히 죽은 사람이나 문서가 확실하지 않거나 같은 이름을 가진 사람을 우선 검문하는 곳이다. 세 번째 궁은 명신내범무성천궁明晨耐犯武城天宮으로 현인이나 성인이 세상을 떠나게 되면 맨 먼저 여기로 데려와서 일을 준다. 네 번째 궁인 염소죄기천궁恬昭罪氣天宮에서는 길흉화복이 정해진다. 다섯 번째는 종령칠비천궁宗靈七非天宮이고, 여섯 번째는 감사연완루천궁敢司連宛屢天宮이다.

앞에서 본 신의 계보는 도사들이 공식적인 의식에서 인정하고 숭배하는 신격들이고, 그 외에도 송나라(960~1279) 이후 삼교일치의 입장을 근거로 삼는 민중도교에 나타나는 신격들이 있다. 민중도교란 명청明淸시대(1368~1644, 1636~1912)에 주로 발생한 것으로 오래 전부터 내려오던 권위적이고 신비적이며 주술적인 기성종교의 전통에서 벗어나 민중 스스로 만들어낸 신앙을 말한다. 이 시기에 유·불·도 삼교는 여러 가지 모습으로 사회와 결합하여 민중지향적인 경향으로 나아갔으며, 그 속에서 삼교사상을 전개하여 일반대중의 민간신앙을 풍요롭게 만들었다. 예를 들어 명말에 나온 삼교융합의 통속서 중의 하나인 『삼교원류수신대전三敎源流搜神大全』앞부분에는 '유씨원류', '석씨원류', '도교원류'의 그림과 이야기가 실려 있고, 다음에는 옥황상제 등 도교계통의 여러 신을 기록하고 있다. '삼교원류'라는 말이 사용되기 시작한 것은 만력萬曆황제(=신종, 재위 1573~1620) 무렵이라고 본다. 옥황상제, 잠녀蠶女, 조신竈神, 풍백신風伯神, 우사신雨師神, 수신水神 등의 이름이 여기에서 거론된다. 이외에도 백운관과 태산에서 숭배되는 신격들이 또 있다.

2. 교단의 성립과 전개

후한시대에는 황노학, 신선설, 참위서, 신비적 경향의 유교, 그리고 새로 들어온 불교 등이 뒤섞여 서로 영향을 주고받으며 민간신앙을 주도하였다. 후한이 멸망하고 삼국시대(220~280)를 거치며 극도의 정치사회적인 혼란이 야기되었고, 촌락공동체는 붕괴하여 땅을 잃고 유랑하는 사람들이 넘쳐났다. 그런 분위기에서 신앙과 종교 공동체에 의존하고자하는 사람들의 요구에 부응하여 일어난 것이 태평도와 오두미도이다.

1) 오두미도

태평도와 오두미도五斗米道는 각각 화북지역과 협서지역에서 활동하였는데, 먼저 태평도에 대해 알아보자.

태평도는 산동 출신의 간길干吉이 순제(126~144) 무렵 『태평청령서』에 의거하여 정사를 세워 사람들을 치료하면서 시작되었다. 그는 오나라 손권의 형인 손책에게 죽임을 당하고 쇠퇴하다가 장각張角이 나타나 태평도를 재건하게 된다. 장각은 장생불사를 구하는 황노의 도를 받들어 제자를 육성하고, 주술을 사용하여 병자를 치유하였고 과거의 죄를 반성하고 선행에 힘쓰도록 하여, 짧은 시간에 거대한 세력을 형성하였다. 장각은 이를 기반으로 하여 184년에 황건적의 난을 일으켰다가 실패하였으나 잔여 세력들이 저항을 계속하여 마침내 후한의 멸망에 결정적인 역할을 하였다.

이와 비슷한 시기에 장릉張陵이 창도한 오두미도는 장형과 장로가 계승하여 중국 서쪽지역에서 종교, 정치, 군사적인 지배권을 가지고 다스리다가 215년에 위나라의 조조에게 항복한 뒤에 쇠퇴하는 듯 보였다. 그러나 장로張魯에 의해 확립된 조직체계는 전국 각지에 도장을 세우며 세력을 넓혀나갔다. 그는 할아버지 장릉을 천사天師, 아버지 장형을 사사嗣師, 자신을 계사系師라고 하였다. 그래서 사람들은 오두미도를 삼장의 법이라고 불렀고, 이후에 천사도가 된 것이다. 그런데 '천사'라는 용어는 『태평경』에 나오는 것으로 태평도와 오두미도의 통합을 추측하게 한다. 진수(陳壽: 233~297)가 편찬한 『삼국지』 중에서 위나라의 역사를 기록한 『위지魏志』의 「장로전」에는 오두미도에 대한 간단한 소개가 있다. 병든 사람을 조용한 방에 두고 과거에 범했던 죄를 회개하게 한 뒤에 자신의 이름과 죄를 자인하는 글을 3통 쓰게 한다. 한 통은 산위에 놓아 천신에게 바치고, 한 통은 땅속에 묻어 지신에게 바치며, 또 한 통은 물에 던져 강의 신에게 바친다. 이들 세 신을 3관이라 부르므로 이 글을 삼관수서三官手書라고 한다. 또 여러 직책을 두었는데, 그중 제주祭酒는 신도들에게 『도덕경』을 가르치고, 간령姦令은 병자에게 주술적인 치료를 행했다고 한다. 그리고 도로 곳곳에 의사義舍라는 숙박소를 지어 쌀과 고기를 두고 여행자들이 무료로 먹게 하였다. 가르침으로는 성誠을 가지고 남을 속이지 않는 것을 신조로 하며, 장로가 『도덕경』의 주석서인 『노자상이주老子想爾注』를 썼다고 전한다. 이 책은 노자의 등장 없이 신도의 생활규범을 중심으로 서술되어 있고, 제사나 기복 또는 방중술 등은 부정되며, 신선사상도 나타나지 않는다.

2) 천사도

오두미도가 천사도라는 이름으로 불리게 된 시기는 황건적의 난이 진정되고 태평도 교단이 소멸된 3세기 초엽으로 추정한다. 삼국시대를 진(晉, 265~316)나라가 평정하였으나 4세기 초엽에는 중국 북쪽에 있던 흉노족 등 5개 변방민족들이 화북지역으로 침입하여 한족과 각축을 벌였던 5호 16국(304~439)의 전란시대로 들어선다. 수(隋, 581~618)나라가 5호 16국 시대에 이은 남북조시대(439~589)의 혼란을 진정시키고, 서진이 멸망한 후 분열되었던 중국을 재통일하기 까지는 약 300년이 걸렸다. 이러한 혼란기에 강남에 동진왕조가 들어서자 많은 천사도 신자들이 남하하여 세력을 남쪽으로 확장하였다. 이후 천사도는 남북조시대 동안 도교를 대표하였고, 우여곡절은 많았지만 아무튼 오늘날 장천사의 64대손이 대만에 있음으로써 이 교단의 정통성을 말해준다고 하겠다.

남쪽으로 이주한 천사도 신자들은 정치적으로 연루되는 일이 많아졌지만 북방에 남았던 천사도에서는 북위(386~534)의 도사 구겸지(寇謙之, 365~448)에 의해 새로운 혁신운동이 일어났다. 그것은 불교가 점차 중국에 뿌리를 내리며 유가나 도가와의 교섭이 왕성해진 데 기인한다. 불교와 대적하기 위해서는 종래의 치병을 중심으로 하는 주술적인 수준을 벗어나 종교적인 내용과 체제를 갖추어 대항해야 했기 때문이다. 그래서 그에 의해 제창된 것이 신천사도이며, 이에 대해서는 『위서魏書』의 「석노지釋老志」에 상설되어 있다. 구겸지는 젊어서부터 수행을 계속하던 중 돌연 태상노군이 하강하여 다음과 같이 교시하였다.

숭산의 구겸지는 천사의 지위를 받기에 마땅하여 그 지위와 함께 『운중음송신과지계雲中音誦新科之誠』를 하사한다. 이 경계經誠를 세상에 널리 펴서, 도교를 청정하게 하고, 쌀로 세금을 받거나 남녀합기의 방중술을 가르치는 등의 잘못된 법을 바로잡고 도교를 개혁하라. 또 대도는 청허해야 하며, 예도를 중시하고, 복약과 명상을 수행하라. 그리고 태상노군을 수행해온 사람으로부터 호흡법, 안마법, 식이법 등 장생술을 배워 몸 안의 기가 왕성해져 몸이 가벼워지고 안색은 청년같이 윤기가 돌게 되었다고 한다.

이후 구겸지는 조정에 들어가 도교가 북위의 국교가 되도록 힘써 일시적이나마 결국 성공하였는데, 북위 정권이 유목민족인 선비족이었던 것이 큰 이유일 것으로 본다. 전통적인 유교이념에서의 천명을 대신하여 도교적인 천명이라는 명분이 주어졌기 때문이다. 아무튼 도교가 국가종교가 되면서 폐불정책(446)이 시행되어 불교에 대한 전국적인 탄압이 격렬하게 전개되었다. 그러나 구겸지의 갑작스런 병사로 인해 불교는 곧 다시 복권되었지만 도교의 영향력은 이후에도 지속되었다. 북위에서 신천사도가 성립하고 약 반세기 쯤 지났을 때 강남에서는 모산茅山을 중심으로 하는 상청파가 나타나 활약하게 된다. 상청파의 가르침은 도홍경에 의해 대성되었다고 전해진다.

3) 전진교

5호 16국 시대와 남북조시대를 지나 수나라의 짧은 통치기간을 거쳐 당(唐. 618-907)나라가 들어서게 된다. 도교는 오랜 사회적 혼란기와 정권과의 밀착, 불교와의 경쟁 등을 겪으면서 남북의 여러 파들 사이에는 교리적 조직적 일체감이 싹트게 되었다. 그러다가 통일왕조가 들어서면서 도교교단이라고 할 수 있는 실체가 모습을 드러내게 된다. 수나라는 도교의 연호를 사용하고 국립종교연구소인 현도관玄都觀을 설립해 도교와 불교의 부흥을 꾀했고, 당나라에서는 노자의 성이 이李라는 것으로 인해 노자를 왕조의 선조로 삼아 공식적으로 숭배하였다. 특히 당태종은 궁중의식을 행하며 도사를 앞자리에, 승려를 뒷자리에 배열하여 노자를 가문의 시조로 모시고 예우하는 시책을 확고하게 하였다(637). 또 도홍경의 교학을 계승한 상청파의 도사 왕원지에 대한 믿음이 두터워 모산에 태평관을 건립하기도 했다. 왕원지는 신천사도의 본거지인 숭산에서 수행한 적도 있기 때문에 남북 도교를 통합하기에 적합하였고, 그후 상청파와 천사도는 도교의 주류를 형성하며 양립하게 된다. 아무튼 당나라 도교는 황실의 비호아래 국가종교로서의 성격을 강하게 지니게 되어, 황실의 안녕이나 국가의 평안을 기원하는 의례인 수많은 재초齋醮가 제도화되었다. 그와 함께 주문이나 부적, 금단을 중심으로 하는 각종 양생술도 인기가 높았다. 그러나 이러한 모습은 도교 본래의 민중구제라는 사명을 벗어난 것이라고 볼 수 있다.

당나라가 망하고 5대(代, 907~960)를 거쳐 송(宋, 960~1279)이 건국되는데, 송나라의 종교정책은 당나라와 크게 다르지 않았다. 일반적으로 송나라에서는 유·불·도 삼교가 상대의 뛰어난 점을 받아들여 자기가 믿는 종교의 내용을 풍성하게 하는 특징이 있었다. 그러한 분위기가 송대의 주자학을 만드는 밑거름이 되었던 것이다. 또한 삼교일치론이나 삼교귀일론이 크게 유행하기도 하였다. 그러나 만주의 말갈족인 여진족이 송나라를 남쪽으로 몰아내고 세운 금(金, 1115~1234)나라 시대에는 도교에 큰 변화가 있었다. 금나라와 남송(1127~1279)이 대치하며 전란과 기근에 시달리며 사람들이 서로 잡아먹는다고 할 정도로 극도의 황폐해진 상황에서 도교는 중생구제의 원래 모습을 찾기 시작하였다. 그래서 태일교太一教, 진대도교眞大道教, 전진교全眞教, 정명도淨命道 등 신도교가 등장하게 되었다. 이후 원(元, 1271~1368)에서는 정일교正一教로 이름을 바꾼 천사도와 전진교가 특히 우대를 받았으며, 이들 교단은 명(明, 1368~1644)과 청(淸, 1589~1912)에서도 각각 강남과 강북을 대표하였으며 현재까지도 지속되고 있다. 여기에서는 전진교에 대해 간략히 살펴보도록 한다.

전진교의 개조는 왕중양(王重陽, 1112~1170)이고, 이후에 동화제군, 종리권, 여동빈, 유해섬과 함께 종조로 받들어진다. 그의 『입교십오론』에는 전진교의 기본적인 가르침이 담겨 있으며, 그 특징은 다음과 같다. 첫째, 삼교동원三教同源사상이다. 그는 삼교금련회나 삼교옥화회와 같은 종교결사를 만들었는데, 모두 앞에 유·불·도를 뜻하는 삼교를 붙이고 있다. 또 『반야심경』, 『효경』, 『도덕경』, 『정경』 등을 읽도록 했으며, 삼교는 모두 솥의 세 다리와 같고 같은 뿌리에서 나온 것이라고 가르쳤다. 둘째, 대승불교에서 특히 선禪불교를 수용하고 있다. 출가나 운유雲遊, 불립문자, 타좌打坐, 책이나 문자에 매이지 말 것 등이 거기에 해당한다. 그리고 불교처럼 계율과 청규淸規도 있었다. 그리고 도사의 수행을 진공眞功과 진행眞行으로 나누었다. 진공은 청정을 유지하면서 마음을 안정시켜 본성을 연마하는 내적 수련을 가리키며, 진행은 덕을 쌓고 가난과 환란으로 고통 받는 사람들을 구제하는 것이다. 셋째, 종래의 도교가 중시했던 부적이나 주술, 신선이 되기 위한 금단을 중심으로 하는 양생술을 배척한다. 도인, 벽곡, 방중술 등을 거부하는 것이다. 그래서 징기스칸이 전진교 도사 구장춘에게 장생약이 있느냐고 물었을 때, 위생의 방법은 있으나 장생약은 없다고 대답했다고 한다.

3. 양생술養生術

신선사상은 전국시대에 등장하여 한 대에는 연금술, 벽곡, 도인술 등의 양생술과 더불어 유행하였는데, 동진시대 초기에 후한 이래의 명문가 집안 출신인 갈홍(葛洪, 283~363)이 『포박자抱朴子』를 지어 집대성하였다(317). 포박자는 신선술을 담은 내편과 유교의 이념을 설한 외편으로 이루어져 있다. 내편의 중심내용은 수명을 늘여 오래 사는 것과 재난을 없애고 병을 치료하는 것뿐만 아니라 불로장생약인 금단金丹을 제작하는 것이다. 그러나 갈홍은 선인이 되려면 먼저 계율을 지키고 자비를 베풀며 공덕을 쌓지 않으면 안 된다고 역설하고, 그 구체적인 덕목들을 제시하였다.

1) 연금술鍊金術

전국시대에 불로장생약을 찾아다니거나 만들려고 했던 사람들을 방사方士라고 한다. 그중에서 추연은 음양오행설을 체계화시킨 것으로 유명한데, 이 설은 중국의 우주론과 생리학의 근본이 되었으며, 원소변환을 목적으로 하는 연금술에도 적용되었다. 연금술이 최고조에 달했던 왕조는 당나라로서, 당의 수많은 황제들이 연금술로 만든 장생약을 먹고 단명하였다. 이러한 시행착오 끝에 송나라에서는 자기 몸의 힘을 이용하는 방법인 양생법에 치중하게 되었다. 그러나 연금술의 부산물로서 화약의 발명이라든가 의학과 약학의 발달을 가져온 것도 사실이다.

연금술은 우주 자연의 변화의 법칙인 음양오행설에 근거한 것이다.

음양은 생명의 원질인 에너지인 기氣이고, 이를 분석하면 5행이라는 원소가 된다. 5행은 목·화·토·금·수로서, 이들은 유기적으로 작용한다. 목은 화를 낳고, 화는 토를 낳고, 토는 금을 낳고, 금은 수를 낳으며, 다시 돌아서 수는 목을 낳는다. 이러한 관계를 오행상생五行相生이라고 한다. 그리고 목은 토를, 금은 목을, 화는 금을, 수는 화를 이기며, 다시 돌아서 토는 수를 이기는데, 이 목·화·토·금·수의 관계를 오행상승五行相勝 또는 오행상극五行相克이라고 한다. 이렇게 5행의 기는 인체나 우주만물 안에서 서로 얽혀 변화해 간다. 이런 변화의 섭리가 연금술의 근본원리가 되어 일반 금속을 금으로 바꿀 수 있다는 발상을 한 것이다.

연금술에서 가장 중요한 재료는 수은과 유황, 천연화합물인 선홍색의 단사丹砂인데, 이는 진주산이 유명하여 진사辰砂라고도 한다. 단사cinnabar, HgS를 가열하면 분해되어 수은이 되는데, 이들은 오래전부터 병을 고치고 기를 강화시키는 의약품으로 사용되어 왔다. 그런데 포박자에 '단사는 태우면 수은이 되고 거듭 변하여 다시 단사로 되돌아간다'고 하였는데, 문제는 다시 단사로 되돌아 간다는 것이다. 단사를 공기 중에서 가열하면 산소가 첨가되어 황과 수은이 분리되는데, 이 수은을 또다시 공기 중에서 가열하면 산화 제2수은HgO이 된다. 이때 생긴 산화수은은 외견상 황화수은, 즉 단사와 매우 비슷하기 때문에 본래의 단사로 되돌아간 것으로 오해했던 것이다. 그래서 단사에는 원래 모습으로 되돌아가려는 성질이 있고 불멸하는 것으로 생각하였고, 연금술의 과정을 거쳐 만들어진 것을 환단還丹이라고 하며 가장 좋은 선약이라고 하였다. 그러니 불로장생의 영약인 환단은 실제로는 산화 제2수은이고 독극물인 것이다. 그리고 단사와 수은은 금으로 연성할 수 있다고 보았고, 환단과 금金丹은 항구성이 있으므로 이를 복용하면 인체는 불로불사를 얻을 수 있게 된다고 하였다. 이러한 연금술의 주술적인 사고는 송나라 때부터 합리적인 연단술로 발전된다.

또한 연금술은 생명의 연장과 관련되므로 인체에 대한 연구도 활발하였다. 중국의학의 집대성인 『황제내경黃帝內經』(기원전 1세기 편찬)에 의하면 음양의 2기와 5행의 요소가 맥을 타고 신체를 돌아 인간이 생기를 갖게 된다고 한다. 생기를 키우는 것은 호흡과 음식인데, 호흡을 통해 우주의 기를 흡수하고 음식은 혈액이 되어 신체를 순환한다고 하며, 이 혈과 기가 생명의 2대 요소라고 한다. 연금술과 관련되는 것은 피를 만드는 음식이며, 음식 중에서 가장 중요한 것은 약이라고 한다. 그런데 연금술에서는 음식의 기본인 곡물을 피하는데[辟穀], 이는 곡물이 찌꺼기를 몸에 축적시켜 무겁게 하기 때문이라는 것이다. 그래서 최상의 약으로 금단대약金丹大藥을 들고 있다. 신선이 되기 위해서는 세 가지가 필요한데 그것은 성의 절제를 말하는 보정寶精, 깊은 호흡법인 행기, 그리고 대약이라고 하며, 그중에서도 연금술로 얻은 금단대약이 불로장생의 결정적인 열쇠라고 강조한다.

2) 도인술導引術

한나라 말기의 명의 화타(華佗, ~208)는 양생술에도 정통하였다. 그는 '사람의 몸은 운동시키는 것이 바람직하다. 다만 극도로 시켜서는 안 된다. 신체를 움직이면 체내의 곡물의 기가 소비되어 혈맥의 유통이 잘 되며, 질병이 생기지 않게 된다. 대문의 빗장이 잘 썩지 않는 것과 같다'고 하며, 오금희五禽戲를 제창하였다.(『후한서』「화타전」) 오금희는 호랑이, 사슴, 곰, 원숭이, 새의 동작을 모방하여 신체를 잡아당기고 관절을 움직이는 운동이다. 후에 도홍경은 『양성연명록養性延命錄』에서 오금희에 대해 자세히 설명하고 있다. 그리고 이러한 도인술은 호흡법과 함께 행해지는 것으로 전해진다. 가령 오래된 문헌인 『장자』에서도 '찬 기운을 들이쉬고 탁한 공기를 내쉬고, 더운 기운을 토하고 신선한 공기를 마시며, 곰이 나무에 매달리거나 새가 두 다리를 펴듯이 하는 운동은 장수하게 한다'(「각의편」)는 글이 나온다. 운동과 호흡을 밀접하게 연관시키는 이러한 묘사는 후세의 양생술 관련서적에서도 이어지고 있다.

전한시대의 무덤인 마왕퇴에서 발견된 '도인도導引圖'에는 44가지의 도인하는 모습이 그려져 있고(기원전 168년 이전), 이렇게 도인을 그림으로 표현하는 전통은 '포박자', 도홍경의 '도인양생도', 『수서隋書』「경적지」, 『태청도인양생경』, 명나라 때의 『적봉수』, 청대의 『내공도설』, 『만수선서』(1832) 등으로 이어지고 있다. 도인은 다른 장생술과 마찬가지로 대부분 스승이 제자에게 비공개적으로 비밀스럽게 구전하기 때문에 도인의 실제 모습을 재현하기는 매우 어렵다. 그래서 도인도는 우리에게 도인의 구체적인 동작을 보여주는 귀중한 자료가 되는 것이다.

3) 행기법行氣法

호흡법과 관련하여 포박자에서는 '무릇 사람은 기 속에 있고 기는 사람 속에 있다. 천지로부터 만물에 이르기까지 기에 의해 생기지 않은 것이 없다. 그러므로 기를 돌리는 방법을 잘 아는 자는 안으로는 나의 몸을 건강하게 하고, 밖으로는 사악함을 물리친다'고 말하고 있다. 또 기를 충분히 사용하면 병을 다스리고 장수할 수 있을 뿐만 아니라 둔갑술을 써서 사물이나 짐승의 위험도 다스릴 수 있다고 설한다. 천지간에 충만한 기가 인체의 근원이기 때문에 그 기를 길러 몸을 보전할 수 있다는 것이다. 그래서 맑고 신선한 기를 몸속으로 받아들이고 몸속에 있던 오래되고 탁한 기를 토해내는 것[吐故納新]이 호흡법의 기본이다. 실제로 호흡법은 시대나 교파, 도사에 따라 매우 다양하여 수십 종에 이르고 있다. 그중 한 가지 예를 들어보자. 20세기 초반까지 실제로 중국에서 행했던 일로, 도사 입문과정에서 호흡시험을 보는 과정이다. 입문 식장에서 영도사가 입문자를 향해, '숨을 들이쉬시오'라고 말하면 입문자는 코로 조용히 숨을 들이마신다. 또 '느리게 걸으시오'라고 하면 입문자는 보통 걸음으로 80보쯤 나아간다. 그리고 '걸음을 멈추시오'라고 말하고, 이어서 '숨을 토해내시오'라고 하면 입문자는 숨을 토해낸다. 이것이 행기를 전문으로 닦으려는 도사가 치르는 시험이었다.

호흡에 대한 오래된 기록으로는 『장자』를 들 수 있다. "옛날의 진인은 … 그 숨을 깊게 했다. 진인의 호흡은 발뒤꿈치까지 이르고, 보통사람의 호흡은 목구멍에 머물고 만다."(「대종사편」) 이는 상징적인 서술이 아니라 당시에 실제로 행해지고 있던 신선가의 호흡법을 묘사한 것이다. 그리고 호흡을 할 때 그 소리가 귀에 들릴 만큼 거칠어서는 안 된다. 가늘고 길게 천천히 행하는 것이 중요하다. 『포박자』에서는 갈매기의 깃털을 콧구멍 밑에 놓고 숨을 들이쉬고 내쉴 때 털이 움직이지 않게 해야 한다고 강조한다.

갈홍은 최고의 호흡법으로 태식법胎息法을 드는데, 그것은 태아가 입과 코를 사용하지 않고 모태 속의 내기內氣를 호흡하는 것처럼 하는 것을 말한다. 태식의 요체는 태아의 상태로 돌아가 자궁의 배양법을 따르는 것이다. 송대의 도교교학 개설서라 할 수 있는 『운급칠첨雲笈七籤』에서는 태식법에 대해 '태아가 어머니의 태중에 있는 것처럼 스스로 내기를 마시며 손을 굳게 쥐고[握固] 하나를 지키는 것[守一]'이라고 설명하고 있다. '악고'는 갓난아이가 손을 꽉 쥐고 있는 모습으로, 네 손가락으로 엄지손가락을 누르며 잡는 것이며, '수일'은 몸속에 있는 '일'이라는 신을 한 마음으로 생각하는 것을 말한다. 『포박자』에서는 몸속의 모든 신을 보기 위해 내시內視, 즉 내관內觀하는 방법은 무수히 많지만 '수일법'을 알면 중요한 것은 끝난다고 한다. 그리고 '일'의 위치에 대해는 배꼽 아래에 있는 하단전下丹田, 명치 끝에 있는 중단전,

양 눈썹 사이에 있는 상단전을 들고 있다.

그리고 도인, 행기와 함께 병용되는 장생술로서 이빨을 무는 고치叩齒=啄齒와 침을 삼키는 연진嚥津=咽液이 있다. '고치'는 이를 강하게 하는 방법으로 매일 규칙적으로 이빨을 꼭꼭 무는 것을 말한다. 횟수에 대해서는 문헌마다 수십 번에서 수백 번까지 다양하다. '연진'은 혀를 움직여 입 속에 침을 분비시켜 삼키는 것을 가리킨다. 『양성연명록』에서는 이렇게 말한다. "사람을 소모시키는 것은 정액, 침, 눈물, 콧물, 땀, 오줌이다. 사람이 하루 종일 콧물과 침을 뱉지 않고, 혀로 입안을 양치질하여 입에 침이 가득차면 그냥 삼키든가, 대추씨를 입에 물고서 삼키게 되면 기를 소중히 할 수 있다. 매일 아침마다 이빨을 36번씩 물되 300번까지 할 수 있으면 더욱 좋다. 그러면 이빨이 단단해져 치통이 생기지 않는다. 다음으로 입속의 진액을 혀로 이리저리 양치질하여 입에 가득 채운 뒤 삼킨다." 이러한 고치인액법은 한나라의 출토품에서도 발견된 것으로 보아 꽤 일찍부터 신선술로 행해졌던 것으로 보인다.

4) 방중술房中術

『포박자』에서는 방중술에 대해 '이에는 10여 개의 파가 있으며, 방중술로 정력을 보강하고 질병을 치료하며 목숨을 더하기도 하지만 그 요체는 정精을 되돌려 뇌를 보충하는 것이다[환정보뇌還精補腦]'라고 말한다. 즉 교접하되 사정射精하지 않음으로써 정기가 새어나가지 않고 뇌로 돌아가게 한다는 것이다. 그러나 전적으로 누설하지 않으면 오히려 오래된 기가 정체되어 몸을 손상시킬 수 있으므로 연령에 따라 사정하는 방법이 여러 가지로 논해지고 있다. 원래 방중술은 신선가에서 행한 불로장생의 양생법으로, 스승에서 제자로 직접 전승되며 목숨을 걸고 행해졌던 비방이었다. 그래서 '이 법은 선인이 전수한 것으로서 모두 피를 마셔 맹세했으니, 함부로 전해서는 안 되는 법이다. 아니면 몸에 재앙을 만나게 될 것이다'라고 『옥방지요玉房指要』에서 경고하고 있는 것이다. 그러나 후세에는 점차 음란하고 외설적인 것으로 변질되어 갔다. 심지어 도관에서도 남녀교합의 기술을 가르쳤으며, 이것으로 재앙을 면하고 수명을 늘일 수 있다고 사람들을 현혹하여 부부교환의 난교가 행해지기도 했다. 이런 불순한 방중술을 '황서黃書'라고 했는데, 은어로 '황적黃赤의 도', '혼기混氣의 법'이라고도 불리며 점점 삿된 길로 빠져들었다. 그러나 『한서』「예문지」의 '방기략方伎略'에 나오는 다음의 말은 방중술의 진정한 의미를 보여주는 것이라고 할 수 있다. "방중하는 것은 정성情性의 극치요 지극한 도의 끝이다. 그래서 성왕은 밖으로 드러내고 싶은 쾌락을 억제하고, 안으로 심해지는 정욕을 금하여 그것을 절제하는 것이다. 즐기는 데 절도가 있으면 마음은 평온해지고 장수할 수 있다. 즐거움에 미혹되는 자는 그 도리를 돌아보지 않기 때문에 병을 얻어 생명을 잃어버리게 된다."

불교의 인간론

1. 시대적 배경

인도에는 고대부터 여러 종족들이 이주해 들어와 다양한 문명을 발달시켰다. 최초기에는 아프리카에서 네그로이드Negroid인이 이주하였고, 다음으로 오스트로 · 아시아계 사람들이 들어와 현대 중인도의 콜족, 문다족, 아삼지역의 카시족, 벵갈의 산탈족의 조상이 되었다. 미얀마와 타일랜드의 몬족, 캄보디아의 크메르족도 같은 계통에 속한다. 그후에 유입된 사람들이 지중해와 소아시아에서 온 드라비다Dravida인으로 현대의 남인도인은 주로 이 계통에 속한다. 현재 이들이 인더스 문명(기원전 3000~2000)의 주역이고, 메소포타미아의 수메르 문명과도 관계가 있는 것으로 추정하고 있다. 이 문명의 실체는 1921년과 1922년의 하라파와 모헨조다로의 발굴로 드러나게 되었으며, 그 유물은 힌두교와의 연관성을 보여주고 있다. 아리안족이 서북인도의 인더스 강 상류 판잡Pañjāb: 5河 지역에 침입한 시기는 대체로 기원전 15세기 이후로 보고 있으며 바라문교의 성립은 이들의 등장과 함께 한다. 그후 기원전 4세기의 알렉산더 왕의 인도원정을 계기로 하여 그리스와 서아시아인들이 인도로 들어오고, 기원전 1세기에는 사카족(塞族: 이란계 유목민족으로 스키타이인 또는 사카이라고 불리며, 신라인의 선조로 추정하기도 한다)이 인도에 정착하며, 기원후 1세기에는 중앙아시아의 쿠샤나족月氏族 중의 貴霜族이 인도에 쿠샨왕조를 수립한다. 힌두교는 다양한 인종과 문화가 수세기에 걸쳐 서로 뒤섞이면서 만들어낸 인도에서 탄생한 모든 종교를 가리킨다.

1) 바라문교

흑해와 카스피 해 사이의 카프카스(Kavkaz, Caucasus: 지금의 아제르바이잔, 아르메니아, 그루지아) 지역에 살던 아리안족이 남하하여 일부는 지금의 이란에 남고 일부는 힌두쿠시 산맥을 넘어 인더스 강 상류에 살던 문다족, 드라비다족 등 원주민을 정복하고 정착하였다. 이들 사회는 무사계급과 사제계급, 그리고 일반대중으로 구성되었다. 그리고 정복 후에는 피정복민인 원주민을 다사dāsa라고 하여 노예계급으로 편성하며, 뒤에 카스트제도로 발전하게 된다. 아리안족은 인도에 들어온 후 점차 동진하여 기원전 1000년에서 500년 사이에는 갠지스 강과 야무나 강 유역까지 진출하며, 이때 이후의 인도문화를 결정짓는 여러 제도가 확립된다. 바라문교를 특징짓는 것은 3가지 방면으로 생각할 수 있는데, 그것은 베다를 절대적으로 신성하게 믿는 것과 공희供犧를 중시하는 것, 그리고 카스트에 대한 믿음이다.

(1) 베다

베다Veda는 알다vid라는 말에서 온 것이다. 여기서 안다는 것은 종교적인 지식을 아는 것을 뜻하며, 아리안족의 종교적 지식을 모아서 기록해 놓은 성전을 '베다'라고 한다. 베다에는 신들을 제사장으로 초빙하여 찬양하는 노래를 모아놓은 '리그베다ṛg veda'와 '사마베다sāma veda', 공물을 바치는 방법을 설명한 '야주르베다yajur veda', 그리고 뒤에 첨가된 기복양재祈福禳災의 주법呪法을 담은 '아타르바베다atharva veda'가 있다. 그리고 각 베다는 4가지 부문으로 구성된다.

첫째는 '상히타(saṃhitā, 본집)'이다. 보통 베다라고 하면 이 부분을 가리키며 찬가, 가사歌詞, 제사祭詞, 주문 등의 만트라로 이루어져 있다. 둘째는 '브라흐마나brāhmaṇa, 祭儀書'이다. 여기에는 제사의 방법, 제식의 기원과 의의, 신화나 전설 등이 기재되어 있다. 셋째는 '아란냐카 āraṇyaka, 森林書'이다. 숲속에서 스승이 제자에게 비밀스럽게 전하는 가르침을 담고 있다. 넷째는 '우파니샤드upaniṣad, 奧義書'이다. 베다의 끝 부분이라 하여 베단타vedānta라고도 하며, 우주만물의 철학적 원리를 노래하고 있다. 이들을 하늘이 계시한 것이라 하여 천계서天啓書, śruti라고 하며, 기원전 1200년부터 500년 사이에 점차적으로 제작된 것이다.

베다문헌 중에서 가장 오래되었으며 초기 아리안족의 종교와 신화 그리고 생활상을 전하는 중요한 기록인 『리그베다』에는 수많은 신deva들이 등장한다. 천天·공空·지地 3계에 거주하는 일체신을 33천 또는 33신이라고 표현하고 있다. 불교에서 도리천忉利天이라고 하는 것은 이 33천trāyāstriṃśās을 음역한 것인데, 이곳의 주신은 인드라 신이다. 인드라indra는 아리안족의 수호신으로 리그베다에서 악마를 퇴치하는 데 가장 활약이 많은 중요한 신이다. 인드라는 이후에 불교의 수호신이 되어 제석천帝釋天, 釋提桓因, śākara devānām indra으로 불린다.

베다에 등장하는 빈도순으로 신들을 열거하면 다음과 같다. 번개의 신 인드라, 불의 신 아그니agni, 술의 신 소마soma, 여명과 황혼의 쌍성雙星 아슈빈aśvin, 법의 신 바루나varuṇa, 새벽의 여신 우샤스uṣas, 태양신 사비트리savitṛ, 기도의 신 브리하스파티bṛhaspati, 유지의 신 비쉬누viṣṇu, 폭풍의 신 루드라rudra, 언어의 신 바츠vāc 등 수없이 많은 신들이 찬양되고 있다. 여기에는 자연현상을 신격화한 것도 있고, 제사의식의 구성

요소나 추상적 관념, 또는 동·식물이나 초자연적 힘을 가진 것을 신으로 숭배하기도 한다. 이러한 신들 사이에는 우열이나 차등이 없으며 희구하는 바나 필요에 따라 제장에서 자유롭게 교체될 수 있다. 그리고 리그베다 후반부에는 신의 존재에 대해 회의적이거나 철학적인 찬가들이 등장하여 세계의 근원적 원리에 대한 탐색의 모습을 보여주고 있다. 그래서 비슈바카르만(viśva karman: 일체의 창조자)이나 브라흐마나스파티(brahmaṇaspati: 브라흐만의 주인 또는 기도주), 히란냐가르바hiraṇya garbha: 황금의 胎, 푸루샤puruṣa: 原人 등의 인격신이나 바츠, 타파스tapas: 熱力와 같은 추상적 원리로부터 우주가 창조되었다는 노래가 읊어지고 있는 것이다. 이렇게 만유의 근원을 찾으려는 노력은 중성적 원리인 '유일자tad ekam'에 도달하여 범신론적 사색의 절정을 보여주고 있다. 유일한 실재로부터 마음작용manas과 의욕kāma과 열역이 나옴으로써 세계의 창조가 이루어졌다는 것이다. 여기서 '저것tad'은 이후 브라흐마나와 우파니샤드를 거치며 우주의 근본원리나 궁극적 진리를 가리키는 중요한 개념으로 자리잡는다.

(2) 공희供犧, yajña
'브라흐마나'에서 바라문婆羅門, brahman, brāhmaṇa은 신에게 봉사하는 사제가 아니라 주력으로 신들을 부리는 주술자이다. '아타르바 베다'의 제관인 바라문이 이러한 변화의 주역을 담당하였다. 주술을 담당하는 바라문은 원래 다른 3베다의 제관들보다 낮은 직책으로 간주되었다. 바라문은 베다찬가에 표현된 음성이나 언어에 감추어져 있는 주력인 '브라흐만'에서 유래하였다. 즉 주술적인 힘을 구사하는 사람이 바라문 제관인 것이다. 이들은 다른 제관들을 능가하여 제식 전반을 통솔하는 지위에 올랐으며, 점차 제사에 참여하는 제관들을 모두 바라문이라고 부르게 되었다.

그리고 주술의 중심인 브라흐만은 우주만물을 창출하는 근원적인 힘, 만물의 지배자, 우주에 편재하는 근본원리로도 생각되었다. 또 프라나(prāṇa, 호흡, 生氣), 사트(sat, 有), 악사라(akṣara, 不滅), 아트만(ātman, 자아) 등도 우주의 최고원리로 간주되고 있다.

(3) 카스트caste

이 용어는 16세기에 인도를 여행한 포르투갈인 들에 의해 처음으로 인도 사회에 적용되었다. 인도어에서 카스트에 해당하는 말은 자티(jati, 출생)이다. 인도에는 3,000여 개의 카스트와 2,500여 개의 하부 카스트가 있다고 하며 이들 카스트의 구성원은 수백 명에서 100만 명에 이르기까지 다양하다. 카스트의 특징은 3가지가 거론된다. 첫째, 족내혼으로서 결혼은 동일 카스트 사이에 이루어져야 한다. 둘째는 직업의 세습이다. 특정 카스트가 특정 직업에 종사하고 있는 것이 일반적 현상이다. 셋째는 공동 식사이다. 같은 카스트에 속하는 사람끼리만 식사할 수 있다. 그리고 최하위 카스트에 속하는 사람을 불가촉천민이라고 한다. 간디는 불가촉천민을 하리잔(harijan: 하리 비쉬누 신의 자녀들, 또는 간단하게 신의 자녀들)이라고 불렀으며, 이들의 해방을 위해 활동하기도 했다. 이들은 전통적으로 직업이 더러운 일과 관련되어 있으며, 가령 어부, 소를 죽이거나 죽인 소를 치우는 일 또는 가죽무두질을 하는 사람들, 똥·오줌·침 등 인체의 배설물과 관련된 일을 하는 사람, 청소부나 세탁부, 쇠고기를 먹거나 집돼지·닭 등의 고기를 먹는 사람들을 가리킨다. 이러한 자티는 기원전부터 점차적으로 발전한 사회의 실질적인 단위집단이다.

우리가 보통 카스트라고 부르는 것은 '4성姓제도'를 말하며 인도말로는 '바르나(varṇa: 색)'라고 한다. 계급의 최상층은 브라흐만(brahman: 사제), 다음은 크샤트리아(kṣatriya: 귀족, 무사, 왕족), 다음은 바이샤(vaiśya:

농민, 상인, 연예인, 서민), 최하층은 슈드라(śūdra: 수공업자, 하인, 청소부, 노예)이다. 사성제도는 기원전 8세기경부터 바라문들이 자신을 사회 최상위에 두는 이상사회의 모습을 그리며 이념적으로 나타난 것이다. 그리고 실질적인 자티와 이론적인 바르나는 서로 보완하며 현재의 카스트제도로 발전되었다. 이 사회계급제도는 여러 가지 결점과 모순을 내포하고 있으면서도 시간적 공간적으로 무제한적으로 광범위한 힌두교를 하나로 묶어주는 고리의 역할을 하고 있다.

2) 우파니샤드

오랜 기간 동안 아리안족의 바라문 중심의 종교문화가 지배적이면서도 내면적으로는 원주민과 아리안족 사이의 인종적·문화적·종교적 융합이 지속적으로 진행되었으며, 기원전 6세기 무렵이 되면 인도사회는 엄청난 사회적·사상적 변화를 겪게 된다. 이는 경제적 격변에 따라 사회전반의 양상이 이전과는 확연하게 달라지는 것을 말한다. 즉 도시화의 진행에 따라 종래의 바라문교는 그 세력이 급속히 약화되고 자산가와 왕족이 부상하게 되었으며, 도시를 중심으로 형식에 매이지 않는 자유로운 사상운동이 전개되었던 것이다. 이러한 분위기 속에서 정통바라문교에서는 공희를 중심으로 한 현세구복의 구태를 벗어나서 개인의 영적인 구원을 추구하는 새로운 종교개혁이 우파니샤드를 통해 발현되었고, 비바라문교 계통에서는 사문들이 나타나 진리를 향한 독자적인 길을 추구해나갔다.

'우파니샤드'는 '가까이 앉는다'는 의미로, 제자가 가르침을 받기 위해 스승 가까이 다가가 앉는 것을 말한다. 이는 점차 스승으로부터 은밀하게 전수받는 심오한 가르침을 담은 문헌을 뜻하게 되었다. 우파니샤드에는 200여 종이 있다고 하나, 그중에서 '찬도가'chāndogya', '브리하드아란야카'bṛhadāraṇyaka', '타이티리야taittirīya' 등 10여 종의 우파니샤드가 중요한 것으로 간주된다. 우파니샤드에는 다양한 경향의 사상들이 잡다하게 담겨 있지만 그 주된 관심사는 세계의 본질과 진정한 자아, 그리고 그 양자 사이의 관계에 대한 문제이다. 여기에서는 우파니샤드의 사상을 윤회와 해탈이라는 두 가지 측면에서 간략히 살펴보도록 한다.

(1) 업과 윤회

『리그베다』에서는 인간은 죽은 뒤에 사자死者의 왕 야마yama가 있는 낙원에 간다고 하는데, 이곳에서는 죽는 일도 없으며, 육체적인 결함도 없고, 신이나 조상신과 교섭하고, 제사나 보시의 과보를 받아서 최고의 즐거움을 누린다고 하는 낙천적인 인생관을 보여주고 있다. 또 악한 자는 락샤rakṣa, 羅刹가 지배하는 땅속 깊은 곳에 있는 암흑계로 간다고 하였으며, 이는 『아타르바베다』와 '브라흐마나'에 이르러 지옥이라는 관념으로 구체화된다. 브라흐마나 문헌에서는 나아가 재생再生에 대한 공포를 기록하고 있으니, 제사에 대한 올바른 지식이 없거나 제사를 게을리 하는 자는 죽은 후에 다시 태어나지 않으면 안 된다는 것이다. 즉 재생은 곧 다시 죽는 것을 뜻하므로 재생을 면해야 내세의 영생을 이루는 것이다.

윤회사상이 처음 소박한 모습으로 등장한 것은 브라흐마나 문헌이며, 가장 오래된 『찬도갸 우파니샤드』와 『브리하드아란야카 우파니샤드』에 의해 '5화火2도道설'로 비로소 체계화되었다. 5화설은 다음과 같은 내용이다.

"신들이 천계를 제화祭火로 하여 인간의 신앙을 바칠 때에 소마왕, 즉 달이 생하고, 파르잔야(parjanya: 비의 신)를 제화로 하여 그것을 이 속에 바칠 때에 비가 내리고, 지계地界를 제화로 하여 그것을 이 속에 바칠 때에 식물이 생하고, 남자를 제화로 하여 그것을 이 속에 바칠 때에 정자가 생하고, 여자를 제화로 하여 그것을 이 속에 바칠 때에 인간이 생한다."

즉 사람이 죽어서 화장을 하면 영혼은 먼저 달로 가고, 다음에 비가 되어 지상에 내리고, 식물의 뿌리에서 흡수되어 인간의 음식이 되는데, 남자가 먹으면 그 영혼은 정자가 되고, 마지막으로 모태에 들어가 재생한다는 것이다. 여기에는 선악의 구별이 보이지 않지만 '2도설'에서는 행위와 그 결과에 대한 개념이 포함되어 있다. 먼저 삼림 속에서 고행하는 자는 죽은 뒤에 화장할 때의 불길을 타고 하늘로 가서, 신계를 포함한 여러 세계를 거쳐 결국 브라흐만의 세계에 다다르며, 다시 되돌아가는 일은 없으니 이것이 신도神道, devayāna이다. 한편 제사와 선행을 보시로 알고 신봉하는 자는 죽어서 화장할 때의 연기와 함께 하늘로 가서, 조상신의 세계를 포함한 여러 장소를 거쳐 달에 이른다. 여기서 선업의 여력이 남아 있는 한 머물러 있다가 그것이 다하면 비가 되어 지상으로 내려와서 쌀·보리 등의 음식물에 들어간다. 그리고 그 곡물이 남성에게 섭취되면 그 사람의 정자가 되어 모태로 들어가 재생하게 되니, 이것이 조도祖道, pitṛyāna이다. 그러나 악인은 그 어느 곳으로도 못 가고 하루살이와 같은 보잘 것 없는 존재가 된다. 즉 2도설에서는 행위와 그 업보 사이에 연관이 있다는 생각이 나타나 있는 것이다.

거기서 더 나아가 윤회의 원인에 대해 '선업에 의해 선인이 되고, 악업에 의해 악인이 된다'고 하는 업業, karman사상이 등장하게 되었다. 이로써 업과 윤회는 이 시대에 확고한 형태를 취하기 시작한 것으로 볼 수 있다. 업사상은 한편으로는 숙명론적인 인식을 낳으면서 또 한편으로는 현재의 불평등한 사회적 상황을 절묘하게 설명하고 현재의 선행이 미래의 행복을 낳을 수 있다는 희망을 주기도 한다. 이러한 업에 의한 윤회전생설은 범아일여설과 결합하여 해탈이라는 궁극적 이상을 낳게 되었다.

(2) 범아일여梵我一如

'범'은 '브라흐만'으로, 베다의 찬가에 내재한 주술적인 힘이라는 의미에서 파생한 우주의 근본원리를 가리킨다. 그리고 '아'는 '아트만ātman'으로, 원래 '호흡하다an'라는 동사에서 출발하여 생기·신체·자기 등을 의미하다가, 죽어도 소멸되지 않는 영원불변한 인간의 본질을 뜻하게 되었다. 그래서 우주의 근본원리는 인간을 비롯한 각각의 자연물에 내재하는 근본적인 본질과 동일하다는 것이다. 그리고 이러한 인식은 이성적 사유에 의해 알 수 있는 것이 아니라 고행tapas이나 요가와 같은 수행을 통한 직접적인 체험에 의해서만 얻을 수 있다고 한다.

'우파니샤드'에서는 진정한 자아를 찾아가는 다양한 모습을 보여주고 있는데 그중 몇 가지만 보면 다음과 같다.

첫째로 진정한 자아는 양파껍질처럼 여러 겹의 외피로 둘러싸여 있다는 것이다. 제일 바깥은 음식, 즉 물질로 이루어진 자아이다. 살아있는 모든 존재는 물질로부터 생겨났으며 물질에 의해 살아가고, 생을 마치면 물질로 다시 돌아간다. 그 안은 호흡prāṇa으로 이루어진 자아이다. 호흡은 만물에 생기를 부여하는 원천이므로 생명이 자아라는 것이다. 더 들어가면 마음manas으로 이루어진 자아이다. 마음은 생명보다 더 본질적인 것이다. 또 들어가면 지성(vijñāna, 인식)으로 이루어진 자아이다. 정신현상 속에 내재하는 지성의 주체가 자아이다. 맨 마지막에는 환희ānanda로 이루어진 자아가 있다. 이는 지성에 의해서도 한정되지 않는 궁극적인 존재sat, 有이며, 지성과 마음과 생명과 육신의 토대이다.

다음으로 진정한 자아는 말로 표현할 수 없다고 한다. 자아는 본질적으로 경험에 의해 주어지는 것이 아니며 대상이 아니라 주체이다. 눈은 그 앞에 펼쳐진 모든 것을 볼 수 있지만 눈 자체는 볼 수 없듯이 자아도 역시 그렇다는 것이다. 물질이나 지성으로 이루어진 자아는 차별적이어서 언어로 규정할 수 있지만 궁극적 자아는 인식될 수 없는 것이므로 '아니다, 아니다neti neti'라고 밖에 표현할 수 없다. 또 진정한 자아를 찾는 과정을 4단계로 설명한다. 첫 단계는 일상의 깨어 있는 상태로, 이때의 자아는 육신의 경험을 통해 확인된다. 둘째 단계는 꿈꾸는 상태로, 깨어있을 때의 경험을 토대로 한 좀 더 미세한 경험을 통해 인식된다. 셋째 단계는 숙명의 상태로, 이때의 자아는 더 이상 경험에 종속되지 않으며 초월적이다. 여기는 온갖 차별상이 사라진 완전한 통일적 세계로서, 오직 자아만이 존재한다. 넷째 단계는 숙면의 상태와 비슷하지만 슬픔도 고통도 존재하지 않는 것을 넘어 영원한 절대 환희의 자아이다. 이 단계를 다만 제4위turīya, turya라고 말할 뿐이다.

우파니샤드에서는 아트만과 브라흐만의 동일성에 대하여 '이 아트만은 브라흐만이다ayam ātma brahma', '나는 브라흐만이다aham brahmā smi', 또는 '너는 그것이다tat tvam asi' 등으로 직접적으로 표현하고 있다. 종교적 신비체험이 양자를 근본원리로 삼아 불생불멸의 절대 진리 속에서 삶의 구원을 찾았던 것이다. 범아일여의 진리를 증득하는 것이 바로 해탈이며, 윤회전생으로부터 벗어나는 길이다.

(3) 사문

우파니샤드의 사상이 혁신적이지만 여전히 바라문 정통파의 흐름을 계승하고 있다. 이에 대해 전통적인 바라문 사상에 대항하는 자유사상가들이 나타났으니 이들을 사문沙門, śramaṇa이라고 한다. 그런데 이들 중에서 불교와 자이나교를 제외하고는 자체의 문헌이 전해지지 않아서 불교의 『사문과경』과 자이나교의 경전을 통해서 그 실체를 추측할 수 있을 따름이다. 불경에서는 붓다 당시의 62가지 사상을 언급하는데 그들 중 6명의 인물을 대표적으로 '6사외도六師外道'라 칭하며 상설하고 있다.

(1) 아지타 케사캄바린ajita kesakambalin: 차르바카cārvāka라는 유물론의 대표자이다. 인간은 흙·물·불·바람 4원소의 우연한 결합의 결과이므로, 죽음과 함께 원소들은 분산되어 사라진다고 한다. 영원한 영혼이나 윤회전생, 그리고 인과법칙 따위를 믿지 않는다. 그러므로 보시나 공희는 무의미하며, 감각적인 육체적 쾌락만이 인생의 유일한 목적이다. '삶이 너희의 것일 때, 즐기며 살라'고 하며, 세속의 현실적 이익과 가치만을 따라가기에 순세파順世派, lokāyata라고 부른다.

(2) 푸라나 캇사파pūraṇa kassapa: 업과 그에 따른 업보는 없다고 하는 도덕부정론자이다. 세상에서 칭송되는 모든 미덕은 인간이 임의대로 정한 것일 뿐이고, 아무리 나쁜 일을 많이 하거나 큰 보시를 행하더라도 그에 따른 과보 즉 벌이나 상은 없다고 한다.

(3) 파쿠다 캇차야나pakudha kaccāyana: 인간은 흙·물·불·바람 4원소와 괴로움·즐거움·영혼jīva이라는 7가지 영원불변의 실체로 이루어진다고 한다. 그러므로 날카로운 칼로 사람의 목을 자르더라도 그 요소들 사이를 통과할 뿐이므로 죽이는 자도 죽는 자도 존재하지 않는다. 다른 사람을 괴롭히거나 즐겁게 할 수도 없고, 영혼의 자유로운 의지작용도 괴로움에서 벗어나는 일도 원천적으로 불가능하다.

(4) 막칼리 고살라makkhali gosāla: 인간은 흙·물·불·바람 4원소와 득得, 실失, 고, 락, 생, 사, 영혼 그리고 이들 11요소를 담는 장소인 허공으로 이루어진다고 한다. 인간을 포함한 모든 생명체는

원인이나 조건 없이 운명대로 살아간다고 하는 결정론akriyā vāda 또는 운명론niyati vāda을 주장한다. 삶의 갖가지 양태는 내가 의지로 만든 것도 아니고 남이 만든 것도 아니다. 생사윤회나 해탈도 마찬가지이다. 자유의지에 의한 행위나 인과응보를 부정하며, 오직 운명에 순응함으로써 지복에 이를 수 있다. 그는 철저한 고행을 행하는 아지비카ājīvika교단의 교조였으며, 뒤에 아쇼카왕에게 사원을 기증받기도 할 만큼 영향력이 컸다. 불전에서는 사명외도邪命外道로 번역되며, 점이나 해몽, 예언, 주술 등을 생활방편으로 삼는 종교집단으로 간주된다.

(5) 산자야 벨라티풋타sañjaya bellaṭṭhiputta: 붓다의 2대 제자였던 사리불과 목건련의 스승으로, 인도의 대표적인 불가지론자ajñāna vādin였다. 당시의 중요한 형이상학적 문제, 가령 내세, 윤회, 업과 과보, 여래의 사후 존재 등의 질문에 대하여 '그렇다고도 말할 수 없고, 그렇지 않다고도 말할 수 없으며, 이와 다르다고도 말할 수 없고, 다르지 않다고도 말할 수 없다'고 하여 판단중지epochē의 입장을 취한다. 이것을 불전에서는 '뱀장어처럼 붙잡기 어려운 궤변론amarāvikhepa, 捕鰻論'이라고 하였다.

그들의 입장은 이렇다. 인간은 궁극적으로 이 같은 문제에 대해 알 수 없으며, 그런데도 어떤 식으로든 판단을 내리고자 할 경우에 자신의 판단에 대해 탐욕을 일으키고, 다른 입장에 대해서는 미워하게 된다. 그러면 다시 거짓을 말하게 되거나 집착하게 되거나, 다른 이로부터 힐난을 받게 된다. 그것은 결국 자신을 구속하는 장애가 되기 때문에 이러한 속박으로부터 벗어나기 위해서는 그렇게 표현하지 않을 수 없다는 것이다. 즉 우리의 지식이 진실이 아닌데도 불구하고 독단을 내리고 거기에 집착하여 마음이 동요하고 자유를 얻지 못하므로 일체의 판단을 중지해야 한다는 것이다.

(6) 니간타 나타풋타niganṭha nāthaputta: 본명은 바르다마나이고 깨달음을 얻은 후에 마하비라mahāvīra, 大雄로 불렸으며, 그가 개창한 종교를 자이나교(jaina: jina, 즉 승자의 가르침)라고 하였다. 그는 우리의 지식이 언제나 특정 관점과 상황에 한정될 수밖에 없고 판단도 편파적이어서 독단적이고 배타적인 삶에서 벗어날 수 없다고 한다. 그래서 판단을 내릴 때에는 '어떤 관점에서 본다면'이라고 하는 상대적 개연성을 인정하는 상대주의적 인식론을 주장한다. 그리고 자이나교의 교리의 초점은 업의 해명에 있다. 영혼은 업에 의해 물질의 속박을 받고 있으므로 그로부터 벗어나는 해탈이 궁극적인 목표이다. 그래서 엄격한 윤리적 실천행이 강조되며 그 중 가장 근본적인 것은 생명을 해치지 않는 불상해不傷害, ahiṃsa이다. 자이나교에서는 이를 특히 중시하여 사냥이나 고기잡이는 물론이고 어떠한 육식도 금하며 심지어 농사마저도 포기하게 하였다. 다음으로는 거짓말, 도둑질, 부정한 성 행위, 그리고 소유에 대한 집착을 철저하게 금지하였다. 또 영혼을 속박하고 있는 업을 소멸하기 위해서 영혼을 정화하는 고행을 강조한다.

2. 역사적 전개

1) 교단의 성립과 발전

불교는 붓다가 붓다가야의 보리수 밑에서 깨친 뒤에 중생을 제도濟度하기 위해 떨치고 나설 때부터 시작된다. 그가 처음 향한 곳은 바라나시의 녹야원이었다. 그곳에서 출가 초기에 함께 수행했던 아야교진여 등 5비구에게 중도와 사성제 등 첫 가르침을 폈으니 그것을 초전법륜初轉法輪이라고 한다. 이로서 불佛, buddha・법法, dharma・승僧, samgha 3보가 성립되었다. 그리고 그곳에서 법문을 듣고 야사라는 청년이 출가를 하여 비구가 되자 그 부모는 재가신도가 되었으니 이들을 우바새와 우바이라고 한다. 이렇게 녹야원에서 귀의한 사문이 60명에 이르니, 이들은 붓다의 가르침에 따라 진리를 증득하였다. 그리고 붓다는 제자들로 하여금 세상의 이익과 안락을 위해 각자 불법을 알리고 교화하게 하였으며 자신도 홀로 구제의 길에 나서 마가다국의 왕사성으로 향하였다. 붓다는 그곳에서 왕과 바라문 그리고 수많은 사람의 귀의를 받아 교세가 급격하게 팽창하였다. 그리고 최초의 불교사원인 죽림정사竹林精舍를 기증받고 사리불과 목건련 그리고 가섭이라는 뛰어난 제자를 받아들이게 되었다. 다음으로 코살라국의 사위성으로 가서 수달다 장자로부터 기원정사祇園精舍를 기증받아 교화에 더욱 박차를 가하게 된다. 교조 당대에 그 가르침이 빠르게 확산될 수 있었던 데에는 여러 가지 이유를 생각할 수 있을 것이다. 그중에서 붓다의 제자에는 계급・빈부・인종의 차별이 없었던 것과 여성 출가자도 허용하는 것과 같은 당시로서는 상상도 못할 파격적인 모습에서 그 일단을 엿볼 수 있다. 이렇게 하여 불교는 붓다 재세 시에 동쪽으로는 갠지스 강 하류에서부터 서쪽으로는 아라비아 해 연안에까지 전파되었다.

붓다의 입멸 뒤에 가섭은 아난다와 우팔리 등과 함께 그 가르침과 계율을 수집하여 확인하는 작업을 주관하니 이를 제1결집이라고 한다. 계율은 스스로 선택하는 옳은 행위인 계śīla와 승단에서 비구에게 금지된 행위인 율vinaya로 이루어진다. 이때 붓다가 제정한 율은 문자 그대로 행해질 것이 결정되었고 이러한 정신은 뒤에도 승단의 행위규범과 생활양식에 커다란 영향을 끼치고 있다.

그런데 승단은 현전現前승가와 사방四方승가로 나누어 볼 수 있다. 승가가 점차 방대해지자 자연히 지역적으로 구획이 되면서 승원에서의 정착생활이 확립되었으니 이를 현전승가라고 한다. 물론 이념적으로 전체 교단을 가리키는 사방승가를 전제로 하는 것이지만 이것이 현실적으로 존재하는 것은 아니다. 현전승가는 지역적으로 발생하는 현실의 문제에 사사건건 봉착할 수밖에 없는 것이다. 결국 이것이 이후에 교단의 분열로 이어지게 된다.

불멸 후 100년경에 서인도 출신의 비구 야샤스가 마가다 지방의 베살리로 갔다가 율의 규정과 다른 승단의 생활모습을 보고 동·서 교단의 충돌을 촉발하였다. 특히 10가지 주제를 중심으로 논쟁을 하였으니 그것은 다음과 같다.

① 뿔로 만든 그릇에 소금을 넣어 휴대하고, 소금기가 없는 음식에 뿌려서 먹는 일이 옳은가. ② 정오를 지나 식사를 해서는 안 되는데, 정오를 지나 해 그림자가 손가락 두 마디를 지난 시간까지 식사시간을 연장해도 되는가. ③ 한 번 탁발하여 충분히 식사를 하고도 다시 마을에 들어가 식사를 해도 되는가. ④ 같은 교구 안에서 포살(布薩, uposatha: 보름에 한 번씩 사찰 구성원들이 모여 계율을 암송하면서 스스로를 반성하는 의식)을 따로 행하는 것이 옳은가. ⑤ 승가의 일을 결정할 때 비구 전원이

모이지 않아 먼저 참석한 사람들이 결정을 하고 뒤에 온 사람에게 사후 양해를 구하는 것이 옳은가. ⑥ 붓다와 아사리(ācārya: 스승)가 습관적으로 행한 일을 따라서 행하는 것이 옳은가. ⑦ 우유를 마신 다음에 아직 낙유酪乳가 되지 않은 것을 마셔도 되는가. ⑧ 나무나 그 열매의 즙을 발효시켜 아직 알코올이 되지 않은 음료는 마셔도 되는가. ⑨ 장식을 하지 않은 천을 방석으로 사용해도 되는가. ⑩ 금·은을 받는 일이 옳은가. 보수적인 장로들은 이를 비법非法으로 배척하였으나 이에 반발하는 이들이 나타나 교단은 분열하게 된다.

이것이 보수적인 상좌부theravāda와 진보적인 대중부mahāsaṃghika의 근본분열이고 제2결집이다.

부파분열이 일어난 뒤에 상좌부계열의 분별부가 멀리 실론까지 교세를 확장하여 현재 남방불교의 기초를 이루며 서인도의 방언인 팔리어pāli로 경전을 제작한다. 또 아쇼카왕 무렵에는 설일체유부가 마투라에서 간다라, 캬슈미르에 걸쳐 교세를 떨쳤으며 그들의 문헌은 대승불교와 함께 중국으로 전해진다. 전자를 남전南傳, 후자를 북전이라고 한다. 불교는 인도 최초의 통일국가인 마우리야왕조의 아쇼카왕(재위 기원전 268~232)에 의해 비약적으로 발전한다. 그는 칼링가국을 멸망시킨 후에 불교에 귀의하여 힘의 정치를 버리고 법dharma의 정치를 펼쳤다. 또한 불교뿐 아니라 바라문교, 자이나교, 아지비카 등의 모든 종교에 대해서도 관용을 보이고 평등하게 보호하였다. 그리고 승원의 건축, 교학의 정비, 활발한 탑의 건립, 불교미술의 활성화와 불상의 제작 등에 지대한 공헌을 하였다.

근본분열 이후 서력기원 전후 무렵까지 18부파(또는 20부파)가 성립되었다. 그리고 각 부파는 각각의 3장(藏: 경, 율, 논)을 갖고 있었으며 경전은 복잡한 편찬의 과정을 거치면서 남전의 5부nikāya와 북전의 4아함āgama이라 불리는 형태로 정착하였다. 부파불교시대의 비구들은 안정된 승원생활을 하며 법에 대한 철학적 논의와 해석abhidharma을 논리적이고 치밀하게 발전시켰다. 그러나 이로 말미암아 실천적 신앙이 쇠퇴하고 재가신자들과의 관계도 약화됨으로써 종교개혁의 필요성이 대두되었다.

2) 대승불교의 등장과 발전

불교와 자이나교 등이 도시를 중심으로 세력을 펼치며 성장하고 있는 동안에 바라문교는 여전히 국민 대다수의 삶의 터전인 농촌사회를 지배하고 있었다. 바라문들은 바라문교의 정통성을 다지기 위해 천계경天啓經, śrauta sūtra, 가정경gṛhya sūtra, 법경dharma sūtra, 제단경śulva sūtra 등을 지어 제사학kalpa을 체계화하고, 베다의 보조학vedāṅga으로써 음성학śikṣā, 제의규정kalpa sūtra, 문법학vyākaraṇa, 어원학nirukta, 운율학chandas, 천문학jyotiṣa 등을 정비하였으며, 남인도로 영역을 확장해나갔다. 또한 바라문교는 기원전 2세기 무렵부터 인도 전역의 민간신앙과 토착신앙을 베다의 권위 밑으로 수용하고 포용하면서 점차 힌두교로 변해간다. 힌두교에서 힌두는 큰 강 또는 인더스 강을 뜻하는 산스크리트어 '신두sindhu'의 페르시아 발음으로, 천축天竺으로 번역되거나 음사하여 인도印度 또는 신도信度라고도 한다. 즉 '힌두'는 '인도'이며 힌두교는 '인도의 종교'라는 의미이다. 여기서 바라문은 카스트제도의 정점으로 여전히 인정받지만 실제 신앙형태에서는 비쉬누신viṣṇu과 쉬바신śiva을 중심으로 하는 비非 아리안적인 토착적 요소가 커다란 비중을 차지하게 된다. 그래서 바라문이 주관하는 제사보다 신에 대한 순수한 신앙bhakti, 信愛에 의해 은총과 구원을 받을 수 있다는 사상이 강조되었다.

이러한 바라문교의 적극적인 변신으로 인해 대중 구제를 소홀히 하는 비구 중심의 불교는 커다란 자극을 받으며 변화하지 않을 수 없게 된다. 이것이 재가신도 중심인 대승불교운동의 외적 요인으로 작용하였으며 내적 원인으로는 다음 두 가지를 들 수 있다.

첫째 부파불교가 교리논쟁에만 몰두하는데 대한 반발이다. 마우리야 왕조에서 크게 발전한 불교는 인도 전역에서 상공업자와 왕족의 보시로 인해 경제적 기반이 안정되고 정사精舍, vihāra나 가람伽藍=僧伽藍, saṅghārāma의 건축이 활발하였다. 이런 환경에서 비구들은 자신이 속한 부파의 교학에만 전념하여 교리적 측면에서는 엄청난 성과를 거두었으나, 반면에 수행과 포교의 실천적인 면이 현저하게 쇠퇴하게 되었다. 이에 붓다의 모범을 따라야 한다는 자성의 목소리가 나오는 것은 당연하다고 하겠다. 둘째 불탑佛塔=佛寺, stūpa을 관리하던 재가신도들의 신앙심이 신도들로부터 외면받아 가던 불교를 개혁하는 데 결정적인 역할을 하였다. 이들은 붓다에 대한 인격적 존경심을 넘어 점차 신격화하게 되었는데, 이는 힌두교의 바크티처럼 붓다의 자비와 은총을 구하는 모습을 띠게 되었다. 이러한 역동적인 신앙운동이 침체의 길로 들어서던 불교를 환골탈태하게 만들었다.

이렇게 시작된 대승불교는 다음 3가지 축을 중심으로 전개되었다고 볼 수 있다.

첫째는 보살사상이다. 보살菩薩, bodhisattva은 원래 붓다의 전생을 가리키는 말이었으나 대승불교에서는 '이타利他의 서원誓願을 발하고 깨달음bodhi을 구하여 수행하는 사람'을 의미한다. 원래 불교는 깨달음의 종교이다. 붓다가 법을 가르친 이유는 사람들이 깨달음을 이루도록 하기 위한 것이고, 바로 그것을 위해 45년간 인도 전역을 유행하며 전도를 하였다. 다른 사람을 위한 이러한 노력과 희생의 정신을 되살리는 것이 곧 대승大乘, mahāyāna의 보살인 것이다. 다양한 대승운동을 하나로 묶어 통일성을 부여하는 것이 바로 보살의 이념과 실천이다. 둘째는 불・보살신앙이다. 대승불교에서는 시방十方세계에 그곳을 보살피는 붓다가 각각 존재한다고 하며, 세상을 구원하는 보살도 출현시키고 있다. 가령 아미타불은 과거세계의 법장보살이 현존한 것이며 서방의 극락정토에 거주하면서 인간을 구원한다. 아미타불의 원어는 아미타유스amitāyus, 無量壽 혹은 아미타바amitābha, 無量光라고 한다. 전자는 무량한 수명을 지닌 붓다라는 뜻이고, 후자는 조로아스터교의 태양신신앙의 영향을 받은 것으로 보이며 불상에 광배光背를 두는 것과도 연관이 있다고 한다. 또 미륵maitreya보살은 도솔천에 머물며 아직 붓다가 되지 않은 미래불이다. 미륵은 서아시아의 메시아 신앙이나 조로아스터교의 미트라 신앙과 관련되어 있다고도 하며, 남방불교에도 영향을 주었다. 그리고 인도 제지역의 민간신앙에서의 신격이 관세음보살, 지장보살, 약사여래 등으로 수용되기도 하였다. 셋째는 대승경전의 편찬이다. 공śūnya사상을 기치로 내건 『반야경』을 비롯하여 일승一乘을 주창한 『법화경』, 중중무진 연기와 10바라밀을 설한 『화엄경』, 미륵불·아촉불·아미타불의 구원을 설하는 『정토경』 등이 기원전 1세기에서 기원후 1세기 사이에 줄줄이 제작되면서 대승사상은 기반을 확고하게 하였다.

남인도에서는 용수(龍樹, nāgārjuna, 150~250)가 등장하여 『중론』 등을 저술하여 『반야경』의 공사상을 논리적으로 체계화시키고, 『대지도론大智度論』으로 부파의 교리를 흡수하여 대승의 교학을 종합적으로 정리하였다. 이를 바탕으로 하여 2~4세기에는 새로운 경전들이 등장하게 된다. 여래장如來藏사상을 전하는 『여래장경』, 『승만경』, 『열반경』 등과 유식唯識사상에 근거한 『해심밀경』이 그것이다. 그리고 유식에 대한 현학적인 논서들이 미륵maitreya, 무착asaṅga, 세친(vasubandhu, 316~396) 등을 중심으로 제작되었다. 5~6세기가 되면 불교계는 무상無相유식파와 유상有相유식파가 대립하며, 이들에 대항하여 중관파가 등장하여 논쟁을 벌였고, 이에 따라 논리학이 비약적으로 발전하였다. 그러나 7세기 무렵부터 힌두교의 일신교적 바크티 신앙과 범신론적 신비주의의 영향을 크게 받으며 불교는 밀교화된다. 그래서 기복양재祈福禳災의 주문인 다라니dhāraṇī를 중심으로 하는 잡밀과 『대일경大日經』과 『금강정경金剛頂經』에 근거한 진언승眞言乘, mantrayāna, 즉 순밀이 등장하였다. 또 7세기 말에는 금강승金剛乘, vajrayāna이 나타나 수행법으로 남녀교합의 요가를 주장하였는데, 이는 쉬바신과 샤크티 여신의 교합을 모방하려는 힌두교의 탄트라로부터 들여온 것이다. 금강승은 이후에 시륜승時輪乘, kālacakrayāna으로 분파되기도 하였다. 그러나 8세기 이후에 더 이상의 창조력을 상실하게 된 불교는 결국 1203년 무슬림의 침입으로 비크라마쉴라vikramaśīlā 사원이 파괴되면서 인도에서 소멸하게 된다. 이때 수많은 승려들이 사원의 수많은 불전을 갖고 티베트로 옮겨가 티베트대장경의 초석을 다졌고 티베트 불교의 개혁에 이바지하였다.

3) 인도와 중국의 만남 – 동아시아 불교의 성립

아쇼카왕은 서북인도를 지나 동서교통의 요지인 아시아 중·서부의 서역西域으로 전도사를 파견하여 적극적으로 불교를 전파하였다. 실크로드 선상의 서역은 천산산맥 북쪽기슭을 거치는 천산북로와, 타림분지 북쪽의 천산산맥 산록을 통하는 천산북도 및 타클라마칸 사막 남쪽을 통하는 천산남도로 분리된 천산남로로 이루어져 있다. 이 길을 거쳐 옥문관과 돈황을 지나 장안과 낙양에 이르는 것이다. 타림분지 주변의 유적을 통해 이 지역에 『반야경』, 『화엄경』, 밀교와 관계깊은 대승불교와, 유부의 『아함경』이나 율전을 전하는 부파불교가 성행했다는 것을 알 수 있다. 중국이 서역지방으로 진출한 것은 한무제(재위 기원전 141~87)가 흉노 토벌을 위해 군대를 파견하여 이 지역을 정복하면서부터다. 이 길을 통해 로마와 페르시아 그리고 중국 사이에 무역이 활발하게 이루어졌으며, 자연스럽게 이 지역의 불교가 로마와 중국으로 전파되었고 불교 역시 영향을 받게 되었다.

불교가 중국에 전래될 당시의 중국은 유교적 윤리관이 주류를 이루며 노장사상과 도교의 민간신앙이 널리 유포되어 있었다. 그들에게 불교의 삭발하고 출가하는 행위는 매우 낯설게 느껴졌을 것이며 정서적으로도 받아들이기 어려웠을 것이다.

그러나 중국에 들어온 서역의 승려들은 유교 및 도가와의 사상적 조화를 꾀하며 중화의식에 입각한 민족적 자존심과 배타성을 무마하려 노력하였다. 불교의 중국 전래는 후한(기원후 25~220)시대부터 4세기 무렵까지 주로 서역 출신의 승려들이 담당하였다. 그중 지루가참, 안세고, 지겸, 강승회, 축법호, 구마라집(344~413) 등이 역경譯經으로 유명하며, 불도징(242~348)은 절을 짓고 경전을 강독하기도 하였다. 불도징의 제자에 축법아와 도안(312~385)이 유명한데, 전자는 한역불전을 이해하기 위해서는 당시 유행하던 유교와 노장사상을 매개로 하여야 한다는 격의格義불교를 제창하였고, 후자는 불교는 불교 그자체로 이해해야 한다고 주장하였으며 이후 불전 번역의 기준이 되었다.

그리고 중국불교가 발전해가면서 인도에 들어가 불교를 공부하려는 중국 승려가 대거 등장하여, 4~8세기 동안 인도로 구법 여행을 떠나는 승려가 수백명에 이르렀고, 그중 『불국기』를 지은 법현(法顯, 339~420?), 『대당서역기』의 현장(玄奘, 602~664), 『남해기귀내법전』의 의정(義淨, 635~713) 등이 인도 순례 후에 인도의 원전을 가져와 불교를 연구하는데 중요한 역할을 하였다. 그리고 신라 출신으로 당나라에서 활약했던 밀교 승려인 혜초(慧超, 700~780?)는 『왕오천축국전往五天竺國傳』을 지어 인도의 문물과 풍속에 대한 이해를 도왔다.

불전의 번역은 후한시대에 시작하여 송대에 이르기까지 국가시책으로서 왕조의 변화와 무관하게 지속적 체계적으로 천 년의 세월 동안 이루어졌다. 송나라의 『대장경大藏經』 간행(971~983)은 그 결정판이라고 할 수 있으며, 고려에서는 이 판본으로 고려판 『대장경』(991~1011)을 완성했고, 몽고군에 의한 소실로 인해 이를 다시 판각한 것이 현존하는 해인사판 『대장경』(1251)이다. 이러한 역경사업을 발판으로 삼아 중국에서는 여러 경전을 조직적으로 체계화시킨 불교학, 즉 교상판석敎相判釋이 성립되었다.

인도에서 불교학은 다른 사상과의 대립과 교섭, 그리고 지역적이거나 사회적인 배경을 갖고 필연적으로 발전해왔다면, 중국의 경우에는 무수한 부파와 대승의 경전이 우연적이거나 산발적으로 그리고 서역을 거쳐 전래되면서 한역되었다. 이 한역 불전이 오랜 역사적 전개과정은 생략된 채 부처 당대의 설법이라는 평면적 이해로 인해 여러 가지 문제를 야기하였다. 같은 불설인데도 경전들 사이에 상호 모순과 일관되지 않은 내용을 담고 있었던 것이다. 그래서 수·당 시대가 되면 이러한 경전들을 통합하여 일관된 교의체계를 세울 필요성이 대두되어 종파에 따라 다양한 교판이 주장되었다. 예를 들어 천태종을 개창한 수나라의 천태지의(天台智顗, 538~597)는 붓다가 깨달은 직후 그 내용을 그대로 설한 것이 『화엄경』이라고 하였다.

그러나 청중들이 그것을 이해하지 못하므로 그들을 이끌어 들이기 위해 『아함경』을 설하고, 이어서 『유마경』, 『능가경』, 『승만경』 등을 설하여 소승에서 대승으로 인도하고, 다시 대승과 소승의 차별적인 관념을 제거하기 위해 『반야경』을 설한다. 마지막으로 이제까지 설해진 모든 가르침이 『법화경』의 일승사상으로 귀일되며, 『열반경』은 『법화경』이 설해진 장소에서 빠진 사람들을 위해 추가로 설해진 것이라고 한다.

이렇게 삼론종, 법상종, 화엄종, 율종, 밀교 등 수많은 종파가 성립되었으며, 그 외에도 470년 무렵에 인도에서 중국으로 온 달마를 시조로 한 선종禪宗, 담란(曇鸞, 476~542?)을 개조로 하는 정토종이 있다. 선과 정토는 당나라 말기와 송나라 이후 중국불교의 양대산맥으로 전성기를 누렸다. 중국의 사상계는 다양한 불교문화를 수용하면서 그 내용을 풍성하게 하였으니, 송대의 주자학이나 양명학이 탄생하는 데 일조하였으며, 도교의 교리와 의례를 발전시키는데 공헌하였고, 음악과 미술공예, 천문역학, 의학의 발전 등 문화 전반에 걸쳐 이바지하였다.

3. 근본 교리

여기에서는 붓다의 초전법륜의 내용이라고 하는 사성제와 대승불교 운동의 핵심이라고 할 수 있는 보살사상, 그리고 중국의 불교라고 할 수 있는 선사상에 대해 살펴본다.

1) 사성제四聖諦

불교에서는 현실세계 일체를 12처處, āyatana라고 한다. '처'는 인식을 낳는 문을 뜻하는 것으로, 눈·귀·코·혀·몸·의식(마음) 등 6가지 감각기관과 그 대상이 되는 색·소리·냄새·맛·촉감·법(언어적 개념 및 과거와 미래의 대상, 시공의 제약을 떠난 존재) 등 6가지를 말한다. 또 일체를 색色, rūpa skandha, form · 수受, vedanā s., feeling, sensation · 상想, saṃjñā s., perception, ideation · 행行, saṃskāra s., mental formations · 식識, vkjñāna s., consciousness 5온蘊, pañca skandha으로 표현하기도 한다. 여기서 '색온'은 흙·물·불·바람 4대로 이루어진 물질적 형체를 가리키므로 감각기관과 감각대상은 모두 포함된다. '수온'은 기관과 대상의 접촉으로 생기는 좋거나 나쁘거나 좋지도 나쁘지도 않은 느낌을 말한다. '상온'은 대상을 분별하여 인식하고 표상하는 것이다. '행온'은 몸·말·마음으로 하는 의도적인 정신적 행위를 뜻하며 이로 인해 업보를 낳게 된다. '식온'은 6가지 기관 중 하나를 근거로 하여 그에 상응하는 6가지 인식대상 중 하나를 대상으로 하는 반작용이다. 가령 '안식眼識'은 눈을 근거로 하고 형체를 대상으로 하는 의식이며, '심식'은 마음을 근거로 하고 관념을 대상으로 하는 의식이다. 그래서 눈이 푸른색과 접촉할 때 하나의 색깔이 눈앞에 있음을 깨닫는 것이 '안식'이지만, 그것이 푸르다는 것을 분별해내는 것은 '상온'이다. 이렇게 일체에는 영원불변한 '자아'나 '영혼'은 존재하지 않으며 물질과 반대되는 정신이나 의식이라는 것도 부정된다. 즉 우리가 경험하는 일체는 5온에 근거한 것이며, 그렇기 때문에 일체는 곧 각각의 인간이다. 이러한 인간, 즉 5온의 문제와 그 해결법에 대한 판단이 바로 사성제이다.   사성제는 4가지 신성한 진리 catur ārya satya라는 의미로, 고·집·멸·도를 가리킨다.

(1) 고苦, duḥkha

'두카'는 괴로움, 고통, 고뇌, 슬픔, 비참 등을 의미하며, '수카(sukha: 안락, 쾌락, 행복, 환희)'와 반대 개념이다. 경전에서는 8가지 괴로움을 들고 있다. 태어나서 늙고 병들고 죽는 것이 괴로움이고, 미운 것과 만나고[怨憎會苦], 사랑하는 것과 헤어지고[愛別離苦], 얻고자 하지만 얻지 못하고[求不得苦], 그래서 인간의 삶 자체가 괴로움[五蘊盛苦]이다. 또 3가지로 구분하기도 한다. 괴로움의 경험은 그 자체가 괴로운 것[苦苦]이고, 즐거운 경험은 그것이 상실될 때 괴로우며[壞苦], 모든 것은 변화하고 영원한 것은 아무것도 없으니 괴로운 것[行苦]이다.

그렇다고 고성제를 '삶이란 고통스럽고 괴로운 것일 뿐'이라고 해석한다면 그것은 불교를 염세적인 종교로 오해하게 할 것이다. 붓다가 말하는 두카는 일반적 의미와 더불어 무상無常이라는 철학적 시각을 담고 있다. 두카에는 가정생활, 은둔, 애착, 이욕離欲, 육체적·정신적 행복뿐 아니라, 고통으로부터 해방된 선정禪定이나 평정의 상태에 도달한 높은 경지의 선정도 포함된다. 즉 두카는 일상적 의미에서의 괴로움이 아니라 '무상한 것은 모두 괴롭다'는 것을 의미하는 것이다.

두카가 두카인 이유는 일체존재가 무상無常하기sarvam anityam 때문이다. 모든 존재는 순간적인 생성과 소멸의 흐름 속에 있다. 붓다는 '존재는 그 주의의 모든 것을 받아들이면서 유유히 한없이 흘러가는 커다란 강물과 같다. 그 흐름이 멈추면 순간도, 찰나도, 그 다음도 없다. 그러나 그것은 계속 흘러간다. 인간의 삶이란 큰 강과 같은 것이다'라고 말한다. 하나의 사물이 사리지면 그것은 인과의 연속에 따라 다음 사물이 나타날 조건이 된다. 그 속에서 불변의 실체는 없는 것이다. 그러므로 영원한 자아라는 것은 존재하지 않는다. 그러나 5온이 상호의존적인 육체적 · 정신적 기관으로 서로 결합하여 함께 움직이면서 '나'라는 관념이 생성되는 것이다. 5온의 배후에서 두카를 경험하는 존재가 따로 없는데도 불구하고 그런 것을 상정하고 스스로 괴로워하는 것이다. 이를 명확히 인지함으로서만 다음 단계로 나아갈 수 있다.

(2) 집集, samudaya

'집'은 '결합하여 상승한다(集起)'는 뜻으로 연기(緣起, pratītya samutpāda: 원인과 결과의 연쇄관계)와 유사한 의미이다. 즉 '집제'는 괴로움은 여러 원인과 조건들이 모여서 발생한다는 것이다. 경전에서는 이에 대해 '재생의 원인이 되고, 탐욕에 얽매여 있으며, 여기저기서 당장의 새로운 기쁨을 추구하는 것은 바로 갈애(渴愛, tṛṣṇā이다. 즉 감각적 쾌락에 대한 갈증(欲愛), 존재와 그 생성에 대한 갈증(有愛), 존재하지 않는 것에 대한 갈증(無有愛)이 괴로움의 원인이다'라고 말한다. 모든 괴로움의 원인은 여러 가지 형태의 갈증, 욕망, 탐욕chanda rāga, nandī rāga 등이라는 것이다. 그러나 갈애가 제1원인일 수는 없다. 일체는 서로 연관되어 상호의존적이기 때문에 하나의 원인이란 있을 수 없고, 12연기(無明—行—識—名色—六處—觸—受—愛—取—有—生—老 · 死 · 憂 · 悲 · 苦 · 惱의 반복적 순환이 있을 뿐이다. 연기는 '이것이 있으므로 저것이 있고(此有故彼有), 이것이 생겨나므로 저것이 생겨난다(此起故彼起)'는 말로 정형화되어 있는

데, 그럼에도 불구하고 갈애를 대표적으로 드는 것은 가장 보편적이고 쉽게 이해할 수 있기 때문이다.

갈애는 감각적 쾌락이나 부와 권력뿐 아니라, 관념·이념·관점· 견해·이론·개념·신념 등에 대한 욕망이나 집착도 포함한다. 개인적 다툼에서 국가 간 전쟁에 이르기까지 이 세상의 모든 싸움은 갈애라는 이기적 욕망에서 비롯되며 이로 인해 윤회전생은 계속될 수밖에 없는 것이다.

(3) 멸滅, nirodha

멸성제는 열반涅槃, nirvāṇa 또는 마음의 평화śānti, 寂靜, 寂滅를 뜻한다. 열반에 대한 기술에는 다음과 같은 것들이 있다. "탐욕을 완전히 끊는 것이며, 탐욕을 포기하고 거부하는 것이며, 탐욕에서 해방되고 탐욕에 초연한 것이다." "탐욕의 소멸이며, 증오의 소멸이며, 어리석음의 소멸이다." "갈애가 소멸된 이욕離欲과 소진消盡이 열반이다." "거짓을 여의고, 갈증을 파괴하고, 집착의 뿌리를 뽑고, 윤회를 끊고, 갈애를 없앤 이욕과 소멸이 열반이다." "5온에 대한 욕망과 갈구를 포기하고 파괴할 때 바로 고는 소멸된다." 멸성제는 한마디로 괴로움이 사라진 절대의 경지를 말하는 것이다.

(4) 도道, mārga

'고'의 소멸, 즉 열반에 이르는 길을 말한다. 도성제에는 8가지가 있는데, 이를 계戒·정定·혜慧 3학學에 분류해 넣을 수가 있다. 즉 정어·정업·정명은 계에, 정정진·정념·정정은 정에, 정견·정사유는 혜에 넣어서 이해하는 것이다. 붓다의 가르침의 핵심은 대부분 이 8정도 안에서 발견할 수 있다.

① 정견正見: 사물을 있는 그대로 이해하는 것인데, 그것이 바로 사

성제이다. 즉 올바른 이해는 사성제의 이해를 말하는 것이다. 그러기 위해서는 마음이 모든 번뇌에서 벗어나 명상을 통해 충분히 개발되어 있어야 한다. 불교는 염세주의나 낙관주의에 빠지지 않으며 오히려 지극히 현실주의적이고 사물을 있는 그대로 보려고yathā bhūta jñāna, 如實見知 한다.

② 정사유正思惟: 사심 없는 이욕과 초탈의 사고, 사랑과 비폭력의 사고를 의미한다. 이기적인 욕망, 악의, 증오, 폭력적 사고는 결국 지혜가 결여된 결과라는 것을 말한다.

③ 정어正語: 바른 생각에 따라 거짓말[妄語], 이간질하는 말[兩舌], 욕하는 말[惡口], 꾸며낸 말[綺語] 등을 하지 않는 것이다. 증오심과 적대감, 불화를 일으키는 험담이나 중상모략, 거칠고 무례하고 악의적인 사나운 말, 어리석고 쓸모없는 농담이나 객담 등을 하지 않는 것이다. 경솔하게 이야기해서도 안 되고 올바른 때와 장소에서만 말해야 하는 것이다.

④ 정업正業: 살생과 절도, 사음邪淫을 하지 않는 것이며, 도덕적이고 명예로우며 평화로운 행위의 증진을 목표로 한다.

⑤ 정명正命: 남에게 해를 끼치는 직업을 갖지 않고, 정당한 방법으로 의식주에 필요한 물자를 획득하는 것을 말한다. 정어 · 정업 · 정명의 도덕규범은 정신적인 성취에 필수적인 것이다.

⑥ 정정진正精進: 앞의 윤리적 실천을 꾸준히 노력하여 물러나지 않는 것을 말한다. 또 이미 일어난 악과 번뇌를 제거하고, 아직 생겨나지 않은 악은 일어나지 않게 하며, 아직 생기지 않은 선은 생겨나게 하고, 이미 생겨난 선은 더욱 증진시키려고 노력하는 것[4精勤]을 뜻하기도 한다.

⑦ 정념正念: 몸은 부정한 것이고, 느낌은 괴로운 것이며, 마음은 무상한 것이고, 모든 존재는 무아無我라는 것을 잊어버리지 않는 것[4念處, 4念住]을 말한다. 실제로는 신체의 활동, 감각이나 느낌, 마음의 활동력 · 관념 · 사고, 사물 등과 관련하여 세심하게 주의를 기울이는 수행

법이다. 이는 특히 남방불교에서 비파사나vipassanā 수행법으로 중시되고 있다.

⑧ 정정正定: 선정과 지혜가 균등한 상태로서 세계의 실상에 대한 올바른 통찰, 즉 정견을 목적으로 하며, 4선정禪定을 설하고 있다. 첫 단계에서는 감각적 갈망, 악의, 무기력, 근심, 불안, 회의와 같은 격정적 욕망이나 불건전한 사고가 사라지고 기쁨과 즐거움의 감정이 유지된다. 두 번째 단계에서는 거시적·미시적 관찰과 같은 모든 지적인 활동이 제어되고 적정과 마음의 집중이 발전되며 기쁨과 즐거움의 감정은 여전히 남아 있다. 세 번째 단계에서는 기쁨을 떠나 평등심에 안주하며 즐거움이 남는다. 네 번째 단계에서는 이미 기쁨과 근심을 멸하였고 이제 즐거움과 고통도 사라지고 오로지 순수한 적정과 깨달음만이 남게 된다.

팔정도 중에서 수행에 가장 중요한 것은 정견과 정정으로, 후대의 지止=禪定, śamatha와 관觀=正見, vipaśyanā, 정定=三昧, samādhi과 혜慧, prajñā를 병행해서 닦아야 한다는 사상의 근간이 된다.

2) 보살도

부파불교가 아라한arhat, 應供의 불교라면 대승불교는 보살의 불교이다. 아라한이 '자신의 깨달음을 추구하는 이'라고 한다면, 보살은 '위로는 깨달음을 추구하고[上求菩提], 아래로는 중생을 구제하고자[下化衆生] 노력하는 이'를 말한다. 또 보살은 지혜自利와 자비利他를 함께 완성하고자 하는 이로 마하살mahā sattva, 大士이라고도 한다. 대승경전의 효시라고 할 수 있는 '반야경'은 반야·공관을 설함으로써 대승사상의 초석을 다지고, 보살 이념의 이론적 기반을 제공하고 있으며, 또한 보살이 닦아야 할 수행법으로 6바라밀을 제시하여 아라한의 수행과 차별성을 보여주고 있다.

(1) 반야바라밀다

종교는 본래 성속聖俗의 분리를 주장한다. 이 세상적 가치와 저 세상적 가치는 서로 섞일 수 없는 완전한 단절의 상태이다. 그래서 이것을 버리고 저것을 얻으라고 요구한다.

양자택일인 것이다. 불교에서는 성스러움에 자신의 모든 것을 건 이가 출가한 비구·비구니이다. 8정도에 전심전력을 다하지 않으면 결코 깨달음에 이를 수 없으므로 세속의 모든 것을 버리고 출가한 것이다. 여기서 출가수행자와 재가신도 사이에 괴리가 발생한다. 재가신도는 원천적으로 깨달음이 불가능한 것이다. 그래서 부파불교, 즉 아비달마 불교에서는 범부대중을 무시하고 출가자 위주의 교리체계에 몰두하였고 이로 인해 불교신도들의 이탈 현상이 나타나게 되었다. 이에 부파에서 진보적 성향의 대중부와 불탑을 모시면서 붓다에 대한 신앙심을 키우고 있던 재가자들이 주축이 되어 불교의 근본적 혁신을 단행하게 된다. 출가자와 재가자, 나아가 성과 속의 구분을 없애는 일대 발상의 전환이었고 그것이 바로 공śūnyatā사상이다.

『반야심경』의 앞부분에 '관자재보살께서 심오한 반야바라밀다를 행하실 때, 5온이 모두 공空임을 비추어 보시고 일체의 괴로움에서 벗어났다. 사리자여, 색은 공과 다르지 않고, 공은 색과 다르지 않으니, 색이 바로 공이며, 공이 바로 색이다. 수·상·행·식도 역시 그러하다. 사리자여, 이같이 모든 존재는 공이니, 생겨남도 없고 사라짐도 없으며 더러움도 없고 깨끗함도 없으며 증가도 없고 감소도 없다. 그러므로 공의 관점에서 색은 존재하지 않으며 수·상·행·식도 존재하지 않는다' 라는 구절이 나온다. 반야바라밀다般若波羅蜜多, prajñā pāramitā에서 '반야'는 모든 법의 자성自性, svabhāva이 공이라는 것을 보고 사물의 실상을 직관하는 지혜, 즉 일체의 분별을 떠난 무분별지無分別智를 가리킨다. 다시 말해 일체는 상호의존적이므로 어떤 것이 홀로 독립해서 존재할 수는 없다는 것이 연기사상인데, 이러한 실상을 있는 그대로 보는 것을 말한다. 우리는 만물에 대해 제각각 분별해서 판단하면서 마치 그 대상 하나하나가 그 자체의 고유한 본성을 갖고 다른 것과 상관없이 존재하는 것처럼 보고 거기에 집착하고 있는 데 대한 경책이다. 그리고 '바라밀다'는 피안彼岸에 도달한 상태를 뜻하므로 합쳐서 '완전한 지혜'를 말한다. 즉 반야바라밀다는 이것과 저것을 분별하는 망상을 소멸시켜 궁극적인 저곳에 도달한 것을 말하는 것이다.

반야바라밀다의 공관에서 보면 일체의 세계는 어떠한 차별도 없게 된다. 5온을 구성하는 각 구성요소는 그 자체로 독립해서 있는 것이 아니고 다른 항목들과 상호의존적으로만 존재하는 것이므로 '색이 바로 공이며, 공이 바로 색'인 것이다. 이러한 생각은 만물에 대한 판단에도 적용되어 그 사이에 어떠한 차별도, 우열관계도 성립되지 않는다. 따라서 열반과 세속, 지혜와 무명, 출가와 재가 사이에 있던 모든 장애는 소멸되어 버리는 것이다. 여기서 보살의 자비행이 출발한다.

(2) 6바라밀

아라한은 열반과 세간, 보리와 번뇌, 출가와 재가를 분별하여 열반을 구하지만, 보살은 중생을 위한 서원誓願을 세우고 반야바라밀다의 깨달음을 위해 6바라밀pāramitā을 닦아 지혜와 자비의 완성을 추구한다. 그래서 보살은 자신이 닦은 수행의 공덕을 중생에게 되돌려[廻向] 그들의 깨달음을 돕는 것이다.

① 보시布施, dāna바라밀: 자기가 갖고 있는 것을 남에게 주는 것으로, 이에는 물질적인 보시[財施], 진리의 말을 전하는 보시[法施], 두려움과 근심을 함께 하고 도와주는 보시[無畏施]가 있다. 베풀 때에는 주는

자와 받는 자, 그리고 주는 물건에 어떠한 차별도 있어서는 안 된다. 즉 보시를 하면서도 그 선행에 집착하지 않고, 어떠한 공덕의 대가도 바라지 않는[無住相] 보시가 진정한 보시이다.

② 지계持戒, śīla바라밀: 남을 위해 능동적이고 자율적으로 계를 지키는 것을 말한다. 계에는 기본적으로 5계가 있고, 비구와 비구니에게 각각 250계와 348계가 있다. 그리고 보살계에는 살생·도둑질·사음·거짓말·이간질·꾸며낸 말·탐욕·미움·어리석음을 떠나는 10선계가 있다. 이때 계 역시 공한 것이므로 거기에 집착하지 않는 것이 중요하다.

③ 인욕忍辱, kṣānti바라밀: 괴로움을 참고 견디는 것이다. 우리가 화를 내는 것은 '나'라는 자의식에서 기인하는데 보살은 그러한 마음을 여읜 것이다.

④ 정진精進, vīrya바라밀: 나약하거나 나태하지 않고 부지런히 노력하는 것이다. 붓다는 임종 시에 '생긴 것은 반드시 사라지는 법이니 방일放逸하지 말라. 불방일로써 나는 정각에 이르렀으며 무량한 선을 낳는 것도 마찬가지이다'라고 하였다.

⑤ 선정禪定, dhyāna바라밀: 어지러운 마음을 가라앉히고 고요히 사색하는 것이다. 세계의 실상이 무자성·공이라는 것을 통찰하여 세상에 대한 집착으로부터 벗어나는 수행이다.

⑥ 반야般若, prajñā바라밀: 앞의 다섯 가지 바라밀은 반야공관에 의지하여 행해짐으로써 그 결실을 맺을 수가 있게 된다. 반야바라밀은 모든 법의 공에 상응하기 때문에 능히 대자대비를 일으킬 수 있게 된다.

(3) 선불교

선禪은 산스크리트어인 댜나dhyāna의 음사音寫로 정려靜慮로 번역되며 마음의 작용을 멈춘다는 의미의 사마타samatha, 止, 禪定와 같은 뜻이다. 선은 8정도의 하나인 '정정'이 선정과 지혜가 균등한 상태라고 말할 때의 '정定=三昧, samādhi'을 가리키며, 해탈의 세 축인 계戒 · 정定 · 혜慧 3학에서 계와 정은 혜를 낳는 필수적인 과정이라고 할 수 있다. 다시 말해 불교에서 부파나 종파를 막론하고 선 수행을 제쳐두고 깨달음을 논할 수 없는 것이다. 그런데 중국불교에서 유독 선을 표방하고 나선 것은 원래적 또는 인도적 수행과는 다른 의미가 거기에 더해지기 때문이다. 불교를 받아들인 지 500여 년 만에 중국은 불교 원전 번역이나 해석의 수준에서 벗어나 노 · 장사상과 습합한 새로운 불교를 탄생시켰으니 바로 인도 문화의 중국적 해석인 것이다. 여기에서는 선종의 성립과정을 간단히 살펴보고 그 근본 가르침을 알아보도록 한다.

중국의 선종은 남인도인 또는 페르시아인이라고 하는 보리달마(?~530)를 초조初祖로 하여 혜가慧可, 승찬僧璨, 도신道信, 홍인弘忍, 혜능(慧能, 638~713) · 신수(神秀, 606?~706)에게로 법이 전해졌다고 하면서 성립된다. 혜능의 제자인 하택신회(荷澤神會, 670~762)는 자신의 스승을 6조로 추대하고 신수를 북종이라고 폄칭하며 정통선이 아니라고 비난하였다. 그러나 북종과 공개적인 법통논쟁까지 벌였던 그가 죽은 후에 혜능의 정통법맥을 전승했다고 주장하는 이들이 나타나면서 신회도 방계로 치부되며 그 이전과 전혀 다른 새로운 선이 등장하였다. 깨달음을 얻기 위한 방편으로 이해되던 선정이 깊고 무거운 삼매의 영역에서 벗어나 현실적인 일상의 삶 속으로 들어온 것이다. 이러한 변화의 중심에 마조도일(馬祖道一, 709~788)과 석두희천(石頭希遷, 700~790)이 있다. 이는 이심전심以心傳心의 조사선祖師禪의 시작이었고 『보림전寶林傳』(801)은 인도의 그늘을 벗어난 중국 선종의 개창을 선언한 것이다. 그리고 마조의 제자인 백장회해(百丈懷海, 720~814)의 『백장청규』는 인도불교의 계율에 위배되는 수행자들의 자급자족의 생활을 주장하며 '하루 일하지 않으면 하루 먹지 않는다一日不作 一日不食'는 말로 중국 선종의 독창성을 보여주고 있다. 이러한 창조적 혁신의 배후에는 사회적 영향이 컸던 것으로 보인다. 안록산과 사사명의 난(755-763)으로 당나라가 가졌던 귀족 성향의 태평성대가 흔들리기 시작하여 사회문화적인 격변을 야기하였고 불교도 서민적이고 현실적인 모습으로 변화할 수밖에 없었던 것이다.

3무武1종宗의 법난의 하나인 회창會昌의 폐불사건(845-847)으로 불교는 큰 타격을 받았으나 선종만은 이를 계기로 오히려 크게 번성하여, 오대십국(五代十國: 안록산의 난에 의한 당나라의 멸망 이후 송나라 건국 때까지의 혼란의 시대, 907-960) 시대에는 5가家가 성립되어 중국 선종의 최전성기를 누린다. 5가란 마조 문하의 위산영우(潙山靈祐, 771-853)과 앙산혜적(仰山慧寂, 807-883)의 위앙종과 임제의현(臨濟義玄, ?-866)의 임제종, 석두 문하의 동산양개(洞山良介, 807-869)의 조동종曹洞宗, 운문문언(雲門文偃, ?-949)의 운문종, 법안문익(法眼文益, 885-958)의 법안종을 가리킨다. 또 임제종 문하의 황룡혜남(黃龍慧南, ?-1069)과 양기방회(楊岐方會, ?-1049)에 의해 황룡파와 양기파가 세워졌다. 이들 중에서 후대까지 법맥을 유지한 것은 조동종과 임제종이며, 우리나라의 선종의 효시인 신라 하대의 구산선문(최초로 성립된 가지산파의 종조인 도의道義가 821년에 귀국하며 선종이 처음 소개됨)은 마조의 법맥, 즉 홍주종이었다. 이후 간화선看話禪을 주장하는 임제종 문하의 대혜종고(大慧宗杲, 1089-1163)로부터 영향을 받은 지눌(知訥, 1158-1210)은 정혜쌍수定慧雙修를 주장하며 임제선을 선양하였다. 대승경전들 중에서 특히 선불교의 성립과 관계가 있는 것은 『금강반야바라밀경(=금강경)』, 『화엄경』, 『유마경』, 『대승열반경』, 『능가경』 등이다. 여기서 선종의 종지宗旨인 '불립문자'의 경전적 근거와 의미를 살펴보자.

① 불립문자不立文字, 교외별전敎外別傳

불립문자는 문자에 집착하지 않고 3법인·4성제·연기·공과 같은 보편적 명제의 형태로 정언定言을 세우지 않는다는 입장을 표명한 것이며, 교외별전은 경전의 가르침과는 별도로 마음으로 전수된 것이 있다는 것을 말한다. 따라서 경전에 절대적 가치나 의의를 부여하지 않는다. 교종教宗이 경론의 문자에만 집착하여 불교의 본래 정신을 잃고 있다고 보아, 선종에서는 붓다의 정법은 문자에 의해서가 아니라 마음에서 마음으로 전해지는 것이라고 주장했던 것이다. 불립문자의 전통을 전하는 '염화시중拈華示衆'의 일화가 있다. 어느 설법 자리에서 붓다가 연꽃 한 송이를 들고 침묵하고 있을 때 거기에 모인 사람들은 아무도 그 뜻을 알지 못했으나, 가섭이 그 뜻을 알고 미소 지었다고 한다. 그래서 선종에서는 가섭을 인도의 초대 조사로 간주한다. 이렇게 불립문자를 표방하는 중국의 선, 특히 혜능 계통의 남종선은 이심전심以心傳心으로 가르침을 전하는 사제師弟 관계를 중시하게 되었다.

『금강경』에서는 일체의 개념이나 관념을 떠나라고 가르치며, 경전의 진리에 대한 언어적 표현에 사로잡혀서는 안 된다고 한다. 붓다의 가르침은 깨달음을 위한 방편일 뿐인데도 불구하고 그것을 해석하는 데만 몰두하고 집착하여 스스로 깨달음을 얻지 못한다면 붓다의 진의를 그르치는 일이라는 것이다. 반야바라밀이 최고의 진리이지만 그것은 깨달음을 위한 방편이지 진리 그 자체는 아니다. 이를 『금강경』에서는 '머무는 바 없이 그 마음을 내야 한다應無所住而生其心'고 표현한다. 선사들의 구름같이, 물같이 자유자재하고 원융무애圓融無礙한 마음가짐과 행동은 이에서 연원한다. 또 『능가경楞伽經』에서는 '문자에 따라 의미를 해석하지 말라. 진실은 자구字句에 묶여 있지 않기 때문이다. 손가락을 주시하는 사람처럼 행해서는 안 된다. 그것은 마치 어떤 사람이 다른 사람에게 자기의 손가락으로 뭔가를 가리키자, 그 사람은 손가락이 가리키는 대상을 보지 않고 오로지 손가락 끝만 응시하는 것과 같다'고 하였다. 그리고 손가락에만 집착하여서는 결코 궁극적 의미에 이르지 못한다고 설파하였다. 또 붓다는 깨달은 이후 입멸할 때까지 한 마디도 설하지 않았다一字不說고 하는 언급도 불립문자의 근거로서 주목

되고 있다. 『유마경』의 유마vimalakīrti거사의 언설과 행적은 선승들에게 '머무는 곳마다 주인이 된다隨處作主'의 정신에 귀감이 되고 있다. 그는 사람들이 말이나 문구에 사로잡혀 각자의 입장에서 해석하고 견해를 세운다고 하였다. 말은 진실을 전하기 위한 방편에 지나지 않지만 그것에 집착하여 자신의 주장을 내세우며 서로 다투게 된다는 것이다. 그래서 대립과 갈등이 생기고 종파가 생기게 된 것으로, 이는 붓다의 가르침을 쓸모없게 만들 뿐이다. 『유마경』에서는 다음의 일화를 전하고 있다. 유마의 병문안을 온 불제자들이 '불이법문(不二法門: 상대적인 차별을 뛰어넘은 평등의 경지)'에 대해 각자의 생각을 이야기한 후에 문수보살은 '모든 것은 말하거나 말하지 않거나, 설하거나 설하지 않거나, 알거나 알지 못하거나, 모든 물음과 대답을 떠나는 것이 불이법문에 드는 것'이라고 말하였다. 이는 불이법문의 경지에 대한 최상의 표현이라고 할 수 있다. 그리고 유마거사에게 이에 관해서 의견을 구했지만 그는 그저 침묵할 뿐이었다. 이에 문수보살은 '훌륭합니다. 훌륭합니다. 문자도 말도 없는 이것이야말로[一默] 불이의 법문에 드는 것입니다'라고 칭송하였다고 한다.

② 직지인심直指人心, 견성성불見性成佛

『열반경』에는 '모든 중생은 불성을 가지고 있다一切衆生悉有佛性'는 혁신적인 사상을 담고 있다. 불성은 붓다가 될 수 있는 소질이나 잠재성, 또는 본성이나 종자를 말하는데, 이러한 불성이 5온 속에 있다는 것이다. 불성에는 생멸이나 거래去來가 없고 과거·현재·미래의 구별이 없으며 일체의 인과관계를 떠난다. 불성은 작용도 아니고 작용의 주체도 아니다. 또한 일체의 개념이나 관념에 의해 포착되는 것도 아니고, 시작도 끝도 없으며, 모든 존재가 있는 곳에 있다. 불성은 있다고도 없다고도 할 수 없으니, 비파에서 생기는 음색과 같은 것이다. 분해해서

조사하면 찾을 수 없지만 원래대로 갖춰지면 다시 음색이 드러나듯이 신체의 어디에서도 불성을 찾을 수 없지만 온 몸에 대한 통찰 속에 불성은 여실히 나타나는 것이다. 그러나 불성은 무량의 번뇌에 가려 있고 선지식에게 바르게 지도를 받지 못하고 있기 때문에 범부는 그 존재를 알 수 없다.

그렇다고 불성을 하나의 실체처럼 이해해서는 안 된다. 그것은 우파니샤드의 아트만과 같이 보는 것이므로 불교의 근본교설인 무아설에 위배된다. 그래서 경에서는 '만일 중생 가운데에 특별히 불성이 내재한다고 하면 그것은 옳지 않다. 왜냐하면 중생이 곧 불성이고, 불성이 곧 중생이기 때문이다'라고 하는 것이다. 모든 생명체[有情]는 그 자체가 불성이라고 하는 것이고, 이를 아는 것이 곧 열반을 얻는 것이다. 그러므로 '번뇌를 끊어 없앤 상태를 열반이라고 하지 않는다. 번뇌가 생기지 않는 것이 열반'인 것이다. 이러한 『열반경』의 가르침은 6조 혜능의 사상과 직접 연결되고 있다. 일상의 삶에서 진실하지 않은 것은 없고, 범부의 삶과 성인의 삶이 다르지 않으므로 중생이 곧 붓다이다. 깨달음을 찾아 일상의 삶을 떠나는 것은 성과 속을 가르는 분별심에서 일어난다. 마조도일은 '일상의 마음이 바로 진리平常心是道이며, 그 마음이 곧 붓다卽心是佛'라고 하였다. 이로부터 성속을 명확히 구분하는 인도적 엄숙함에서 벗어나 삶의 체취가 물씬 묻어나는 중국불교가 탄생한 것이다. 임제선사의 다음의 말은 그것을 단적으로 말해준다. "불법에는 별도로 닦아야 할 것이 없으니 단지 일상만이 있을 뿐이다. 똥 누고 오줌 누고 옷 입고 밥 먹고, 피곤하면 잘 뿐이다. 어리석은 이들은 이렇게 말하는 나를 비웃겠지만 지혜로운 자는 알 것이다. 옛 사람도 말하기를 '밖에서 뭔가를 얻기 위해 공부하는 자는 모두 어리석고 아둔한 놈'이라고 하였다."(『임제록』)

기독교의 인간론

　　기독교는 로마 제국이라는 환경 속에서 탄생하였다. 기원전 510년부터 공화정을 실시한 로마는 기원전 3세기 이탈리아 반도 대부분을 정복하고 지중해로 진출해 북아프리카의 카르타고 제국과 충돌했다. 기원전 264년 1차 전쟁을 시작으로 기원전 149년 카르타고를 정복함으로써 세 차례에 걸친 포에니 전쟁에 종지부를 찍고, 시리아를 격파하고 그리스의 여러 도시를 점령하면서 세계제국으로 발전했다. 이후 정치적 혼란기를 거친 끝에 안토니우스가 이집트의 클레오파트라와 연합하여 옥타비아누스와 악티움 해전을 벌였으나 패함으로서 로마는 지중해 연안을 완전히 장악하고 '로마의 평화Pax Romana' 시대를 열게 된다(기원전 31). 원로원은 옥타비아누스에게 기원전 27년 '아우구스투스尊者'라는 칭호를 부여하여 사실상 제정帝政이 실시되었다. 기원후 14년에 그가 죽자 티베리우스가 즉위하고 이어 네로와 5현제賢帝 등을 거쳐 군벌들이 등장하여 권력투쟁을 벌이는 군인황제시대(235~284)가 전개된다. 혼미한 정국이 계속되는 가운데 즉위한 디오클레티아누스는 제국의 단결과 국민의 충성심을 강화하기 위해 주피터 숭배사상을 부활시켰으나 이에 기독교인들이 따르지 않자 기독교에 대한 탄압을 강화하였다. 그러나 그 뒤를 이은 황제들도 권력다툼에만 몰두하여 정국은 걷잡을 수 없는 혼란 속으로 빠져들었다. 콘스탄티누스 황제는 이를 바로 잡기 위해 기독교에 대한 관용령을 발표하고(313), 이어 다음과 같은 칙령을 반포하였다(323).

① 주교에게 민간재판관과 동일한 권위를 부여한다. ② 재산을 교회에 양도하는 행위와 교회가 노예를 해방시키는 행위를 합법화한다. ③ 독신금지 조치를 해제한다. ④ 이교도의 축제에 기독교인의 참여를 금지한다. 이는 기독교를 공인한다는 의미를 지닌 것으로 이때부터 교회는 비약적인 성장을 하게 되었고, 테오도시우스 황제는 기독교를 국교로 선포하고 이전의 모든 종교를 금지하였으며(392), 다음 해에는 이교의 잔재라 하여 올림픽경기도 폐지하였다. 그리고 제국은 동·서로 분열되어(395), 서로마 제국은 476년에, 동로마 제국은 1453년에 멸망하였다.

1. 시대적 배경

로마 제국은 헬레니즘 시대의 정신을 계승하였다. '헬레니즘'은 그리스 문화와 오리엔트 문화가 서로 영향을 주고받으면서 새로 태어난 문화를 가리킨다. 이 시대를 연 것은 아리스토텔레스(기원전 384~322)의 제자이자 마케도니아의 왕인 알렉산드로스로서, 그는 약관의 나이에 아시아 원정을 떠나(기원전 334), 페르시아를 멸망시키고(기원전 330), 인더스 강 유역까지 정복하고 난 뒤(기원전 327) 고향으로 돌아가다가 바빌론에서 요절하였다(기원전 323). 그가 죽은 뒤에 제국은 마케도니아와 소아시아 지역의 리시마코스 조朝와 카산드로스 조, 시리아의 셀레우코스 조, 이집트의 프톨레마이오스 조로 나뉘어 헬레니즘 문화를 융성시켰다. 이후에 마케도니아 지역은 기원전 148년에 로마의 속주가 되었고, 가장 강성했을 때는 유럽동부의 트라키아(발칸반도의 남동쪽으로 터키와 맞닿아 있음) 지방부터 메소포타미아와 인도 변경지역에 이르는 광대한 영토를 소유했던 셀레우코스 왕조는 기원전 63년에 로마의 장군 폼페이우스에 의해 로마 제국의 시리아 속주로 편입되었다. 마지막으로 프톨레마이오스 왕조는 기원전 31년에 그리스 서부의 악티움에서 벌어진 해전에서 로마에 패하여 결국 멸망하였다. 알렉산드로스의 제국은 헬레니즘 문화와 함께 고스란히 로마 제국으로 흡수된 것이다.

알렉산드로스와 셀레우코스의 왕들은 새로 만든 폴리스(도시국가), 즉 코스모폴리스(국제도시)들을 중심으로 하여 그리스 문화를 오리엔트 전역에 침투시켰다. 이렇게 탄생한 헬레니즘 문화는 민족이나 지역 간의 차별의식이 희석되면서 세계시민주의를 지향하며 간다라미술과 같은 문화적 업적을 남겼다. 그러나 이로 인해 그리스의 폴리스가 가졌던 강력하고 폐쇄적인 공동체 의식은 쇠퇴하고 개방적인 세계인의 하나로서의 개인의식과 개인의 행복에 관심이 집중되었다. 그리스 시대의 창조성과 기백은 위축되었고 새로운 성취의 추구와 용기보다는 개인의 안심입명安心立命만을 바라게 되었다. 세상의 고난을 헤쳐나갈 수 있다는 자신감을 잃고 인간의 숙명적인 유한성을 탄식하며 개인의 구원에 대한 갈망이 팽배한 염세적인 경향이 시대를 지배하였다. 헬레니즘 시대의 철학은 국가나 인류를 위한다는 거창한 구호나 사회개혁에는 무관심했고 오직 개인의 구원에 대해서만 이야기하였다. 이런 상황에서 기독교는 헬레니즘 시대의 철학적 종교 가운데에서 경쟁력 있는 하나의 종파로 탄생하였다. 로마의 식민지인 팔레스타인 지역의 유대족의 종교였던 유대교는 기독교라는 세계종교로 거듭나게 되었으며 이에 결정적인 역할을 한 인물이 바울(10-67)이다. 바울은 유대교를 헬레니즘적인 구원관으로 재해석하여 로마 제국, 즉 세계의 구원에 나섰던 것이다.

1) 에피쿠로스학파

에피쿠로스(Epicouros, 기원전 341~270)는 아테네에 '정원庭園, hokepos 학교'를 세우고 데모크리토스의 유물론적 원자론에 근거한 쾌락주의를 주장하였다. 그는 이 세상이 적의에 차 있으며 인간의 선과는 아무런 관계도 없고 결국에는 모든 사람을 파멸시킬 것이라고 확신하였다. 그래서 세상과의 절연에서 오는 평온 속에서만 유한하고 일시적인 쾌락이나마 즐길 수 있으며, 그러기 위해서는 금욕적인 자제自制가 필요하다고 하였다. 그의 생각을 도식적으로 표현하면 다음과 같다.

행복 = 성취(성공) / 야망(욕망)

에피쿠로스는 행복을 증진시키기 위해서는 분자에 있는 성취도를 높이기보다는 분모의 야망을 줄여야 한다는 것이다. 어차피 이 세상에서의 성취나 성공은 근원적으로 불가능하므로 차라리 무엇을 이루고자 하는 야망이나 욕심 또는 기대를 버리는 것이 더 낫기 때문이다. 그래서 모든 공포나 고통 또는 감정에서 해방되어 평정平靜, ataraxia의 상태를 유지하는 것이 이 혼탁한 세상에서 행복하게 사는 유일한 방법이다.

로마의 시인 루크레티우스(Lucretius, 기원전 96-55)는 『사물의 본성에 관하여De rerum natura』에서 에피쿠로스의 사상을 웅변적으로 전하고 있다. 그는 이 책에서 이 세계는 인간을 위하여 만들어진 것이 아니며, 자연에는 아무런 목적도 계획도 없다고 갈파하고 있다. 만물의 생성은 물질의 법칙에 따른 것이든지, 예측할 수 없는 맹목적인 우연 때문이며, 변하지 않는 궁극적 존재는 오직 원자와 허공뿐이다. 원자로 이루어진 모든 존재는 덧없는 것이며 영혼도 원자의 결합에 불과한 것이므로 원자가 해체되면 영혼도 소멸해버린다. 자연은 인간을 만들었고 인간은 언어를 통하여 문명을 쌓아올렸다. 인간은 번개로 인한 불로 우연히 요리를 만들고 도구를 만드는 기술을 배우게 되었고 이로 인해 인간의 생활방식은 복잡성을 띠게 되면서 불행의 길로 들어섰다. 그 하나는 자연의 자원을 사유재산으로 소유하면서 야심, 탐욕, 전쟁, 범죄 등 수많은 악이 생겨난 것이다. 그리고 또 하나는 신이 존재한다든지, 영혼은 사후에도 살아남아서 내세에 무서운 시련을 받는다든지, 신의 비위를 맞추기 위해 희생물을 바쳐야 한다든지 하는 잘못된 믿음이 나타난 것이다. 종교는 불안이나 공포심을 조장하는 인간 최악의 불행이다. 이렇게 그는 문명이라는 것을 인간을 현혹하는 위험한 유혹물로 치부하였다. 그래서 인간을 유혹하는 문명을 벗어나 자기의 내면세계에 은거하여 고요하게 살아가는 것이 인간의 행복이라고 주장하였다. 인간과 자연은 공간 속에서의 원자들의 우연한 결합과 해체에 의한 결과물들이고, 이러한 과정을 냉철히 볼 수 있다면 마음의 동요없이 큰 행복을 얻을 수 있다면서 다음과 같이 말한다. "경건이란 머리에 베일을 쓰고 제단 앞에 무릎을 꿇는 것이 아니라, 평화로운 마음으로 모든 것을 바라볼 수 있게 되는 것을 말한다."

2) 스토아학파

스토아학파의 선구적인 역할은 소크라테스의 영향을 받은 안티스테네스와 디오게네스(Diogenes, 기원전 412~325)의 퀴니코스(kynikos, cynic: 개처럼 사는 사람들)학파가 하였다. 그들은 인간은 자신의 능력으로 어떻게 할 수 없는 것에 대한 감정적인 얽매임, 재난의 공포, 외적 사물에 대한 욕망 그리고 타인들의 눈에 따라 좌우되는 태도로부터 완전히 벗어나야 한다고 주장하였다. 인습(因襲: 예전의 풍습, 습관, 예절 따위를 그대로 따름)은 인위적인 것이어서 나쁜 것이다. 외적인 행복이나 사회적인 성공, 우정, 명예, 지식 등은 가치없는 것이다. 덕 만이 선이요, 부덕은 악이다. 덕은 자기 주위에 있는 모든 것에 대해 도전을 외치고 이 세계 안의 정당한 위치에 확고하게 서서 완전히 자족의 경지에 이르렀을 때 생긴다. 이에 비해 부덕은 사회의 사이비 인습에 순종하며 그릇된 방향으로 나아갈 때 생기는 것이다. 문명은 제멋대로의 기준과 미신에 의해 뒷받침되고 있는 퇴폐적인 제도들로 이루어진다. 이러한 문명의 배격은 더 훌륭하고 이상적인 어떤 사회를 추구하기 위해서가 아니라, 인간 자신의 완전한 자유를 온전하게 지키려는 것이다. 그래서 부족함이나 수치심, 위선을 지니지 않은 개의 생활태도를 찬양하고 따르며, 쾌락이나 고통, 또는 자연적 사회적 사건에 의해 동요하지 않고, 인간적 유대에도 아무런 관심을 보이지 않으며, 세상을 비웃으며 고립적인 생활을 즐겼다.

이러한 사상을 계승한 스토아학파는 헬레니즘·로마 시대의 주류적인 철학이 되었고, 이후 기독교의 성립과 발전에 결정적인 영향을 끼쳤으며 지금도 서양문화의 중요한 원천이 되고 있다. 그러나 퀴니코스학파가 세상과의 단절을 강조하였다면 스토아학파에서는 세상에 대한 감정적인 얽힘에서 벗어날 것을 주장한 점에서 차이를 보이고 있다. 스토아학자에게 이 세상이란 어떤 이성적 목적에 의해서 형성되어 있는 곳이고, 자연의 과정은 목적론적이며, 모든 사건은 단일한 예지적인 계획 속에 포함되어 있다. 인간의 육체 속에 삶의 주체로서의 영혼이 깃들어 있듯이 이 세계는 그 속에 무엇인가를 지향하는 영적 존재, 즉 로고스(logos: 세계이성)를 품고 있다는 것이다. 그래서 인간은 자연 또는 우주의 목적 또는 섭리(攝理: 자연계를 지배하고 있는 원리와 법칙)에 따라서 살아야 한다고 한다. 인간은 로고스가 연출하는 우주의 무대에서 자신에게 맡겨진 배역을 성실하게 연기해야 하는 배우인 것이다. 빈부귀천의 어떤 역할을 맡든 모든 감정적인 요소를 배제한 채 그것을 제대로 해내야 한다는 엄격한 의무만이 존재한다. 스토아학파에서는 이를 위한 2가지 덕을 표방하고 있다. 첫째는 고통, 공포, 욕망, 쾌락과 같은 정념(情念, pathe: 강하게 집착하여 감정에서 생겨난 생각)에서 완전히 해방된 상태인 아파테이아apatheia, 즉 무감동, 부동심이다. 둘째는 로고스의 섭리에 대한 냉정하고 이성적인 충실함이다. 즉 개인적인 야심이나 희망을 자제하고 자신이 맡은 임무와 의무를 철저히 성취하려고 하는 것이다. 플라톤이나 아리스토텔레스가 말하는 선善은 정열이나 정욕을 부정하는 것이 아니라 이성으로 적절하게 지배하는 것인데 비해, 스토아철학자의 선은 모든 감정과 정열을 근절해버리고 오직 냉철한 이성적인 사고에 의해서 행동하는 것이다.

스토아학파를 창시한 사람은 페니키아(Phoenicia: 가나안이라고도 하며 현재의 시리아, 레바논, 이스라엘 지역) 출신으로 아테네에 스토아학원을 연 제논(Zenon, 기원전 340~265)이다. 그는 개인주의적이고 동시에 세계주의적인 헬레니즘 시대의 염세적 사회상황을 반영하여 금욕적이고 숙명론적인 구원관을 펼쳐 공감을 자아냈던 것이다. 이러한 사상은 로마 제국으로 이어져 네로 황제의 스승인 세네카(Seneca, 기원전 4~기원후 65), 노예였던 에픽테토스(Epiktetos, 60~120), 황제인 마르쿠스 아우렐리우스(Marcus Aurelius, 121~180) 등에게 계승되었고 기독교의 로마 진입에 초석을 깔았다고 할 수 있다. 이는 스토아사상이 인종의 차이나 신분의 고하를 막론하고 세계주의적 보편적 세력이었다는 것을 입증하는 것이다.

3) 회의주의

퓌론(Pyrrhon, 기원전 360~270)은 올림피아가 있는 엘리스 출신으로 30세 때 알렉산드로스대왕의 동방원정에 참가하여 인도에 가서 요가 수행자들을 만나고 돌아와 엘리스에 학교를 개설하였다. 그는 우리가 어떤 대상에 대한 참된 인식에 도달할 가능성이 전혀 없다고 주장하였다. 원래 회의주의는 아테네의 4학원(아카데메이아, 릴리전, 호케포스, 스토아)들 내부에서 온갖 독단주의에 반대하며 어떤 주장의 적합성이나 신뢰성에 의문을 제기해온 전통을 통해 발전해왔다. 이는 소크라테스의 '무지無知의 지'처럼 철학적 주장이나 관습에 쉽게 안주하는 것을 방지하여 더욱 철저한 논증을 추구하도록 하는 역할을 하였다. 이들 학원은 이교의 온상이라고 하여 비잔티움의 황제인 유스티니아누스(재위 527~565)에 의해 529년에 공식적으로 폐쇄되었다.

그러나 퓌론은 개인적인 구원을 요청하는 헬레니즘 시대의 특성을 반영하여, 참다운 지식을 얻기 위한 인식의 문제는 근원적으로 해결할 수 없는 것으로 보고 논쟁이 생겼을 때는 일상생활의 평정을 얻기 위해 무관심한 태도를 취해야 한다고 주장했다. 인간은 개별적 사물에 관하여 다만 억견臆見: 근거없이 제멋대로 하는 생각, doxa을 가질 수 있을 뿐이고 진정한 인식epistēmē에 이르는 것은 불가능하다고 한다. 즉 플라톤과 달리 객관적 진리의 확실한 기준은 존재하지 않는다는 것이다. 소피스트가 주장하듯이 모든 감각적 경험은 상대적이다. 인간 개개인의 감각기관의 능력은 천차만별이며, 이 기관들은 끊임없이 움직이는 우연적인 관계 속에서 사물을 드러내줄 뿐이다. 또 외부의 대상은 각자의 마음이 가하는 해석에 의해 파악된다. 감각대상이 그 본래의 모습인지 아닌지 알 수 없으며, 그런 만큼 감각적 경험은 신뢰할 만한 것이 못된다. 마찬가지로 모든 추론은 개인들 각자가 선호하는 것을 표현한 것일 뿐이다. 연역적 추론은 자기가 가정한 전제를 토대로 하여 이루어지며, 귀납적 추리도 역시 사적인 경험을 근거로 한 것일 뿐이기 때문에 믿을 것이 못된다. 객관적 진리라고 주장하는 이러한 노력들은 끝없는 논쟁을 일으킬 수밖에 없으므로 쓸데없는 짓이요 무익한 것이다. 공동체의 신념도 사회적 인습因襲과 압력의 소산일 뿐이다. 또한 신에 관한 인간의 관념도 역시 아무런 가치가 없는 것이다. 결국 인간은 탈출구 없는 무지와 불확실성 속에 살 수밖에 없는 것이다. 그러므로 인간은 판단중지epochē에 의해서만 모든 사물과 사건에 무심해지면서 영혼의 평안을 얻을 수 있다.

4) 그리스 · 로마 종교

헬레니즘 · 로마 시대에는 전통적으로 내려온 올림포스 산의 신들을 숭배하기도 했지만 대체로 그리스와 동방의 '신비종교'가 성행하며 개인의 구제와 영생을 약속하였다. 여기서 '신비mystery'라는 용어는 그리스어 '미스테리아mysteria'에서 유래한 것으로, '비밀스러운 의식 또는 교의'를 뜻한다. 그래서 문맥에 따라 신비, 신비 전수傳授, 비의, 비전秘

傳 전수의식, 신비 제전, 신비종교, 신비주의 종교, 밀의 종교 등으로 해석할 수 있다. 이러한 신비를 따르는 사람을 '미에인(myein: 닫다, 차단하다)'에서 유래한 '미스테스(mystes: 비전을 전수받은 사람, 즉 신비가)'라고 하는데, 이는 눈과 입을 닫는 것, 즉 비밀을 엄격히 지키는 사람을 가리키기도 하는 것이다. 따라서 신비종교는 입문하지 않은 자들에게는 닫혀 있으며 그 교의와 수행법이 일반인에게 비밀로 되어 있는 컬트(cult: 숭배, 제식)종교이다. 그중에서 그리스에서 기원한 것으로는 엘레우시스 비의秘儀, 디오니소스교, 오르페우스교 등이 있었으며, 이집트의 이시스교, 오시리스교, 페르시아의 미트라Mithra교, 프리기아(Phrygia: 아나톨리아 중서부 지역에 있던 고대왕국)의 퀴벨레(Kybelē: 지모신)교 등이 있었다.

이 시대의 종교는 3가지 유형으로 나눌 수 있는데, 첫 번째는 황제숭배이다. 이것은 국가종교로서 사회를 안정시키는 역할을 하며 사회의 모든 구성원이 참가해야 하는 종교이다. 두 번째는 신의 본질과 속성을 철학적으로 사색하는 신플라톤주의와 같은 종교이다. 세 번째는 신화와 의식에 관련된 신비종교로서 위에 나열한 종교들이 이에 해당한다. 이 신비의 가르침은 황제숭배와 같은 공공의 종교가 커다란 변화를 겪어온 데 비해 고대의 종교적 의식儀式을 보존하는 역할도 수행하였다. 그래서 원래의 인도 · 유럽 종교나 인도 · 이란 종교의 모습을 간직하고 있는 것으로 추정하고 있다. 그리고 기독교는 그 초기 단계에서 이러한 신비종교의 교의와 의식을 성사聖事나 성례전聖禮典에 수용함으로써 로마세계에 기독교를 전파하는 데 많은 도움을 받았다. 그러나 기독교가 로마국교가 된 후에는 모든 신비종교는 폐쇄되었다.

5) 신플라톤주의

신플라톤주의라는 말은 로마 시대의 외적 요소들로부터 아카데메이

아의 순수성을 지키기 위해 노력한 이집트의 플로티노스(Plotinos, 205~27
0)가 이해한 플라톤사상을 가리키기 위해 근대에 생긴 용어이다. 그러
나 그러한 의도와는 달리 그의 사상에는 플라톤과 아리스토텔레스뿐
아니라 피타고라스와 스토아사상, 그리고 그리스의 신비종교와 동방종
교까지 적극적으로 수용한 것이었다. 이상주의적이고 일원론적인 신플
라톤사상은 합리적이고 인문주의적인 그리스 전통에서 발생하여 점차
동양의 주술적이고 신비적인 요소가 첨가되어갔다. 플로티노스 이전에
플라톤의 철학을 2원론적으로 해석한 사상으로는 신피타고라스주의와
영지주의를 들 수 있다. 신피타고라스주의는 기원전 6~5세기에 활동한
피타고라스 교단의 연속선상에 있다. 그들은 육체는 영혼의 감옥으로
서 인간의 구원은 영혼이 육체의 지배로부터 벗어나야만 달성될 수 있
다고 주장하였다. 육체와 물질은 악이고 영혼은 선이지만, 육체의 죄로
인해 윤회전생하므로 육체로부터 해방되기 위해서는 금욕적 생활과 욕
망의 억제가 필수적이라고 한다. 그리고 예전의 금기들을 부활시키고
동방의 신비 의례를 도입하였다. 영지靈知주의gnosticism―gnosis는 여러
전통 종교들로부터 영향을 받고 또 영향을 주었지만, 초대 기독교에 가
장 심오한 영향을 미쳐 교회법 · 신조 · 주교조직이 생겨나게 했다. 그
들은 교육이나 경험적 관찰이 아닌 신적 계시에 의해 얻어지는 비밀스
런 지식의 구속救贖능력을 강조하였다. 이 세상은 정신계와 물질계의
숙명적인 투쟁의 장이다. 물질세계는 데미우르고스dēmiourgos라는 악신
이 창조한 것으로 그의 지배를 받고 있으며 인간은 그 속에 갇혀 있다.
인간이 여기서 벗어나기 위해서는 자신을 구출해줄 정령aeon에게 호소
할 수 있는 영적인 지식을 가져야 하는데 정령은 영지주의자마다 제각
각 달랐으니, 가령 기독교인에게 인간을 구원할 정령은 그리스도인 것
이다. 해방된 인간의 정령은 육체로부터 이탈된 정령들만의 왕국으로
들어가게 된다.

플로티노스는 모든 형태의 이원론을 배격하고 이 세상은 오직 하나의 존재계열만이 있을 뿐이라고 주장하였다. 그리고 모든 계열이 의존하고 있는 것은 존재의 근원인 일자一者, en이다. 일자는 완전하고 자기 충족적이며 이로부터 모든 존재가 유출되어 나온다. 그러므로 육체의 의미도 이원론자들과 다를 수밖에 없다. 육체는 영혼의 지위를 일시적으로 한정하고 있는 장소이지만 또한 더 나은 위치로 향상하려는 노력의 출발점이기도 하다. 육체도 일자로부터 나온 것이기 때문이다. 유한하고 가시적인 세계도 역시 무한하고 불가시적인 일자가 임재하고 있는 곳이다. 일자는 초월적이어서 그와 합일하고자 하는 희망의 대상이고, 동시에 내재적이어서 낮은 단계의 존재들 속에서 그를 느낄 수 있는 것이다. 플로티노스는 수많은 초월적 실재가 유한하고 가시적인 이 세계의 바탕을 이루면서 유지하고 있다고 하면서, 그중 가장 중요한 것으로 3단계를 제시하고 있다.

첫째는 영혼psychē의 단계이다. 이것은 유한한 가시적 세계의 모든 부분과 그 구조 속에 존재한다. 자연은 우연적이고 맹목적인 혼합물이 아니라 목적을 갖는 하나의 조직체이다. 가령 인간의 영혼이 육체의 각 부분들을 하나의 유기적인 통일체로 유지하는 것처럼, 전 자연의 유기적 조직 속에는 세계영혼이 깃들어 있는 것이다. 영혼의 단계는 그보다 더 높은 존재인 이성의 단계로부터 나온다.

둘째는 이성nous의 단계이다. 플라톤은 이 세상의 개별적인 존재들은 이데아의 모방이요, 분유分有라고 하였는데 플로티노스는 자신이 그 사상을 그대로 계승한 것이라고 생각하였다. 그래서 영혼의 단계는 이성의 단계를 유한하고 불완전하게 나타내고 있다는 것이다. 이성은 영혼 속에 잠재해 있을 뿐이며 그것이 현실로 표출될 수는 없지만 그 자체로 완전성을 띠는 것이다. 그러나 이것은 많은 형상들이 서로 차이를 가지고 떨어져 있기 때문에 아직 궁극적인 것은 아니다.

셋째는 일자en 자체이다. 존재의 최고 원리는 진정으로 완전히 유일하고 단순한 것이어야만 한데 그것이 일자이다. 존재는 언제나 어떤 통일성을 표명하고 있으며 따라서 완전무결한 존재는 하나일 수밖에 없다는 것이다. 이 일자로부터 이성이 유출流出되고, 이성으로부터 영혼과 가시적인 이 세계가 유출된다. 여기서 유출은 타자에 대한 어떤 행위에 의해 산출되는 것이 아니라, 최고원리의 순수한 본질에 의해 산출되는 것을 일컫는다. 일자는 시간과 공간과 차별을 초월한 것이면서도 시공 속의 만물의 원천이기도 한 것이다.

플로티노스에게 이 세상은 완전한 실재성을 갖는 것이 아니다. 영혼은 숙려熟慮를 통해서 이성의 단계로, 그리고 신비적인 합일에 의해서 일자 자체 속에 흡수되는 단계로 올라가려고 노력할 것을 주장하였다. 그래서 그는 영혼의 단계에서는 플라톤이 말한 지혜·용기·절제·정의 4주덕을 도약을 위한 예비적인 덕으로 들고 있으며, 이성의 단계에서는 예술·우의友誼·논리학을 더하고 있다. 이러한 덕의 수련을 통해서 완전히 정화된 영혼은 마침내 일자와 합일할 수 있게 되는데, 이 경지에 대해서는 말로 표현할 수 없다고 하였다. 그의 사상은 아우구스티누스(354~430)에 의해 수용되어 기독교 신학 형성에 중요한 역할을 하였다.

2. 역사적 전개

1) 사도시대

제자들이 예수의 가르침에 대해 새롭게 자각하기 시작하는 것은 부활사건 이후이다. 그 이전의 예수는 유대교의 『히브리성경』에 대해 새롭고 독특한 해석을 하는 랍비에 불과하였다. 예수의 죽음과 함께 절망 속에서 뿔뿔이 흩어지려던 예수의 제자들은 부활을 계기로 하여 새로운 자신감과 신앙심을 갖고 전도에 나서게 되었다. 예수의 육신이 부활하여 다시 나타나자 제자들은 그가 최후의 심판을 하기로 예언된 사람의 아들, 즉 메시아messiah⑩ : 기름부음을 받은 자, christos ⓔ로서 하늘의 구름을 타고 곧 재림할 것이라고 확신하게 되었던 것이다. 그들이 오순절에 예루살렘에 모여 기도하던 중에 세찬 바람소리가 들리며 혀같은 것들이 나타나 불길처럼 갈라지며 각 사람 위에 내리자 마음이 성령pneuma으로 가득차서 성령이 시키는 대로 여러 가지 외국어로 말하는 체험을 한 뒤, 그들의 신앙심은 더욱 공고해졌다. 이제 사도들은 용기를 내어 예수의 복음을 전하기 시작하였고 유대교의 보수세력인 사두개인과 바리새인들이 그들을 박해하였으나 개종자는 점점 늘어만 갔다.

예수를 그리스도라고 믿는 사람들에는 두 부류가 있었다. 하나는 자신들이 믿는 종교를 유대교의 한 종파라고 생각하는 사람이다. 그들은 모세의 율법을 철저하게 지키며 할례는 그 믿음의 필수적인 표현이라고 본다. 또 하나는 예수의 복음을 훨씬 자유롭게 해석하는 사람이다. 그들은 그리스 · 로마 문화에 익숙하고 그리스어와 라틴어를 사용하는 유대인으로, 유대교의 희생제의를 비판하며 율법의 형식주의보다 예언서의 정신을 중요하게 생각하였다. 이들 사이에는 커다란 갈등과 알력이 형성되었으며 특히 유대교회에서는 후자에 대한 탄압이 극심하게 이루어져 예루살렘에서 추방되기에 이르렀다. 이에 베드로는 보수적이면서도 비교적 온건한 입장을 견지하였다. 그는 할례받지 않은 기독교인에게도 성령이 내린다는 것을 지중해 연안에서의 경험을 통해 인정하였으며, 안티옥Antioch에서는 음식에 대한 금기를 깨고 그들과 함께 식사를 하기도 하여 보수파로부터 혹독한 비난을 받기도 하였다.

이런 여건 속에서 기독교를 유대교에서 독립시켜 보편적인 종교로 거듭나게 한 이가 예수의 무리들을 가혹하게 탄압하다가 부활 1~2년 후에 개종한 바울(Paul, 10-67)이다. 실리시아의 타르수스(Tarsus in Cilicia, 지금의 터키지방) 출신인 그는 『로마인들에게 보낸 편지』, 『고린토인들에게 보낸 편지』, 『갈라디아인들에게 보낸 편지』, 『필립비인들에게 보낸 편지』, 『데살로니카인들에게 보낸 편지』, 『필레몬에게 보낸 편지』 등을 통해 당시의 신학적인 고민과 목회적인 상황을 생생하게 보여주고 있다. 이 서신들은 현존하는 기독교 문헌 가운데 가장 오래된 것으로 지금도 여전히 신학적 지침으로서 중요한 의미를 지니고 있다. 헬레니즘 시대의 사상과 철학 그리고 종교에 정통하였던 그는 유대교적인 기독교와 대적하였으며, 예수의 복음에 대한 신학적 개념을 정립하여 아테네, 로마, 안티옥 등 로마 제국 중심부에 그것을 직접 전파하였다. 또 예루살렘으로 가서 베드로 등 예수의 직제자들을 만나 설득하여 동의를 얻어냄으로써 기독교의 전도방향을 확립시키기도 하였다. 그는 엄청난 열정으로 3번의 전도여행을 통하여 지중해 연안의 수많은 도시에 교회를 설립하여 기독교신앙의 중심지로 삼았다. 그는 '예수 그리스도의 주권'과 '성령의 자유'에 대한 신앙을 기반으로 하여 로마 제국의 기독교인들에게 그리스도와의 합일을 통한 영생의 확신과 현실의 죄로부터 구제받을 수 있다는 믿음을 부여함으로써 헬레니즘 시대의 구원에 대한 욕구를 충족시켜 주었다.

2) 초기 기독교(50-150)

초기 기독교가 성공한 또 하나의 중요한 요인으로는 로마 제국 내의 상업 중심지에 설치되어 있던 유대인 신앙공동체 시나고그synagogue, 會堂를 들 수 있다. 그러나 보수적 유대교인들과의 알력이 심해지면서 점차 독립된 기독교 공동체(ecclesia, church, 교회)가 형성되기에 이르렀다. 이들은 로마 황제의 신성을 인정할 것을 서약하거나 황제 동상 앞에 있는 제단에 향을 피우고 신주神酒를 바치는 의식에 참석하는 것을 완강하게 거부하였을 뿐 아니라, 로마시민들이 즐기던 오락이나 민속 축제에도 참석하지 않아 기독교인은 편협하고 배타적이며 비밀스럽고 고집불통이라는 비난을 받았다. 이로 인해 기독교인들은 네로 황제 (Nero, 재위 54-68) 시대의 로마 대화재(64) 이후 100여 년 간에 걸쳐 사자 우리에 던져지거나 화형에 처해지는 등 박해를 받았으나 종교를 위해 목숨을 바치는 기독교인이라는 강한 인상을 남기게 되었다.

그 당시 교회에서 행한 의식은 시나고그에서 하던 것과 유사한 것으로 유대교 경전의 낭송(2세기 이후에는 복음서와 사도서간도 포함), 기도, 설교, 찬송가를 부르는 것이었다. 그리고 저녁에 아가페 의식이 있었는데 그것은 모든 사람들이 모여서 식사를 함께 하며 희생된 예수의 몸과 피를 기념하는 최후의 만찬을 되새기는 의미가 있었다. 기독교 공동체에 가입하기 위해서는 수개 월에 걸쳐 체계적인 학습을 하고 교리문답 시험을 보고 마지막에 세례를 받아야 했다. 여기서 신도는 이전에 믿던 신과 도덕을 포기할 것과 그리스도의 가르침에 따를 것을 맹세하였다. 초기 교회에는 한 명 이상의 감독자나 주교를 포함한 장로회가 있었으며 설교와 강연은 타지방에서 온 예언자나 교사가 담당하였다. 2세기 전반에는 한 명의 주교와 장로, 집사에 의해 운영되는 교회가 나타났으며 이들이 설교와 강연도 모두 담당하는 형태가 보편화되었다.

기원후 100년 이전부터 『히브리성경』(=구약)과는 성격이 다른 새로운 경전의 문서들이 산발적으로 만들어지기 시작했다. 예수의 행적을 직접 경험하고 그의 재림이 임박했다고 믿었던 첫 세대의 종말론적 기대가 쇠퇴하면서 팔레스타인 이외 지역에 살고 있던 기독교인들과 로마에 의한 예루살렘 파괴(70) 이후의 디아스포라(diaspora: 분산) 세대들은 예수의 삶과 가르침이 담긴 문서를 필요로 하였기 때문이다. 복음서 중에서 가장 일찍 나타난 것은 65~70년 사이에 안티옥이나 로마에서 쓰인 것으로 보이는 『마르코의 복음서Gospel of Mark』이다. 이 복음서는 예수의 세례 이후의 행적을 설명하며, 특히 인간적인 면모에 대해 잘 묘사하고 있다. 이후 마태오Matthew와 루가Luke는 예수의 메시아로서의 신성神性과 히브리 예언의 완성에 초점을 맞추어 성육신成肉身, incarnation, 受肉, 化身 교리의 토대를 마련하였다. 그리고 요한John의 복음서는 예수에 대한 역사적이고 객관적인 기록보다는 바울이 체험한 것과 같은 예수의 신성을 분명하게 보여주고 있다. 그래서 '말씀이 사람이 되셔서 우리와 함께 계셨는데 우리는 그 분의 영광을 보았다. 그것은 외아들이 아버지에게서 받은 영광이었다. 그분에게는 은총과 진리가 충만하였다'(1:14)라고 하여, 영원한 아버지의 창조적 힘, 즉 로고스의 육화를 직접적으로 묘사하고 있는 것이다. 이는 예수가 신으로부터, 즉 존재 이전의 상태로부터 나왔다고 주장하는 바울의 사상과 노선을 같이 한다. 전통적인 헬레니즘 세계의 '로고스' 개념이 변방의 유대교 랍비였던 예수에게 적용됨으로써 기독교가 제국으로 도약할 수 있는 길이 열리게 되었던 것이다.

그 외에도 예수의 행적에 대한 많은 저술들이 있었으며 특히 그리스 철학에 정통한 호교론자들이 대거 등장하였다. 그들은 기독교가 그리스·로마 문화 전통 속에서 어떻게 종교적 호소력을 가질 수 있으며 플라톤이나 스토아철학 등과 어떻게 융합될 수 있는가를 성공적으로 보여주었다. 그래서 기독교는 보편적catholic 진리성을 주장하며 그들과 어깨를 나란히 하게 되었던 것이다.

3) 로마 가톨릭의 발전과 동방정교회의 분열(150~1054)

'가톨릭' 이 2세기 중반 이후 기독교 공동체를 지칭하는 용어로 사용되면서 가톨릭 교회는 외부세력으로부터 자신을 보호하고 이단과 싸우며 내부 분열을 방지하기 위해, 교리체계를 정비하고 교회의 단일성과 보편성 그리고 사도로부터 내려오는 정통성을 확보하는 데 주력하게 되었다.

영지주의에서는 구약의 창조주 야웨는 악한 물질세계를 만든 열등한 존재이며, 에덴동산의 뱀은 야웨로부터 인간을 구원하기 위해 지혜의 나무로 아담과 이브를 이끈 것이라고 주장한다. 그리고 천상에 살고 있던 정령인 예수는 인류를 구하기 위해 인간의 몸으로 출현하여 악하고 더러운 육체의 감옥으로부터 어떻게 순수한 영적 존재가 해방될 수 있는 지를 보여주었다고 한다. 이러한 사상은 로마시민인 마르시온Marcion에게도 영향을 끼쳤다. 그는 구약의 신은 잔인하고 율법주의적이며 도덕적으로 열등한 존재이고, 또한 예언자들도 진정으로 선한 사랑과 자비의 신과 예수 그리스도에 대해 전혀 알지 못하였으므로 구약은 전혀 가치가 없다고 하였다. 이런 상황 속에서 교회는 자신들의 기본 입장을 정립할 필요가 있었는데, 특히 로마의 교회에서 앞장서서 정통적 교리의 기준을 마련하였다. 이를 사도신경使徒信經, Apostles' creed이라고 하며 그 내용은 다음과 같다.

"전능하사 천지를 만드신 하나님 아버지를 내가 믿사오며 그 외아들 우리 주 예수 그리스도를 믿사오니, 이는 성령으로 잉태하사 동정녀 마리아에게 나시고 본디오 빌라도에게 고난을 받으사, 십자가에 못박혀 죽으시고, 장사한 지 사흘 만에 죽은 자 가운데서 다시 살아나시며, 하늘에 오르사 전능하신 하나님 우편에 앉아 계시다가, 저리로서 산 자와 죽은 자를 심판하러 오시리라. 성령을 믿사오며 거룩한 공회와 성도가 서로 교통하는 것과 죄를 사하여 주시는 것과 몸이 다시 사는 것과 영원히 사는 것을 믿사옵나이다. 아멘."(개신교)

이 사도신경은 로마 가톨릭 교회와 개신교에서 사용하는 신앙 고백이며, 동방정교회는 그 역사적 불명료를 이유로 공식적으로는 사용하지 않는다. 아무튼 교회는 이때부터 사도신경과 신약을 기준으로 하여 그 정통성을 확보하고 있다.

기독교는 콘스탄티누스 황제(Constantinus, 재위 324~337)에 의해 로마 제국의 주류사회로 진입하게 된다. 그러나 세계 각지의 교회는 사도신경과 신약의 편찬에도 불구하고 아직도 하나의 통일된 교리가 형성되지 못하고 있었다. 그중에서도 특히 알렉산드리아의 아리우스(Arius, 250~336)의 주장이 뜨거운 쟁점이 되고 있었다. 즉 예수는 창조된 존재이고 유한한 본성을 지녔다고 하는 사상으로 이는 초기 교회의 정통교리에 정면으로 대치되는 것이었다. 콘스탄티누스 황제는 중재를 위해 325년에 니케아에 있는 자신의 별장에 세계의 교회 주교들을 초청하여 이 문제의 해결을 독려하였다. 그래서 다음과 같은 내용의 니케아 신조 creed of Nicaea가 발표되기에 이르렀다.

"우리는 전능하고, 보이는 것 보이지 않는 것 모두를 창조하신 한 분 하느님 아버지를 믿는다. 그리고 하느님의 아들이며 아버지의 독생자인 예수 그리스도만을 믿는다. 그는 아버지의 신성을 가지고 있고 하느님이며 빛이며 진정한 신이며 창조된 것이 아니고 '아버지와 똑같은 본질 homo ousios'에서 태어났으며 아버지를 통해서 하늘과 땅의 모든 것들이 창조된 것을 믿는다. 그는 우리 인류와 인류의 구원을 위해서 내려왔으며 육체의 형상을 한 인간이 되었으며, 고통을 받았고 3일 만에 부활하여 하늘로 올라갔고 산 사람과 죽은 사람을 심판하기 위해서 올 것이라는 사실을 믿는다. 그리고 우리는 성령을 믿는다."

그리고 이 신조에는 '그리스도가 없었던 때가 있었다' 거나, '하느님의 아들은 하느님과 다른 실재이며 신성을 가지고 있지 않으며 창조되었다'고 하는 사람은 파문한다는 조항이 첨가되었다. 그러나 이러한 노력에도 불구하고 교리 논쟁을 완전히 종식시키기까지는 오랜 시간이 걸렸다. 이외에도 그리스도의 육화 개념에 대한 논쟁도 중요한 문제로 등장하여 이를 해결하기 위해 451년에 칼케돈Chalcedon공의회가 소집되었다. 여기에서는 예수의 본성에 대해 '예수는 신성神性에 있어서도 완전하며, 인성人性에 있어서도 똑같이 완전하다'는 칼케돈 신조를 도출하여 정통교리로 확정하였다.

고대 가톨릭교회에서 교리적 체계를 최종적으로 완성한 이는 북아프리카 히포Hippo의 주교였던 아우구스티누스(Augustinus, 354~430)이다. 그는 헬레니즘 시대의 철학에 정통하였고 한때는 페르시아의 마니(Mani, 215~276)가 창시한 마니교(Manichaeism: 조로아스터교, 불교, 유대교, 영지주의, 기독교에서 여러 요소들을 복합적으로 수용하였으며, 빛과 어둠, 정신과 물질, 선과 악의 이원론을 특징으로 함)에 심취하기도 하였다. 그러나 신플라톤주의를 접하고 나서 갑작스럽게 기독교로 개종하였다. 그런 만큼 그의 신학에는 신플라톤주의의 영향이 깊게 깔려 있다. 그는 삼위일체 교리를 확립하였고, 인간의 타락과 원죄설을 주장하였으며, 인간은 신의 자비로운 은총divine grace에 의해서만 구원받을 수 있을 뿐 인간의 의지적 노력은 아무런 소용이 없다고 하여 이후 프로테스탄트 운동에도 커다란 영향을 끼치게 된다. 인간의 의지에 대한 문제에 대해서는 영국의 수사修士 펠라기우스(Pelagius, 354~418?)와 심각한 논쟁을 벌이기도 하였다. 그는 원죄를 부정하며 인간의 자유의지와 구원을 받기 위한 인간의 노력을 강조하였으며 이로 인해 교황은 그를 파문하기에 이른다. 또 아우구스티누스는 교회는 은총의 수단인 성례전sacraments을 행하기 위해 신이 만든 제도라고 하였으며 교회 밖에는 구원이 없다고 단정하였다.

갈리아 지방의 주교였던 이레니우스(Irenaeus, 135~202)가 신학적 모든 문제의 최종적 권위는 로마교회에 있다고 천명한 이래로, 교황 레오 1세(Pope Leo Ⅰ, 재위 440~461)는 「마태오의 복음서」에 있는 '잘 들어라. 너는 베드로이다. 내가 이 반석 위에 내 교회를 세울 터인즉 죽음의 힘으로도 감히 그것을 누르지 못할 것이다. 또 나는 너에게 하늘나라의 열쇠를 주겠다. 네가 무엇이든지 땅에서 매면 하늘에도 매여 있을 것이며 땅에서 풀면 하늘에도 풀려 있을 것이다'(16:18-19)라는 내용을 근거로 하여 사도 베드로가 세운 로마교회가 영적인 최고 권위를 갖는다고 선언하였다. 이러한 주장은 고트족이나 반달족에 의한 서로마 제국의 멸망(476) 이후에도 그들을 가톨릭으로 개종시킴으로써 지속될 수 있었다.

로마 제국은 테오도시우스 황제에 의해 395년에 동·서로 분리되어 있었으며 동로마 제국, 즉 비잔틴 제국Byzantine Empire은 오스만 투르크에 의해 1453년에 멸망할 때까지 존속하였다. 지금의 이스탄불인 비잔티움은 원래 고대 그리스가 세운 식민지였는데 로마 황제 콘스탄티누스가 330년에 이곳을 '새로운 로마'로 정하고 이를 콘스탄티노플이라 명명한 후 수도를 옮겨온 뒤부터 동로마라는 새로운 영역의 중심이 되기 시작했다. 비잔틴 제국은 그리스 문화를 축으로 하여 슬라브·아랍·셈·투르크 등의 문화와 끊임없이 접촉하였으며 사회적·문화적으로 유동성과 수용력이 대단히 큰 제국이었다. 또 12세기까지 지중해 교역의 중심세력으로서 아랍인과 경쟁을 벌인 역사는 중세 서유럽의 상업을 일으키는 데 중요한 요인이 되었다. 즉 12세기까지 비잔틴 제국은 중세의 국제 정치 무대에서 가장 막강한 세력이었고 지중해 경제와 신앙 · 학문 · 문화의 중심지였던 것이다.

아랍인들의 유럽 진출을 성공적으로 저지한 비잔틴 제국의 황제 레오 3세(Leo Ⅲ, 재위 717~741)는 726년에 교회의 성상聖像 사용을 우상숭배라는 명분으로 금지시킴으로써 로마교회와 결별하게 된다. 이로 인해 불안한 상황에 놓였던 교황은 프랑크 왕국에 도움을 청하였는데, 프랑크 왕 피핀 3세(Pippin Ⅲ, 714~768)는 북부 이탈리아의 롬바르드족을 정복하여 라벤나Ravenna 지역을 교황에게 봉헌하였다. 이로써 교황은 '교회 국가'를 지배하는 세속적인 군주의 역할도 하게 되었다. 그의 아들인 샤를마뉴(Charlemagne, 742~814)는 서유럽 대부분을 통일하여 제국을 건설하였다. 당시 서로마 제국 멸망 이후, 로마 제국의 종주권은 동로마 제국에 있는 것으로 인식되고 있었으므로 당연히 로마 가톨릭교회는 비잔틴 제국 황제의 간섭을 받고 있었다. 비잔틴 제국과의 관계를 끊으려고 하고 있던 교황 레오 3세(Pope Leo Ⅲ, 재위 795~816)는 800년 성탄절 미사에서 샤를마뉴에게 왕관을 씌워주고 서로마 제국, 즉 신성로마 제국의 황제로 임명하였다. 당시까지만 해도 프랑크 왕국도 형식적으로 비잔틴 제국의 종주권을 인정하고 조공을 바치는 처지였으나 이로 인해 동로마와 대등한 위치에 서게 되었다. 또한 이 대관식을 통하여 교황의 권위가 상승되고 로마교회와 프랑크 왕국의 제휴는 더욱더 밀착되어 로마교회는 비잔틴 제국에 더 이상 의존하지 않게 되었다.

그동안 동방교회와 서방교회는 교리적인 의견 대립이 지속되고 있었다. 콘스탄티노플교회는 로마교회의 주교인 교황의 모든 교회에 대한 보편적 지배권에 완강히 반대하여 오다가 결국 1054년에 양방의 주교를 파문하면서 완전히 분열되었다. 동방 정교는 가톨릭의 교황청과 같은 초국가적인 조직을 갖지 않으며, 콘스탄티노플 총대주교는 동방정교회eastern orthodox church에 대한 영적 지배권을 주장하지만 상징적인 의미일 뿐이며, 대체로 민족별, 국가별로 별도의 체제를 갖고 독립되어 있다. 동방정교회는 요한(John of Damascus, 675~749)의 교리체계를 준수하고 있으며, 8세기 이후에 알렉산드리아, 예루살렘, 안티옥 등이 이슬람교에 정복된 후로 신학적인 발전은 멈추었다고 할 수 있다. 그는 로마교회와 함께 한 회의에서 '성화와 성상, 그리고 십자가와 복음서는 마땅히 받을 만한 고귀한 존경을 받아야 할 것이나 이들이 독자적으로 신성을 가진 것은 아니므로 진정한 예배의 대상은 되지 않는다. 성상에 드려지는 경의는 그것이 표현하고 있는 존재에게로 돌아가는 것이며, 성상에 경의를 표하는 자는 성상 속에 표현된 주체에게 경의를 표하는 것이다' 라고 선언하였다. 이러한 입장은 서방교회와 크게 다르지 않다고 할 수 있다. 동방정교는 주로 동유럽과 중앙아시아에 퍼져 있으며, 그리스 · 러시아 · 우크라이나 · 벨라루스 · 몰도바 · 세르비아 · 몬테네그로 · 루마니아 · 불가리아 · 그루지야 · 마케도니아 · 보스니아 · 아르메니아 · 폴란드 · 에티오피아 등이 정교회가 들어가 있는 국가이다.

4) 중세 가톨릭의 발전

로마 교황이 샤를마뉴를 서로마 제국의 황제로 임명한 이후 교황권은 서유럽지역에서 군주의 권력을 앞서게 되었다. 이후로 교황과 왕들 사이에는 끊임없이 권력 다툼이 발생하였고, 왕에 의해 임명된 성직자들은 개인적인 욕망을 충족시키기 위해 성직을 이용하기도 하였다. 이런 와중에 교황 그레고리우스 7세(Pope Gregorius VII, 재위 1073~1085)는 독일의 왕 헨리 4세에게 주교 임명권을 교황에게 줄 것을 요구하여 관철

시켰다. 그리고 교황 우르바누스 2세(Pope Urbanus II, 재위 1088~1099)는 이슬람 세력으로부터의 예루살렘 성지 탈환과 동방정교회와의 재결합을 내세우며 십자군전쟁(Crusades, 1095~1270)을 주도하여 교황의 권위를 높였다. 교황의 권력은 교황 이노센트 3세(Innocent III, 재위 1198~1216) 때에 절정에 달하였다. 그는 교황은 신과 그리스도의 대리자이므로 그의 통치권은 세계를 포괄하는 것이어야 한다고 주장하며 왕들을 복속시켰다. 또 그리스도의 대리자는 신보다는 낮으나 사람보다는 높으며, 교회는 태양이며 왕국은 그 빛을 받아 되비추는 달이라고도 하였다. 그리고 화체설(化體說, transubstantiation: 성찬식 때 빵과 포도주의 외형은 변하지 않지만 그 실체가 그리스도의 살과 피로 변한다는 교리)과 고해성사, 성찬식을 가톨릭 의식의 필수요소로 선포하였다. 이렇게 중세의 서유럽은 가톨릭교회에 의해 엄격하게 통합되고 통제되어 있었다.

샤를마뉴 황제 이후로 대성당cathedral과 수도원은 학교교육에 관심을 쏟기 시작하여 12세기 초에는 볼로냐, 살레르노, 파리, 옥스퍼드 등에 대학이 설립되었고, 스콜라철학scholasticism은 이들 대학에 의해서 탄생하였다. 스콜라철학은 이성과 계시, 즉 과학과 종교, 철학과 신학을 조화시키는 문제에 몰두하였다. 아우구스티누스의 '신앙은 지식의 도움을 필요로 한다'는 신조가 스콜라철학의 토대가 되었다. '나는 이해하기 위해서 믿는다'는 말로 유명한 안셀무스(Anselmus, 1033~1109)는 스콜라철학의 창시자로서 신의 존재에 대한 존재론적 논증을 하였으며 십자군에 공개적으로 반대하기도 하였다. 스콜라철학자들은 경전과 신조에 나타나 있는 불완전한 교리체계를 일반적인 진리 구조에 맞게 정리하고 나서, 연역과 추론 그리고 계시를 사용하여 완전하게 체계 잡힌 신학으로 재구성하는 작업을 해나갔다. 그러던 중 실재론과 유명론으로 대표되는 어려운 문제에 봉착하였다.

가령 '교회'를 생각해보자. 교회는 모든 개별 교회들 이전의 이상적인 형태이며, 개별 교회들은 교회의 이상을 예로 보여주기 위해 존재하는 것인가? 아니면 교회는 어떤 확실한 유사성을 지니고 있는 개별적 교회에 대한 이름이며, 교회가 존재하게 된 이후에 이름이 부여된 것인가? 전자의 입장에서 교회는 신이 만든 제도라고 할 수 있는 반면, 후자의 입장에서는 교회는 인간이 만든 제도가 된다. 물론 교회에서는 실재론의 입장을 취하였지만 유명론이 많은 사람들의 공감을 얻음으로써 결국 14세기 이후에 철학은 신학으로부터 완전히 벗어나게 된다.

8세기 초부터 이슬람 세력이 지배하고 있었던 스페인의 코르도바 대학에서 12세기 말에 아리스토텔레스의 아랍어 번역판 저술들이 발견되면서 서유럽 세계는 커다란 변화를 겪게 된다. 서로마 제국 멸망 이후 700여 년 만에 고대 그리스철학을 본격적으로 접하고 연구할 수 있게 되었던 것이다. 이를 바탕으로 토마스 아퀴나스(Thomas Aquinas, 1224 ~1274)는 『신학대전神學大全』, 『대 이교도대전 』 등을 저술하여 오늘날까지도 가톨릭교회의 신학 지침서로 인정받고 있다. 그는 아리스토텔레스와 그리스도를 조화시키기 위해, 이성과 신앙은 서로 다른 이해의 형태이며 양자는 상호보완적이라는 사실을 밝히려고 하였다. 즉 이성으로 어떤 결론을 성급히 내리기 이전에 계시에 의한 앎을 참조해야 한다는 것이다. 가령 아담의 타락으로 인한 원죄, 성육신, 삼위일체의 교리, 성례전을 통한 은총의 획득, 육체의 부활, 지옥·연옥·천국에 대한 지식은 우리가 이성적으로 알 수 있는 것이 아니라 오직 신의 계시에 의해서만 알 수 있는 것이므로 양자를 적절히 조화시켜야 완전한 앎에 도달할 수 있다고 한다.

13세기 이후로 교황권은 쇠퇴하기 시작한다. 교황의 무소불위의 권력행사는 서유럽 국가들로 하여금 민족주의를 고취시키는 결과를 낳았다. 특히 프랑스와 영국이 서서히 독립을 향해가고 있었으며 신성로마제국은 실제로는 작은 왕국들로 분열되어 있었다. 교황의 권위가 실추

되는 결정적인 계기는 아비뇽 유수(幽囚: 로마 가톨릭의 교황청이 로마에서 아비뇽으로 옮겨 1309년부터 1377년까지 머무른 시기)이다. 이는 프랑스왕 필리프 4세(Philippe Ⅳ, 재위 1285~1314)가 교회에 과세를 하려 하자 교황 보니파시오 8세(Pope Bonifacius Ⅷ, 재위 1294~1303)가 맞서다가 패하여 감금을 당하게 되고, 뒤이어 프랑스 왕에 의해 아비뇽에서 프랑스인 교황들이 임명되었던 사건이다. 이로 인해 교황의 권위는 심각한 타격을 받아 소위 대분열Great Schism의 시대를 맞게 되었다.

한편으로는 십자군운동과 비잔틴 제국의 멸망을 전후하여 이슬람 세계에서 보존하고 연구하였던 고대 그리스 문헌들이 다량으로 이탈리아로 유입되었다. 이로 인해 문예부흥운동Renaissance이 일어나 문학, 회화, 조각 등의 방면에서 중세의 신본주의적 세계에서는 죄악시하고 금기시되었던 인간의 모습이 표출되기 시작하였다. 바야흐로 인간을 표현하고 탐구하는 인본주의가 개화되기 시작한 것이다. 여기에 마르코 폴로나 콜럼버스, 마젤란 등에 의한 지리상의 발견은 서민들의 세계관을 빠르게 확장시켰고, 영주의 지배에서 벗어난 상업도시의 발생으로 인간의 생활양태는 근본적으로 변할 수밖에 없었다. 갖가지 방법으로 세금을 걷어가는 교회와 군주에 대한 비판을 자유롭게 할 수 있게 되었고 지식에 대한 호기심을 여러 가지 방법으로 충족시킬 수도 있었다. 이러한 인식과 환경의 변화는 사회와 교회에 대한 강렬한 개혁의 욕구로 이어졌다.

5) 종교 개혁(1517)과 개신교의 발전

종교 개혁이 성공할 수 있는 분위기는 무르익고 있었다. 상업도시의 발달로 경제적, 문화적으로 독립적인 중산층이 대거 형성되었고 화폐가 통용되면서 자본주의가 싹트기 시작하였으며, 도시인들은 영주나 주교의 영향을 벗어나 정치적으로 자립적인 능력을 축적해갔다. 이들의 눈에 교회는 사치와 방종에 젖었을 뿐 아니라 세상의 변화를 좇아가지 못하고 융통성 없는 가장 낙후된 집단으로 보였다.

이런 역사적 상황 속에서 루터(Martin Luther, 1483~1546)가 등장하여 교회의 모순과 부패를 공박한 '95개 조항'을 발표하여 종교 개혁을 촉발시켰다. 그는 아리스토텔레스의 철학과 이에 기반을 둔 토마스 아퀴나스의 신학을 비난하였으며 기독교의 가르침은 오직 성서를 통해서만 알려질 수 있다고 주장하였다. 루터의 회심은 바울의 "인간은 오직 믿음을 통해서 하느님과 올바른 관계를 가지게 됩니다. 성서에도 '믿음을 통해서 하느님과 올바른 관계를 가지게 된 사람은 살 것이다'라고 하지 않았습니까?"(『로마인들에게 보낸 편지』 1:17)라는 말에 의해 이루어졌다. 믿는 것만으로 충분하며 인간의 이성에 의한 이해나 의지적인 선행의 노력에 의해 신의 은총을 받는 것이 아니라는 것이다.

이러한 확신에 의해서 교회에서 성인의 공적을 죄인에게 전이시켜 죄를 사면해주는 문서인 면죄부를 파는 것에 대해 반박문을 통해 정면으로 도전하고 나섰던 것이고, 이것이 사람들의 열화와 같은 공감을 자아내었다. 죄의 사면은 그리스도와의 직접적이고 개인적인 관계를 통한 영적 변화에 의해서 신과 그리스도로부터 직접 얻어지는 것이며, 진정한 교회의 우두머리는 사제나 교황이 아니라 그리스도이다. 기독교의 모든 권위는 오직 성서에 있으며, 성서는 신앙을 통해 성령의 작용에 의해서 누구에게나 이해될 수 있는 것이다. 따라서 '모든 신앙인은 모두 사제이다'라고 교회는 선언해야 하는 것이다. 그는 『불가타성서』 (Vulgate: 교황 다마스쿠스가 382년에 히에로니무스에게 명해서 출간된 라틴어역 성서)를 독일어로 번역하여 일반 신도들이 성서를 직접 읽을 수 있도록 함으로써 자신의 신념을 실현시켰다. 그러나 그는 독일 농민들의 민중항쟁인 농민전쟁(1524~1525)이 일어났을 때 영주의 입장을 지지함으로써 사람들을 실망시키기도 하였다.

스위스의 츠빙글리(Ulrich Zwingli, 1484~1531)는 루터의 영향을 받아 종교개혁운동을 펼치며 스위스 취리히의 신교도를 조직하였다. 그는 성서에 분명하게 금지되어 있지 않은 가톨릭 의식은 수용할 수 있다는 루터의 입장보다 한층 급진적인 주장을 하였다. 그래서 교회에서 성상과 십자가를 없애고 오르간 반주 없이 찬송가를 부를 것을 제안하며, 교회 의식에서 가장 중심적인 요소는 신의 의지를 전달하는 설교라고 강조하였다. 그리고 교회의 행정은 초기교회 조직과 유사한 장로회의에 의해 결정되어야 한다고 하여 많은 호응을 얻었으나 가톨릭과의 전쟁 중에 사망하였다.

스위스 남부의 제네바에서는 프랑스 신학자인 칼뱅(Jean Calvin, 1509~1564)이 활약하였다. 그는 『기독교 강요綱要』The Institutes of the Christian Religion를 저술하여 이후 유럽과 북아메리카 여러 지역에서 개신교 장로교presbyterianism가 발전하는 데 심대한 영향을 끼쳤다. 그는 인간이 아담으로부터 타락한 본성을 상속받아 신에 대해 분명히 알지 못하므로 성서에 나타난 성스러운 계시의 도움을 받아야 한다고 주장하였다. 그리고 인간을 구원하는 것은 신이 인간을 의로운 존재로 인정하는 의인義認, justification에 의한 것이며, 그 선택은 신에 의해 이미 예정되어 있다고 한다. 즉 인간은 자신의 행위에 의해 구원받는 것이 아니라 신의 영원한 섭리에 이미 종속되어 있다는 예정설豫定說, predestination을 주장하는 것이다. 또한 그는 인간의 사회적 의무와 자기 절제를 중시하고 근면과 절약을 강조하여, 자본주의 윤리의 초석을 놓았다. 그리고 쾌활함이나 웃음소리보다는 내적인 평화와 만족 그리고 경건함을 추구하였으며 지적인 분위기와 표현을 중요한 가치로 생각하였다.

루터와 칼뱅의 사상은 프랑스, 네델란드, 영국 등지로 확산되었으나 교회와 군주의 기득권과 투쟁하면서 각국의 프로테스탄트는 끊임없이 가혹한 박해에 시달려야 했다. 이들의 운동은 자연스럽게 시민의 권리 신장과 연계되어 진행되었으며 그 과정에서 개신교 내부의 수많은 분열을 가져왔다.

6) 가톨릭의 개혁

개신교의 개혁운동에 대해 신성로마 제국의 황제인 카알 5세(Karl V, 재위 1519~1556)는 양측의 화해를 중재하려다 실패하자 교황 바오로 3세(Pope Paul, 재위 1534~1549)로 하여금 트리엔트공의회(Council of Trient, 1545~1563)를 열도록 하였다. 그러나 황제의 원래 의도와는 달리 다음과 같은 공의회의 결정사항은 개신교와의 타협을 불가능하게 만들었다.

첫째, 성서와 마찬가지로 가톨릭의 교회전통은 진리의 원천이며 성서와 대등한 권위를 지닌다. 둘째, 『불가타성서』가 정경이다. 셋째, 가톨릭교회만 성서를 해석할 수 있다. 넷째, 성례전sacramant, 聖事은 토마스 아퀴나스가 집대성한 세례성사 · 견진성사 · 성체성사(성찬식) · 고백성사 · 병자성사 · 신품성사(성직임명식) · 혼인성사 등 7개다. 개신교에서는 세례와 성찬만 인정한다. 다섯째, 의인義認은 신앙뿐 아니라 선행에 의해서도 받을 수 있다. 그리고 1년 동안의 축제일의 수는 줄였지만 성인에 대한 숭배는 강조하였다. 또 교회재판소를 만들어 가톨릭 지역에서 개신교도들을 용이하게 탄압할 수 있도록 하였다.

가톨릭을 부흥시키기 위해 새로운 수도회들이 설립되었는데 그중에서 가장 영향력이 큰 것은 스페인의 신학자인 로욜라(Saint Ignatius of Loyola, 1491~1556)가 1534년에 세운 예수회Society of Jesus였다. 예수회원Jesuits들은 그리스도의 삶과 정신에 따라 살기 위해 엄격한 군대적 규율의 준수와 영적 훈련, 영적 지도자에 대한 절대 복종, 그리스도에 대한 절대적이고 무조건적이고 사심 없는 충성을 바칠 것을 맹세하였다. 그리고 이들은 선한 목적을 위해서는 어떠한 수단도 정당화된다고 여겼다. 예수회는 특히 선교사업에서 괄목할 만한 성과를 거두었다. 그들은 인도, 일본, 중국, 남미, 멕시코 등에서 활발한 선교활동을 벌임으로써 프랑스, 포르투갈, 스페인, 오스트리아에 막강한 정치적 영향을 끼쳤다. 또 루터교의 독일남부로의 확산을 저지하였으며, 프랑스의 개신교 위그노Huguenot의 탄압에 중대한 역할을 하였으나 18세기 이후로는 각국에서의 세력 기반을 상실하였다.

3. 근본 교리

　지난 1세기 동안 초기 기독교에 대한 연구가 상당히 많이 이루어졌는데 그 결과 신약에 나와 있는 예수에 대한 기록은 예수 자신의 신앙을 많이 왜곡시켰다는 결론에 도달하였다. 예수의 사후에 제자들이 그 가르침을 잊지 않기 위해 기록하였다고 하는 소위 「Q」문서가 작성되었는데 그 과정에 기록자의 선입관이 많이 작용하였고 또한 예수와 전혀 관계없는 부분도 많이 포함된 것으로 보고 있다. 또 복음서의 작성자들은 이것을 기본 자료로 하여 자신의 생각을 가미하였을 것이다. 나아가 예수의 직제자들이 살아있을 때와 사도시대 이후에 쓰인 문서 사이에는 보이지 않는 괴리감이 있을 수밖에 없다. 앞에서 살펴보았듯이 기독교 교부들의 예수에 대한 이해는 헬레니즘 시대의 그리스철학적인 지식에 기반을 두고 있기 때문이다. 이곳에서 기독교의 근본교리에 대한 이해는 신약을 그대로 인정하면서 그곳에서 이야기하고 있는 예수의 말에 한정하고자 한다. 팔레스타인 북부 나자렛Nazareth 출신인 예수는 갈릴리Galilee 호수 주변의 가파르나움Capernaum 등 번성한 도시의 시나고그와 시장, 공터에서 전도를 하였다. 그곳에서 신의 왕국이 도래하였다는 메시지와 그 시대를 대비하여 인간이 준비해야할 내용을 단순하고 쉬운 용어로 비유를 사용하여 전파하였다.

1) 천국과 천국에 이르는 길
　예수는 유대교의 오랜 예언적 전승인 메시아왕국이 곧 올 것이라고 다음과 같이 선포하였다. '나는 분명히 말한다. 여기 서 있는 사람들 중에는 죽기 전에 하느님 나라가 권능을 떨치며 오는 것을 볼 사람들도 있다."(「마르코의 복음서」9:1) 그리고 그 시기가 임박했다는 것을 이렇게 말하고 있다. '나는 분명히 말한다. 이 세대가 지나기 전에 이 모든 일들이 일어나고야 말 것이다. 하늘과 땅은 사라질지라도 내 말은 결코 사라지지 않을 것이다. 그러나 그 날과 그 시간은 아무도 모른다. 하늘에 있는 천사들도 모르고 아들도 모르고 오직 아버지만이 아신다. 그때가 언제 올는지 모르니 조심해서 항상 깨어 있어라."(「마르코」13:30~33) 이러한 각성과 경고의 메시지는 「루가의 복음서」에서도 그대로 보이고 있다. "사람의 아들이 올 때에는 노아 때와 같은 일이 일어날 것이다. 노아가 방주에 들어 간 바로 그 날까지 사람들은 먹고 마시고 장가들고 시집가고 하다가 마침내 홍수에 휩쓸려 모두 멸망하고 말았다. 또한 롯 시대와 같은 일도 일어날 것이다. 사람들은 먹고 마시고 사고 팔고 심고 집짓고 하다가 롯이 소돔을 떠난 바로 그 날 하늘에서 불과 유황이 쏟아져 내리자 그들은 모두 멸망하고 말았다. 사람의 아들이 나타나는 날에도 이와 같은 일이 일어날 것이다."(17:26~30) 이는 곧 닥치게 될 종말을 예언하는 것으로 이 시대, 팔레스타인 지역만의 특성은 아닐 것이며 오늘날에도 도처에서 볼 수 있는 현상이다.

그런데 예수의 독창성은 민족적인 배타적 의미를 가진 유대의 전승을 보편적 의미로 확장시킨 데에서 찾을 수 있다. "사실 많은 사람들이 구원의 문으로 들어가려고 하겠지만 들어가지 못할 것이다. 그러니 좁은 문으로 들어가도록 있는 힘을 다하여라. 집주인이 일어나서 문을 닫아 버린 뒤에는 너희가 밖에 서서 문을 두드리며 '주인님, 문을 열어 주십시오' 하고 아무리 졸라도 주인은 '너희가 어디서 온 사람들인지 나는 모른다' 고 할 것이다. 그래서 너희가 '저희가 먹고 마실 때에 주인님도 같이 계시지 않았습니까? 그리고 우리 동네에서 가르치시지 않았읍니까?' 해도 주인은 '너희가 어디서 온 사람들인지 나는 모른다. 악을 일삼는 자들아, 모두 물러가라' 하고 대답할 것이다. 아브라함과 이사악과 야곱과 모든 예언자들은 다 하느님 나라에 있는데 너희만 밖에 쫓겨나 있는 것을 보게 되면 거기서 가슴을 치며 통곡할 것이다. 그러나 사방에서 많은 사람들이 모여 들어 하느님 나라의 잔치에 참석할 것이다. 지금은 꼴찌지만 첫째가 되고 지금은 첫째지만 꼴찌가 될 사람들이 있을 것이다."(「루가」 13:24~30, 「마태오」 8:11~12) 다윗의 자손이라고 할지라도 회개하지 않으면 소용이 없으며, 세리나 창녀 또는 죄인이라고 하더라도 회개하고 뉘우치면 구원을 받아 신의 왕국으로 들어갈 수 있다는 것이다. 그래서 예수는 행복한 사람과 불행한 사람을 다음과 같이 나누고 있다. "가난한 사람들아, 너희는 행복하다. 하느님 나라가 너희의 것이다. 지금 굶주린 사람들아, 너희는 행복하다. 너희가 배부르게 될 것이다. 지금 우는 사람들아, 너희는 행복하다. 너희가 웃게 될 것이다. 사람의 아들 때문에 사람들에게 미움을 사고 내어 쫓기고 욕을 먹고 누명을 쓰면 너희는 행복하다. 그럴 때에 너희는 기뻐하고 즐거워하라. 하늘에서 너희가 받을 상이 클 것이다. 그들의 조상들도 예언자들을 그렇게 대하였다. 그러나 부유한 사람들아, 너희는 불행하다. 너희는 이미 받을 위로를 다 받았다. 지금 배불리 먹고 지내는 사람들아, 너희는 불행하다. 너희가 굶주릴 날이 올 것이다. 지금 웃고 지내는 사람들아, 너희는 불행하다. 너희가 슬퍼하며 울 날이 올 것이다. 모든 사람에게 칭찬을 받는 사람들아, 너희는 불행하다. 그들의 조상들도 거짓 예언자들을 그렇게 대하였다."(「루가」 6:20~26) 진정한 행복의 조건에 대해 마태오는 좀 더 상세하게 다음과 같이 묘사하고 있다. "마음이 가난한 사람은 행복하다. 하늘나라가 그들의 것이다. 슬퍼하는 사람은 행복하다. 그들은 위로를 받을 것이다. 온유한 사람은 행복하다. 그들은 땅을 차지할 것이다. 옳은 일에 주리고 목마른 사람은 행복하다. 그들은 만족할 것이다. 자비를 베푸는 사람은 행복하다. 그들은 자비를 입을 것이다. 마음이 깨끗한 사람은 행복하다. 그들은 하느님을 뵙게 될 것이다. 평화를 위하여 일하는 사람은 행복하다. 그들은 하느님의 아들이 될 것이다. 옳은 일을 하다가 박해를 받는 사람은 행복하다. 하늘나라가 그들의 것이다. 나 때문에 모욕을 당하고 박해를 받으며 터무니없는 말로 갖은 비난을 다 받게 되면 너희는 행복하다. 기뻐하고 즐거워하여라. 너희가 받을 큰 상이 하늘에 마련되어 있다. 옛 예언자들도 너희에 앞서 같은 박해를 받았다."(5:3~12)

또한 예수는 메시아왕국의 임박한 도래에 대해서도 독특한 주장을 펼치고 있다. 천국이 언제 오겠느냐는 바리새파 사람들의 질문에 예수는 다음과 같이 답변한다. "하느님 나라가 오는 것을 눈으로 볼 수는 없다. 또 '보아라, 여기 있다' 혹은 '저기 있다' 고 말할 수도 없다. 하느님 나라는 바로 너희 가운데 있다."(「루가」 17:20~21) 이러한 말은 당시 유대적 문화와 사유방식으로는 대단히 이례적이고 낯선 것이다. 이와 비슷한 표현으로는 다음을 들 수 있다. "너희는 내 말을 새겨들어라. 무엇이든지 밖에서 몸 안으로 들어가는 것은 사람을 더럽히지 않는다. 더럽히는 것은 도리어 사람에게서 나오는 것이다. 들을 귀가 있는 사람은 잘 들어라."(「마르코」 7:14~16) 예수는 제자들이 이해하지 못하자 답답해하면서 다음과 같이 풀어서 설명하고 있다. "너희도 이렇게 알아듣지를 못하느냐? 밖에서 몸 안으로 들어가는 것은 사람을 더럽히지 못한다는 것을 모르느냐? 모두 뱃속에 들어갔다가 그대로 뒤로 나가 버리지 않느냐? 그것들은 마음속으로 파고들지는 못한다. …… 참으로 사람을 더럽히는 것은 사람에게서 나오는 것이다. 안에서 나오는 것은 곧 마음에서 나오는 것인데 음행, 도둑질, 살인, 간음, 탐욕, 악의, 사기, 방탕, 시기, 중상, 교만, 어리석음 같은 여러 가지 악한 생각들이다. 이런 악한 것들은 모두 안에서 나와 사람을 더럽힌다."(7:18~23) 형식적인 율법의 준수를 강조하던 바리새파의 종교 이해와는 달리 그것을 마음의 문제로 방향을 돌리고 있는 것이다.

2) 인간의 길

예수에게 인간은 육체와 마음이 기능적으로 통합된 존재이다. 그는 금욕주의자가 아니었으며 축제나 만찬에도 즐겨 참석하였다. 육체는 본질적으로 부패하고 타락하였다거나 영혼이 육체 속에 갇혀 있다고 생각하지 않았다. 사회적 선행에 육체가 걸림돌이 된다거나 육체적 욕구는 악하여 정복되어야 한다거나 하는 언급을 찾을 수 없는 것이다. 다만 악한 마음과 의지의 위험한 도구가 될 수 있기 때문에 그럴 경우에는 인격의 재통합과 정화를 위해 단호해야 한다고 보았다. 그래서 다음과 같이 말한다. "손이 죄를 짓게 하거든 그 손을 찍어 버려라. 두 손을 가지고 꺼지지 않는 지옥의 불 속에 들어가는 것보다는 불구의 몸이 되더라도 영원한 생명에 들어가는 편이 나을 것이다. 발이 죄를 짓게 하거든 그 발을 찍어 버려라. 두 발을 가지고 지옥에 던져지는 것보다는 절름발이가 되더라도 영원한 생명에 들어가는 편이 나을 것이다. 또 눈이 죄를 짓게 하거든 그 눈을 빼어 버려라. 두 눈을 가지고 지옥에 들어가는 것보다는 애꾸눈이 되더라도 하느님 나라에 들어가는 편이 나을 것이다."(「마르코」 9:43~47) 그런데 예수의 가르침을 그리스사상과 접목한 사도 바울의 경우에는 이와 상이한 주장을 볼 수 있다. "육체의 욕망은 성령을 거스르고 성령께서 원하시는 것은 육정을 거스릅니다. 이 둘은 서로 반대되는 것이기 때문에 여러분은 자기가 원하는 일을 할 수 없게 됩니다. 성령을 따라 사는 사람은 율법의 지배를 받지 않습니다. 육정이 빚어내는 일은 명백합니다. 곧 음행, 추행, 방탕, 우상숭배, 마술, 원수맺는 것, 싸움, 시기, 분노, 이기심, 분열, 당파심, 질투, 술주

정, 흥청대며 먹고 마시는 것, 그 밖에 그와 비슷한 것들입니다. 내가 전에도 경고한 바 있지만 지금 또다시 경고합니다. 이런 짓을 일삼는 자들은 결코 하느님 나라를 차지하지 못할 것입니다. 성령께서 맺어 주시는 열매는 사랑, 기쁨, 평화, 인내, 친절, 선행, 진실, 온유, 그리고 절제입니다. 이것을 금하는 법은 없습니다. 그리스도 예수에게 속한 사람들은 육체를 그 정욕과 욕망과 함께 십자가에 못 박은 사람들입니다." (『갈라디아인들에게 보낸 편지』 5:17~24) 결국 기독교의 정통교리는 바울의 예수 이해에 바탕을 두고 있다고 할 수 있을 것이다.

예수는 인간이 신의 뜻대로 살려면 어떻게 해야 하는가 에만 관심이 있었다. 인간이 신의 왕국에 산다는 것은 어떤 공간적인 이동을 뜻하는 것이 아니라 신이 바라는 대로 사는 것을 말한다. 이 문제는 매우 시급한 것으로 시간을 미룰 수 있는 일이 아니라고 한다. '나를 따르라' 는 예수의 말에 사람들은 장례를 먼저 치르고 가겠다거나 식구들과 작별인사를 나눈 후에 따라가겠다고 하자 예수는 '쟁기를 잡고 뒤를 자꾸 돌아다 보는 사람은 하느님 나라에 들어 갈 자격이 없다' 고 냉정하게 답변하고 있는 것이다.(『루가』 9:59~62) 예수는 제자들에게 사회적, 법적, 율법적 의무보다 도덕적 의무를 우선해야 한다고 가르쳤다. 이에 비해 바리새인들은 선한 의지의 작용인 도덕보다는 형식적인 율법과 의식의 실천만을 강조하여 예수로부터 질타와 비난을 받고 있는 것이다. 선과 악은 외부에 실체로서 존재하는 것이 아니라 인간 내면의 마음속에 공존하고 있다. 그래서 겉으로 드러난 행위보다 그 행위를 일으키는 내적 동기와 마음자세가 중요한 것이다. 다음의 말은 그러한 사상을 단적으로 보여주고 있다. " '살인하지 마라. 살인하는 자는 누구든지 재판을 받아야 한다' 고 옛 사람들에게 하신 말씀을 너희는 들었다. 그러나 나는 이렇게 말한다. 자기 형제에게 성을 내는 사람은 누구나 재판을 받아야 하며 자기 형제를 가리켜 바보라고 욕하는 사람은 중앙법정에 넘

겨질 것이다. 또 자기 형제더러 미친놈이라고 하는 사람은 불붙는 지옥에 던져질 것이다."(「마태오」 5:21~22) 또 간음에 대한 율법에 대해서도 이렇게 말한다. "누구든지 여자를 보고 음란한 생각을 품는 사람은 벌써 마음으로 그 여자를 범했다."(「마태오」 5:28)

천국에 살 수 있는 인간의 조건에 대한 가르침에서 궁극적인 것은 사랑에 대한 것으로, 다음의 말들이 이를 단적으로 잘 드러내고 있다. "너희는 남에게서 바라는 대로 남에게 해 주어라. 이것이 율법과 예언서의 정신이다."(「마태오」 7:12) "네 마음을 다하고 목숨을 다하고 뜻을 다하여 주님이신 너희 하느님을 사랑하라.' (「신명기」 6:5) 이것이 가장 크고 첫째가는 계명이고, '네 이웃을 네 몸같이 사랑하라' (「레위기」 19:18)는 둘째 계명도 이에 못지 않게 중요하다. 이 두 계명이 모든 율법과 예언서의 골자이다."(「마태오」 22:37~40) "네 이웃을 사랑하고 원수를 미워하여라' 고 하신 말씀을 너희는 들었다. 그러나 나는 이렇게 말한다. 원수를 사랑하고 너희를 박해하는 사람들을 위하여 기도하여라. 그래야만 너희는 하늘에 계신 아버지의 아들이 될 것이다. 아버지께서는 악한 사람에게나 선한 사람에게나 똑같이 햇빛을 주시고 옳은 사람에게나 옳지 못한 사람에게나 똑같이 비를 내려 주신다. 너희가 자기를 사랑하는 사람들만 사랑한다면 무슨 상을 받겠느냐? 세리들도 그만큼은 하지 않느냐? 또 너희가 자기 형제들에게만 인사를 한다면 남보다 나을 것이 무엇이냐? 이방인들도 그만큼은 하지 않느냐? 하늘에 계신 아버지께서 완전하신 것같이 너희도 완전한 사람이 되어라."(「마태오」 5:43~48) "눈은 눈으로, 이는 이로' 라고 하신 말씀을 너희는 들었다. 그러나 나는 이렇게 말한다. 앙갚음하지 말아라. 누가 오른뺨을 치거든 왼뺨마저 돌려대고 또 재판에 걸어 속옷을 가지려고 하거든 겉옷까지도 내 주어라. 누가 억지로 오 리를 가자고 하거든 십 리를 같이 가주어라. 달라는 사람에게 주고 꾸려는 사람의 청을 물리치지 말아라."(「마태오」 5:38~42)

예수는 제자들과 길을 가던 중 사람들이 자신을 누구라고 하느냐고 물었다. 제자들이 대답하기를 세례자 요한, 선지자 엘리야, 예언자라고 한다고 전하자, 예수는 제자들의 생각을 물었다. 이에 베드로가 '선생님은 그리스도이십니다'(「마르코」8:29)라고 답변하였다. 예수는 이 이야기를 아무에게도 하지 말라고 당부하였다. 이로써 예수는 신이 되었다.

| 제1장 참고문헌 |

박이문, 『종교란 무엇인가』, 일조각, 1985.

존 H. 힉, 『종교철학』, 김희수 옮김, 동문선, 2000.

윌프레드 캔트웰 스미스, 『종교의 의미와 목적』, 길희성 옮김, 분도출판사, 1991.

김종서, 「동·서 종교관의 비교」, 『철학·종교사상의 제문제』(Ⅴ), 한국정신문화
　　　연구원,

류성민, 『종교와 인간』, 한신대 출판부, 1997.

카지야마 유이치, 『인도불교철학』, 권오민 옮김, 민족사, 1990.

| 제2장 참고문헌 |

리차드 컴스탁, 『종교의 탐구, 방법론의 문제와 원시종교』, 윤원철 옮김, 제이앤
　　　씨, 2007.

대니얼 데닛, 『주문을 깨다』, 김한영 옮김, 동녘사이언스, 2010.

리처드 도킨스, 『이기적 유전자』, 홍영남 옮김, 을유문화사, 2002.

류성민, 『종교와 인간』, 한신대 출판부, 1997.

월터 캡스, 『현대 종교학 담론』, 김종서, 배국원, 김성례, 이원규, 김재영, 윤원철
　　　옮김, 까치, 1999.

메리 조 메도우·리차드 D. 카호, 『종교심리학 上』, 최준식 역, 민족사, 1992.

강영계, 『프로이트 정신분석학 이야기』, 해냄, 2007.

이원규, 『종교사회학의 이해』, 나남출판, 1997.

김종서, 『종교사회학』, 서울대학교 출판부, 2005.

키시모토 히데오·마쓰모토 시게루, 『종교학·종교심리학』, 최현각 역, 불교시대
　　　사, 1993.

| 제3장 참고문헌 |

M. 엘리아데, ①『종교의 의미: 물음과 답변』, 박규태 옮김, 서광사, 1990.

, ②『종교사 개론』, 이재실 옮김, 까치, 1993.

, ③『이미지와 상징』, 이재실 옮김, 까치, 1998.

, ④『상징, 신성, 예술』, 박규태 옮김, 서광사, 1991.

류성민, 『종교와 인간』, 한신대 출판부, 1997.

키시모토 히데오 · 마쓰모토 시게루, 『종교학 · 종교심리학』, 최현각 역, 불교시대
사, 1993.

리차드 컴스탁, 『종교의 탐구, 방법론의 문제와 원시종교』, 윤원철 옮김, 제이앤
씨, 2007.

진 쿠퍼, 『그림으로 보는 세계문화상징사전』, 이윤기 옮김, 까치, 2003.

L.K. 뒤프레, 『종교에서의 상징과 신화』, 서광사, 1996.

高崎直道(다카사키 아키도), 『佛敎 · インド思想辭典』, 東京, 春秋社, 1987.

김현준, 『사찰, 그 속에 깃든 의미』, 교보문고, 1993.

| 제4장 참고문헌 |

메리 조 메도우 · 리차드 D. 카호, 『종교심리학 上』, 최준식 역, 민족사, 1992.

키시모토 히데오 · 마쓰모토 시게루, 『종교학 · 종교심리학』, 최현각 역, 불교시대
사, 1993.

이원규, 『종교사회학의 이해』, 나남출판, 1997.

| 제5장 참고문헌 |

메리 조 메도우 · 리차드 D. 카호, 『종교심리학 上』, 최준식 역, 민족사, 1992.

이원규, 『종교사회학의 이해』, 나남출판, 1997.

윌리엄 제임스, 『종교적 경험의 다양성』, 김재영 옮김, 한길사, 2000.

법보신문

| 제6장 참고문헌 |

김종서, 『종교사회학』, 서울대학교 출판부, 2005.

정진홍, 『종교문화의 이해』, 청년사, 1995.

리차드 컴스탁, 『종교의 탐구, 방법론의 문제와 원시종교』, 윤원철 옮김, 제이앤
     씨, 2007.

토마스 F. 오데아 · 자네트 오데아 아비아드, 『종교사회학』, 박원기 옮김, 이화여
     대 출판부, 1989.

이원규, 『종교사회학의 이해』, 나남출판, 1997.

제2부

| 제1장 참고문헌 |

周桂細, 『강좌 중국철학』, 예문서원, 1994.

이강수, "원시유가의 인간관", 『동양철학의 본체론과 인성론』, 한국동양철학회
     편, 연세대출판부, 1982.

최정인, 『불교와 세계종교』, 여래, 1998.

조현규, 『동양윤리사상의 이해』, 새문사, 2007.

황희경 풀어옮김, 『논어』, 시공사, 2000.

Daum 백과사전

| 제2장 참고문헌 |

周桂細, 『강좌 중국철학』, 예문서원, 1994.

이강수, "老 · 莊의 이상적 인간론", 『동양철학의 본체론과 인성론』, 한국동양철학
     회 편, 연세대출판부, 1982.

김항배, 『김항배교수의 노자철학 이해』, 예문서원, 2006.

Daum 백과사전

| 제3장 참고문헌 |

최준식, 『한국종교이야기』, 한울, 1995.

구보 노리따다, 『도교사』, 최준식 옮김, 분도출판사, 1990.

酒井忠夫 外, 『도교란 무엇인가』, 최준식 옮김, 민족사, 1990.

森三樹三郎, 『불교와 노장사상』, 오진탁 옮김, 경서원, 1992.

이강수, 『노자와 장자』, 길, 2002.

Daum 백과사전

| 제4장 참고문헌 |

나라 야스아키, 『인도불교』, 정호영 옮김, 민족사, 1990.

권오민, ① 『인도철학과 불교』, 민족사, 2004.

          , ② 『아비달마불교』, 민족사, 2003.

교양교재편찬위원회 편, 『불교학개론』, 동국대학교출판부, 2001.

정태혁, 『인도철학』, 학연사, 1984.

佐佐木敎悟 등, 『인도불교사』, 권오민역, 경서원, 1985.

토오도오 교순, 시오이리 료오도, 『중국불교사』, 차차석 옮김, 대원정사, 1992.

이봉순, 『보살사상 성립사 연구』, 불광출판부, 1998.

 야나기다 세이잔, 『선의 사상과 역사』, 추만호 · 안영길 옮김, 민족사, 1989..

아베 쵸이치 외, 『인도의 선, 중국의 선』, 최현각 옮김, 민족사, 1990.

안성두 편, 『대승불교의 보살』, 씨 · 아이 · 알, 2008.

월폴라 라훌라, 『붓다의 가르침』, 진철승 옮김, 대원정사, 1988.

루네 E.A. 요한슨, 『불교 심리학』, 박태섭 옮김, 시공사, 1996.

김형준 엮음, 『이야기 인도사』, 청아출판사, 1998.

高崎直道(다카사키 아키도), 『佛敎 · インド思想辭典』, 東京, 春秋社, 1987.

Daum 백과사전

| 제5장 참고문헌 |

J.B. 노스, 『세계종교사』上, 윤이흠 역, 현음사, 1986.

I.C. 헤네르 엮음, 『폴 틸리히의 그리스도교 사상사』, 송기득 옮김, 한국신학연구
　　소, 2001.

휴스톤 스미드, 『세계의 종교』, 이종찬 옮김, 은성, 1993.

레즐리 스티븐슨, 『인간의 본질에 관한 일곱 가지 이론』, 임철규 옮김, 종로서적,
　　1981.

스털링 P. 램레히트, 『서양철학사』, 김태길, 윤명노, 최명관 역, 을유문화사, 1985.

Daum 백과사전

【찾아보기】

171, 172, 176, 187~190

종교 입문

2014년 2월 25일 초판 1쇄 인쇄
2014년 3월 10일 초판 1쇄 발행

지은이   김재천
펴낸이   정창진
펴낸곳   도서출판 여래
출판등록   제2011-81호(1988.4.8)
주소   서울시 관악구 행운2길 52 칠성빌딩 5층
전화번호   (02) 871-0213
전송   (02) 885-6803

ISBN   979-11-951177-1-0   03200
Email   yoerai@hanmail.net
biog   naver.com/yoerai